Liebe Leserin, lieber Leser

Kein Konfliktherd, da sind sich wohl alle Politikexperten einig, ist derzeit so gefährlich wie die Großregion Indien und Pakistan: In den vergangenen 63 Jahren haben beide Länder viermal gegeneinander Krieg geführt, und es hätte weitere militärische Auseinandersetzungen gegeben, wäre die Weltgemeinschaft den zwei Staaten nicht mehrfach in den Arm gefallen.

Sowohl Indien, überwiegend von Hindus bevölkert, als auch das islamische Pakistan verfügen über Atomwaffen; zudem ist Pakistan derzeit so instabil, dass *think tanks* in aller Welt bereits Szenarien durchspielen, was geschehen würde, wenn in Islamabad Muslim-Fundamentalisten die Macht ergriffen.

Auslöser der Konflikte war das tiefe Misstrauen zwischen Muslimen auf der einen sowie Hindus auf der anderen Seite. Ein Misstrauen, das bei der Unabhängigkeit von Großbritannien im August 1947 erst zur Teilung in die Länder Indien und Pakistan führte und anschließend zu ethnischen Säuberungen und schier unvorstellbaren Gräueltaten in jenen Regionen, in denen eine Religionsgruppe jeweils in der Minderheit war.

Begonnen hat die religiöse Teilung des Subkontinents bereits vor 800 Jahren. Damals eroberten Heerscharen, die Allah verehrten, den Norden des Landes. Ihnen folgten im Laufe der Jahrhunderte weitere muslimische Invasoren, die schließlich über fast ganz Indien herrschten.

Später, unter Londons Kolonialherrschaft, lebten Hindus und Muslime zwar im Frieden, doch der war trügerisch. So fühlten sich viele Koranglaubige von den Hindus verachtet, die sich häufig weigerten, aus den gleichen Brunnen wie die „Unreinen" Wasser zu schöpfen und sie als „Unmenschen" beschimpften, weil sie Rindfleisch aßen. Zudem sah sich die muslimische Elite, die durch die Briten ihre Vormachtstellung im Land verloren hatte, nun plötzlich als Teil einer bedrängten Minderheit – zumal viele Hindus unter den neuen Herren Karriere machten.

Im Konflikt mit der Kolonialmacht kämpften beide Religionsgruppen schon bald getrennt – und oft auch gegeneinander. So forderte die Muslimliga, die führende Partei der Islamgläubigen, nicht mehr nur die Souveränität von London, sondern einen eigenen, von der Hindu-Mehrheit unabhängigen Staat.

Immer hitziger wurden die Auseinandersetzungen zwischen Anhängern beider Gemeinschaften, bis es zu ersten Pogromen kam: In Kalkutta fielen im Sommer 1946 Muslime und Hindus übereinander her, 6000 Menschen starben innerhalb eines Tages. Es folgten Gewalttaten in Bombay, in Dörfern des Gangesdeltas.

Und schließlich überfielen am 15. August 1947, dem Tag der Unabhängigkeit, Muslime einen Zug voller Hindus und hackten sie in Stücke. Das war der Auftakt zu einem Blutbad auf beiden Seiten, das sechs Wochen lang andauerte und mindestens 200 000 Opfer forderte.

Insa Bethke (r.) hat das Konzept dieser Ausgabe erarbeitet, beraten von der Indologin Anne Moßner

Seither herrscht kalter (und manchmal auch wirklicher) Krieg zwischen den Ländern. Belauern sich Hunderttausende Soldaten auf beiden Seiten der Grenze – vor allem in der Kaschmir-Region. Dulden Hindu-Nationalisten in Indiens Regierung immer wieder Gewalttaten an den verbliebenen Muslimen in ihrem Land. Steht Pakistans Geheimdienst im Verdacht, Terrorgruppen zu finanzieren, die in Indien Anschläge verüben – zuletzt 2008 in Mumbai.

In diesem Heft präsentieren wir Ihnen die Geschichte des Subkontinents: seine Exotik, die Pracht seiner Paläste, den Reiz, den Indien stets auf die Europäer ausgeübt hat. Aber eben auch die Vorgeschichte jenes Konflikts, der das Land so tief gespalten hat.

Der Einzige, schreibt mein Kollege Cay Rademacher auf Seite 146, der „überhaupt die Chance gehabt hätte, Indien mit Pakistan, Hindus mit Muslimen auszusöhnen", war Mahatma Gandhi, der große indische Freiheitskämpfer.

Den Menschen in beiden Ländern wäre zu wünschen, dass es gelingt, auch ohne einen neuen Gandhi den Konflikt zu beenden.

*

Parallel zu unserer nächsten Ausgabe über Frankreichs Herrscher Ludwig XIV., den „Sonnenkönig", werden wir am 14. April 2010 das erste Heft einer neuen Reihe über die Geschichte der Kunst veröffentlichen: GEO*EPOCHE* EDITION präsentiert in seiner Premierenausgabe jenen Kunststil, der unter Ludwig XIV. zu einem Höhepunkt geführt wurde – den Barock.

GEO*EPOCHE* EDITION erscheint im Großformat 30 x 23 Zentimeter und wird den Bildern noch deutlich mehr Platz einräumen als unser Hauptheft. Das Magazin wird voraussichtlich 15,90 Euro kosten und schon bald regelmäßig erscheinen, um Ihnen nach und nach alle großen Epochen der Kunstgeschichte nahezubringen. Mehr zu dem Projekt erfahren Sie auf Seite 163 sowie auf geo-epoche.de – und in unserem nächsten Heft über Ludwig XIV.

Wir sind gespannt darauf, wie Ihnen diese Erweiterung unseres redaktionellen Spektrums gefällt.

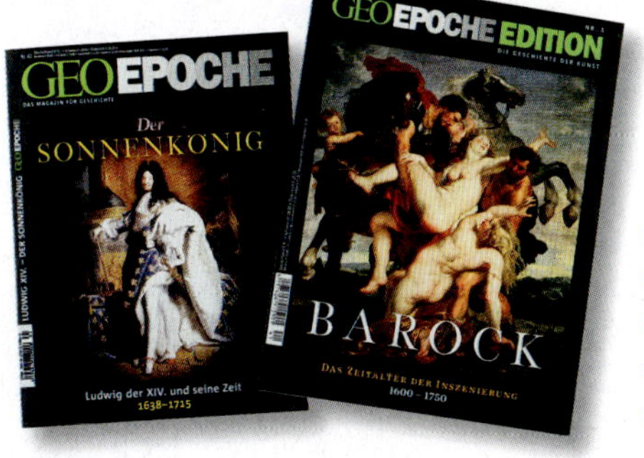

Neue Reihe: GEO*EPOCHE* EDITION über die Geschichte der Kunst

Herzlich Ihr

Michael Schaper

INHALT

1765
DAS IMPERIUM DER KAUFLEUTE
Eine Handelsfirma wird zur Territorialmacht: Die britische East India Company übernimmt nach und nach die Herrschaft über große Teile Indiens.
Seite 70

Um 1900
LADIES AND GENTLEMEN
Rund 150000 Briten leben in Indien – eine abgeschottete Gesellschaft, die sich vor der Kultur der Einheimischen in strenge Etikette und Müßiggang flüchtet.
Seite 92

1858–1947
DIE FÜRSTEN DER VERSCHWENDUNG
Von den Kolonialherren wahrer Macht beraubt, verprassen Indiens Maharadschas ihre Reichtümer in prunkvollen Palästen.
Seite 120

1915–1947
UNABHÄNGIGKEIT
Mit gewaltlosen Aktionen entfacht Mahatma Gandhi den Widerstand gegen die Briten. Doch der Weg zur Freiheit endet in einem blutigen Krieg.
Seite 108, Seite 131

TITELBILD:
Taj Mahal, handkoloriertes Laterna-magica-Glasbild von Branson DeCou (1892–1941).

Alle **FAKTEN**, Daten und Karten in dieser Ausgabe sind vom GEO*EPOCHE*-Verifikationsteam auf ihre Richtigkeit überprüft worden. Kürzungen in Zitaten sind nicht kenntlich gemacht.

Redaktionsschluss:
21. Januar 2010

Geographische Bezeichnungen erscheinen, sofern es keine eindeutige deutsche Umschrift gibt, in der Regel in englischer Schreibweise – im Vielvölker- und Vielsprachenstaat Indien ist die Sprache der ehemaligen Kolonialherren nach wie vor Lingua franca. Indische Begriffe erhalten im Plural in der Regel ein „s", unter anderem, weil die Pluralbildung nicht in allen Landessprachen einheitlich ist.

Das JUWEL der

Indiens Fürsten werden von London entmachtet, leben aber weiterhin in Pracht und Luxus. In diesem Wasserpalast aus dem 17. Jahrhundert

KRONE

beherbergt der Regent von Udaipur in Rajasthan seine Gäste (Foto um 1872)

1858 macht sich das britische Empire Indien untertan. In den folgenden Jahrzehnten wird das Land dank seiner wertvollen Exportgüter und billigen Arbeitskräfte zum »Jewel in the Crown«, zu Londons kostbarstem Besitz. Die Kolonialherren stellen auf dem Subkontinent nur eine winzige Minderheit – und prägen doch den Alltag von Millionen

TEXTE: INSA BETHKE UND ANJA HEROLD

Bereits seit dem 8. Jahrhundert leben auch Muslime in Indien. Hier präsentiert sich der Fürst von Bahawalpur (Mitte) im heutigen Paki

stan um 1885 mit seiner Entourage

Ein Händler bietet um 1862 in Lucknow im heutigen Uttar Pradesh seine Waren an. Sechs Jahre zuvor hat die britische East India Company die Stadt übernommen

Einer dieser beiden Asketen rezitiert die geheimen Namen der Hindu-Götter. Mit verhängtem Gesicht – damit ihm niemand von den Lippen ablesen kann (um 1890)

Kaschmir, 1904: Seite für Seite kopieren diese zwei Buchschreiber heilige Werke und profane Texte in der altindischen Sprache Sanskrit

Wo die ORDNUNG den ALLTAG *bestimmt*

Seit Jahrhunderten gliedert ein komplexes System Indiens Gesellschaft: Ob Priester, Krieger oder Handwerker – jeder hat gemäß der Kaste, in die er geboren wird, seine Aufgabe zu erfüllen. So bleibt die Ordnung stabil, obwohl kein religiöser Führer und kein Herrscher darüber wacht

Seit dem 11. Jahrhundert steht der Sas-Bahu-Tempel im Fort von Gwalior in Nordindien den Gläubigen offen. Geweiht ist er dem Hindu-Gott Vishnu, dem Erhalter des Universums (um 1884)

Durch Pilgerreisen zu Götterfesten – hier in Südindien – versprechen sich viele Hindus ein besseres Dasein im nächsten Leben (um 1885)

Die GÖTTER *sind allgegenwärtig*

Die Hindu-Religion vereint eine Vielzahl von Kulten, Sekten und Traditionen. Die Gläubigen beten nicht nur zu Hochgöttern wie Shiva, Vishnu und Parvati, sondern wenden sich auch an die beseelte Natur, etwa heilige Flüsse, Steine oder Tiere

Marmorne Tänzerinnen zieren diesen Jaina-Tempel von Dil

wara in Rajasthan. Oberstes Gebot der wohl im 5. Jahrhundert v. Chr. entstandenen Jaina-Bewegung ist es, nicht zu töten (um 1890)

1878 versuchen die Briten, ihre Macht nach Afghanistan auszudehnen. Ihr Vertreter, Major Louis Cavagnari, verhandelt mit lokalen Befehls

habern. Wenige Monate später wird er in Kabul ermordet

Die Briten beherrschen die Produktion von Tee, Zucker und Baumwolle. Mit moderner Technik verwalten sie – wie dieser Aufseher – riesige Plantagen

Vor seinen Truppen und Dutzenden einheimischer Fürsten wird Englands König Georg V. im Dezember 1911 in Delhi zum Kaiser von Indien gekrönt

Die BÜRDE *des weißen Mannes*

»White Man's Burden« nennt der britische Kolonialdichter Rudyard Kipling die selbst gestellte Aufgabe der Europäer, den angeblich rückständigen Indern den Fortschritt zu bringen. Tatsächlich geht es der Krone vor allem um Macht und Geschäfte

Im 19. Jahrhundert entdecken die indischen Fürsten die europäische Baukunst. Im Auftrag des Herrschers von Gwalior errichten Architek

HÄUSER *des* GLAUBENS *und der* MACHT

Im Laufe der Geschichte erobern immer wieder fremde Mächte Teile des Subkontinents. Ihr kulturelles Erbe spiegelt sich auch in der Architektur Indiens wider: Neben Hindu-Tempeln ragen persisch geprägte Moscheen und europäisch anmutende Paläste empor

ten diese beiden von italienischen Palazzi inspirierten Paläste (1882)

Über Treppen gelangen Gläubige unterhalb dieses Tempels am Ufer der Narmada in Zentralindien an den als heilig geltenden Fluss (um 1884)

Im 17. Jahrhundert lässt der Mogulkaiser Shah Jahan die Jama-Masjid-Moschee in Agra erbauen, jener Stadt, in der er für seine Frau auch das Grabmal Taj Mahal errichtet (um 1873)

Die Briten lassen einheimische Fürsten wie den Maharadscha von Gwalior (hier mit Ministern und Gefolge, um 1870) im Amt, weil sie so

Verwaltungspersonal und Besatzungstruppen sparen

Um das Wohl indischer Prinzen kümmert sich stets eine Schar von Angestellten, darunter auch europäische Erzieher und einheimische Diener (um 1895)

Reisen nach Europa sind unter Indiens Mächtigen en vogue. Der Fürst von Kapurthala besucht Versailles und kopiert die Lebensart des Sonnenkönigs (1900)

Zum MÜSSIGGANG *verdammt*

Rund 600 Fürstentümer bleiben unter britischer Herrschaft nominell eigenständig. Die Regenten dürfen ihre Reiche selbst verwalten, müssen aber Abgaben an die Krone leisten und sich ihr außenpolitisch unterwerfen. Den Entmachteten bleibt nur, ihr Geld zu verprassen

Die Tigerjagd ist in Indien seit alters ein Privileg der Fürsten. Erst als die Briten die Herrschaft übernehmen, dürfen auch Privatleute die Großkatzen erlegen (um 1905)

Heimat in der FREMDE

Um 1900 leben rund 150 000 Briten in Indien. Der Dienst in der Kolonie verspricht ehrgeizigen Mittelständlern gutes Einkommen und hohes Ansehen. Ihr Heimweh bekämpfen die »Anglo-Inder« mit britischer Lebensart, Teestunden, Bridge-Abenden und Jagdausflügen

Lady Curzon (Mitte), Gattin des britischen Vizekönigs, bei

einem Jagdausflug in Hyderabad, 1902. Viele englische Damen kehren – des Alltags in Indien überdrüssig – vorzeitig nach Europa zurück

Im Osten von Gujarat liegt die Heimat des Bhil-Volkes, einer der größten indischen Stammesgruppen, deren Angehörige in Polygamie

leben und noch mit Pfeil und Bogen jagen (1879)

In vielen Landesteilen werden Schlangen verehrt: als Fruchtbarkeit spendende Macht, als Symbol für die Wiedergeburt und als Wesen, die über ein Reich in der Unterwelt herrschen (1870)

Mithilfe aufgeblasener Ochsenbälge setzen diese Männer über den Fluss Sutlej am Fuße des Himalaya (um 1903)

Bewahrer uralter TRADITIONEN

Vor allem in den abgelegenen Wald- und Bergregionen Zentralindiens leben Naturvölker, die am Rande der Kastengesellschaft stehen. Die Jäger, Sammler und Bauern pflegen ihre eigenen Kulte und Sprachen. Die Briten sichern ihnen Sonderrechte zu und stellen das Stammesland unter gesetzlichen Schutz – auch, um Aufstände in diesen Gebieten zu verhindern

An den Badestellen von Benares am Ganges verbrennen Hindus die Körper Verstorbener. Die Asche streuen sie in die heilbringenden Fluten (um 1895)

Ausbruch aus dem ewigen ZIRKEL

Jeder Mensch, glauben die Hindus, hat einen Wesenskern, der immer wieder geboren wird – ob als Tier, Mensch oder Gott, das beeinflusst der Gläubige durch seine Lebensweise. Höchstes Ziel vieler Hindus ist es, vor dem Tod ein von Sünden reinigendes Bad im Ganges zu nehmen und somit der Erlösung aus dem Kreislauf der Wiedergeburten näherzukommen □

Benares am Ganges ist eine der heiligen Städte der Hindus.

Abertausende Pilger tauchen hier jährlich in den vergöttlichten Fluss ein – ein lohnendes Geschäft für Gastwirte und Wahrsager (1865/66)

Das magische DREIECK

Zwei Naturräume prägen Indien und seine Geschichte: Im fruchtbaren Norden des Landes, der durch Himalaya und Hindukusch von Zentralasien abgegrenzt und von den Flussläufen des Ganges und des Indus geprägt ist, entstehen in den Jahrhunderten vor Christi Geburt erste Königtümer und der Hinduismus. Eine natürliche Barriere für Eroberer, die immer wieder auf dem Subkontinent einfallen, bildet weiter südlich das Vindhya-Gebirge, hinter dem sich der Dekkan erstreckt: eine von einer Hochebene und mächtigen Küstengebirgen dominierte Halbinsel, auf der Hindu-Könige im Mittelalter große Reiche regieren – bis die im 16. Jahrhundert unter dem Ansturm muslimischer Herrscher zerfallen

FABELLAND *im Osten*

Seit dem Altertum ist das Abendland fasziniert von Indiens Exotik – weiß aber fast nichts über das legendäre Tropenreich. Erst ab 1500 tritt der Subkontinent nach und nach ins Licht der Geschichte: ein in Jahrtausenden entstandenes Mosaik der Reiche, Kulturen und Religionen

VON RALF BERHORST; KARTE: THOMAS WACHTER

Für die Europäer war Indien seit der Antike ein sagenumwobenes Wunderland. Fern, exotisch und unermesslich reich. Die Römer importierten von dort Pfeffer, Perlen, Elfenbein, Diamanten, Saphire, Schildpatt und duftendes Salböl. Doch über das Leben auf dem Subkontinent wusste Europa fast nichts. Die Bewohner des Abendlandes hielten Indien für ein Land voller Mythen, wie sie etwa der griechische Gesandte Megasthenes um 300 v. Chr. überlieferte.

Der Diplomat, der den indischen Fürsten Chandragupta Maurya besucht hatte, berichtete über weite, fruchtbare Ebenen, durch die sich zahllose Flüsse winden, und unterirdische Adern mit Gold, Kupfer und Zinn. Er beschrieb künstlich bewässerte Felder, die zweimal im Jahr Ernte trugen und Reis, Hirse und anderes Getreide im Überfluss lieferten. Noch nie habe eine Hungersnot dieses Land geplagt.

Megasthenes berichtete von Indern, die angeblich keine Mundöffnung hätten und sich nur vom Duft wilder Äpfel, Blumen und Wurzeln ernährten. Und von fuchsgroßen Ameisen, die jeden Winter Goldstaub an die Erdoberfläche beförderten, sodass man ihn nur noch aufzulesen brauchte.

So entstand in Europa die Vorstellung eines fast unwirklichen Fabellandes im Orient.

Doch bald nachdem der Portugiese Vasco da Gama 1498 den direkten Seeweg nach Indien entdeckt hatte, wurde das Bild konkreter. Handelsschiffe brachten Gewürzsäcke, Rohbaumwolle, Seide, Kattun und Indigo ins Abendland. Reisende berichteten von muslimischen Herrschern, die seit Anfang des 13. Jahrhunderts in Indien regierten, von hoch entwickelter Baukunst und moderner Baumwollproduktion.

Gleichwohl glaubten noch im 19. Jahrhundert manche Historiker, dass sich Gesellschaft, Sitten und Wissen auf dem Subkontinent seit dem Besuch des Megasthenes nicht verändert hätten. Denn die Bewohner seien derart mit den Schätzen der Natur und einem wohltätigen Klima gesegnet, dass sie faul, apathisch, schicksalsergeben seien – unfähig zu den Leistungen einer aufgeklärten Nation.

Andere Gelehrte waren fasziniert von den heiligen Schriften der Hindus, sahen darin Quellen unerschöpflicher Weisheit; manche vermuteten gar, dass einst die Menschheit ihren Ursprung in dem Wunderland genommen hatte.

Doch kein Forscher ahnte etwas von der dramatischen und wechselvollen Vergangenheit Indiens – einer Geschichte, die mehrfach abriss, sich verzweigte und nach Jahrhunderten gleichsam noch einmal von vorn begann.

Schon während der Steinzeit zieht eine kleine Gruppe von Wanderern aus dem arabischen Raum nach Indien. Ihre Nachfahren leben als Nomaden auf dem Subkontinent. Archäologen finden später in fast allen Regionen menschliche Knochenreste, manche mehr als 30 000 Jahre alt.

Etwa im 7. Jahrtausend v. Chr. lassen sich erstmals nomadisierende Viehzüchter im Industal des östlichen Baluchistan dauerhaft nieder. Sie errichten einfache Häuser aus Lehmziegeln, ziehen Ackerfurchen, säen Einkorn, Emmer und Brotweizen aus, halten Ziegen, Schafe und Rinder.

Aus diesen Anfängen entwickelt sich im Industal um 2600 v. Chr. eine der ersten Hochkulturen der Menschheit, vergleichbar mit den etwa zeitgleichen Zivilisationen in Mesopotamien und Ägypten – aber viel weniger bekannt (siehe Karte Seite 152). Wie es zu dieser kulturellen Blüte kommt, ist noch immer ein Rätsel.

Die Böden in der Indusregion sind fruchtbar; und sehr wahrscheinlich haben die dortigen Bewohner im Laufe der Jahre ihre landwirtschaftlichen Techniken verbessert, sodass nicht jeder Siedler mehr zur Feldarbeit gezwungen ist. Zudem modellieren sie für ihre Lebensmittel Vorratsgefäße aus Lehm auf Töpferscheiben und brennen sie im Ofen.

Schließlich spezialisieren sich immer mehr Menschen der Induskultur auf ein Handwerk: Aus Bronze schmieden sie Armreife, Messer, Pfeilspitzen, Axtklingen oder Fischhaken. Durchbohren Gold oder Terrakotta und fabrizieren Perlen. Händler kaufen Lapislazuli und andere Rohstoffe aus Afghanistan sowie Muscheln von den Küstenregionen des Subkontinents, exportieren Elfenbein und Schmuck.

Irgendwann bildet sich wohl auch eine Führungsschicht in den wachsenden Siedlungen, die beschließt, große Städte zu bauen. Denn die Metropolen, die Archäologen um 1920 erstmals erforschen, sind wie am Reißbrett geplant.

Zuerst graben die Wissenschaftler im Industal die Überreste der Städte Harappa und Mohenjo Daro (im heutigen Pakistan) aus. Die Städte gleichen sich auf erstaunliche Weise: Beide haben einen erhöhten, mit Ziegeln eingefriedeten

Festungsbezirk, Kultbauten, Versammlungshallen, Marktplätze und Kornspeicher sowie eine große Wohnstadt mit zahlreichen Gebäuden und Hunderten Brunnen.

Die bis zu zehn Meter breiten Hauptstraßen folgen einem fast rechtwinkligen Raster, die aus Ziegeln errichteten Häuser sind an ein verzweigtes Kanalisationsnetz angeschlossen. In Mohenjo Daro leben über 40 000 Menschen, in Harappa mehr als 30 000.

Die ersten Städter Indiens verkaufen ihre Waren bis ins Zweistromland. Gelehrte entwickeln einheitliche Längen- und Gewichtmaße, die auf dem Dezimalsystem beruhen. Und die Menschen können sich bereits in einer Schrift mitteilen: Sie versehen Tausende Siegel aus Speckstein und Metall mit Schriftzeichen. Doch noch ist es keinem Forscher gelungen, eine dieser Chiffren zu entziffern.

Mehr als 1000 uralte Städte haben die Archäologen inzwischen entdeckt: im Industal, aber auch weiter nördlich im heutigen Afghanistan, in Baluchistan und einigen anderen Regionen.

Rätselhafter noch als ihr Ursprung ist das plötzliche Ende der Induskultur: Binnen eines Jahrhunderts geht sie zugrunde. Zwischen 1800 und 1700 v. Chr. verlassen die Menschen all diese Städte; auch Mohenjo Daro und Harappa bleiben als Geistersiedlungen zurück. Aus einigen Orten ziehen die Einwohner spontan und ohne offensichtlichen Grund aus, lassen Kochgeschirr zurück, als wollten sie zur nächsten Mahlzeit zurückkehren. Andere Städte lassen die Bürger zerfallen: Sie führen Reparaturen nur noch notdürftig aus, kümmern sich nicht mehr um die Kanalisation. Dann bleiben auch diese Siedlungen verlassen zurück.

Wahrscheinlich versiegt der Überschuss an Getreide, der die Stadtgründungen einst erst ermöglicht hat. Vielleicht sind die Böden in der Umgebung ausgezehrt, weil zu große Viehherden auf den Weiden gegrast haben. Oder das regionale Klima verschlechtert sich, weil die Bewohner zu viele Wälder gerodet haben, um mit dem Holz ihre Ziegelöfen zu befeuern. Vermutlich können die Bauern die Metropolen nicht mehr ausreichend mit Lebensmitteln versorgen.

Für 1000 Jahre leben die Menschen fortan wieder in einfachen Dörfern. Viele Errungenschaften der Induskultur und ihrer Metropolenbewohner sind rasch vergessen.

Ab 2000 v. Chr. wandern über Gebirgspässe Nomaden in kleinen Gruppen aus der Steppe Zentralasiens in die Region ein: die Aryas (die Edlen), wie sie sich selbst nennen. Den großen Strom, an dem sie siedeln, taufen sie Sindhu. Und bald gibt der Fluss auch der Region ihren Namen (persische Kaufleute werden das Wort *hindush* aussprechen; griechische Reisende nennen das Land später *indike*, die Römer *india*).

Die Aryas verfügen über zweirädrige Pferdestreitwagen und sind offenbar mit fremdartigen Göttern im Bunde. Gegen diese Übermacht sind die Einheimischen, die sich hinter Wällen und Palisadenzäunen an befestigten Plätzen verschanzen, chancenlos. Mit Hilfe ihres Gottes Indra, des „Burgenbrechers", besiegen die Aryas die Verteidiger; ihr Feuergott Agni lässt die Holzpalisaden in Flammen aufgehen.

So jedenfalls überliefert es der Mythos. Denn ihre Siege und Götter verewigen die Aryas im „Rigveda", einer heiligen Hymnensammlung von mehr als 10 000 Versen, die Priester von Generation zu Generation weitertragen.

Das Volk zieht in Trecks umher, rastet in Wagenburgen, besiedelt schließlich feste Plätze und errichtet Behausungen aus Lehm und Flechtwerk. Weil dichter Dschungel weite Teile der Ebene Nordwestindiens bedeckt, ist Ackerland rar und umkämpft unter den Clans der Aryas, aber auch zwischen den Neuankömmlingen und den Ureinwohnern. Die Aryas machen neuen Boden urbar, roden Wälder mit Feuer.

Sie entwickeln eine strikte Ständeordnung, die sich später mit einem System zahlloser Kasten verbindet; so entsteht eine gesellschaftliche Hierarchie, die die Jahrtausende überdauern wird (siehe Seite 148). Die drei höchsten Stände – gebildet von *brahmanen* (Priestern), *kshatriyas* (Adeligen und Kriegern) und *vaishyas* (Bauern und Kaufleuten) – sind den Aryas vorbehalten, die sich so gegen die Masse der unterworfenen Inder abgrenzen. Dem vierten Stand, den *shudras*, gehören indische Diener, aber auch hoch spezialisierte Handwerker an. Unterhalb dieser privilegierten Gruppen stehen die Namenlosen, die „Unberührbaren", die wohl zumeist außerhalb der Siedlungen leben.

In der frühen Zeit sind die Standesgrenzen wahrscheinlich noch nicht unüberwindlich. Mit zunehmender handwerklicher Spezialisierung aber entstehen später zusätzliche Kasten bestimmter Berufe, die wohl zunächst deren Angehörige vor unerwünschter Konkurrenz schützen sollen. Immer stärker bestimmen Vorschriften der einzelnen Kasten nun das Leben jedes Einzelnen.

Als ab dem 9. Jahrhundert v. Chr. Dürren das Land im Nordwesten austrocknen, ziehen viele Arya-Clans nach Osten, in das Gangestal. Dort gründen sie die ersten indischen

NOMADEN *aus Zentralasien revolutionieren die soziale Ordnung*

Königreiche, erbauen Städte, die sie mit Erdwällen und Wassergräben vor Angriffen schützen.

Schon kurz darauf erhebt sich der König von Magadha, einer der Herrscher im Gangestal, über seine Nachbarn – möglicherweise verfügen seine Truppen bereits über Waffen aus Eisen. Seinen Nachfolgern gelingt es, fast den gesamten Norden, Teile Zentralindiens und einen Landstrich an der Ostküste zu unterwerfen.

Ein Wendepunkt: Erstmals werden die Umrisse eines Großreichs auf dem Subkontinent sichtbar. Mahapadma, der mächtigste Herrscher von Magadha, wird in späteren Chroniken als Erster mit dem kaiserlichen Titel „Ekachattra" aufgeführt – als Regent, der ein großes Reich unter einem einzigen (*eka*) herrschaftlichen Schirm (*chattra*) vereinigt.

Mahapadmas Dynastie treibt in den Dörfern und Städten Steuern ein und finanziert damit eine gewaltige Armee von 200 000 Fußsoldaten, 20 000 Reitern, 2000 vierspännigen Streitwagen und 3000 Elefanten.

Doch um 320 v. Chr. wird sie vom Clan der Maurya verdrängt. Diese zweite Kaiserfamilie dehnt ihren Machtbereich über fast ganz Indien aus, herrscht vom heutigen Afghanistan bis an den Rand des nepalesischen Himalaya und weit hinab in den Süden des Subkontinents und erschafft einen straff organisierten Zentralstaat (siehe Karte Seite 154).

Nach etwa 50 Jahren dringen erstaunliche Botschaften aus diesem Staat in die Außenwelt: Kaiser Ashoka, der seit etwa 269 v. Chr. regiert, entsendet Botschafter in die hellenische Welt, um eine neue, friedliche Weltanschauung zu verkünden. Daheim lässt er die Maximen einer versöhnlichen Sittenlehre in Felswände und Säulen meißeln. Inspiriert worden ist Ashoka von einer religiösen Erneuerungsbewegung: Ein Fürstensohn namens Buddha hat sie um 528 v. Chr. zuerst im Gangestal verbreitet.

Doch nach Ashokas Tod um 233 v. Chr. zerfällt dessen Tugendreich, und wenige Jahrzehnte später endet die zweite Kaiser-Dynastie Indiens. In den folgenden 500 Jahren kämpfen verschiedene Clans um die Herrschaft über Nordindien.

Erst im 4. Jahrhundert n. Chr. gelingt es der Dynastie der Guptas, ein dauerhaftes Großreich zu gründen, das Nordindien und Teile Zentralindiens umfasst. Nur die Reiche im Süden können sie nicht unter ihre Gewalt zwingen.

Nach dem Tod des letzten bedeutenden Gupta-Kaisers um 497 löst sich das Imperium in Nachfolgekämpfen auf, zudem wird es durch eine weitere Macht aus Zentralasien bestürmt: die Hephtaliten („weiße Hunnen").

Um 510 reißen die Eindringlinge die Herrschaft über große Teile Nordwestindiens an sich, werden aber von indischen Kriegern bald wieder zurückgedrängt und Mitte des 6. Jahrhunderts vollständig vertrieben.

200 Jahre später dringen Heere muslimischer Araber bis in das Industal vor, wenig später erobern sie auch den Punjab im Nordwesten Indiens. Doch indische Fürsten verhindern einen weiteren Vormarsch.

In den folgenden Jahrhunderten, so scheint es, besteht Friede zwischen den islamischen und hinduistischen Reichen im Nordwesten Indiens. Bis um das Jahr 1000 erneut muslimische Eroberer den Norden überfallen: Zentralasiatische Reiterfürsten plündern Tempel, raffen Gold zusammen, verschleppen Sklaven, zerschlagen Götterstatuen und verfolgen Hindus als „Ungläubige".

WÄHREND DER NORDEN in kleine Königreiche zerfällt und von Fremden erobert wird, entbrennt in der Südhälfte ein Machtkampf, aus dem die Fürsten der Chola-Dynastie als Sieger hervorgehen: Nach dem Jahr 1000 herrschen sie über ein Kaiserreich, das sich von Ceylon über Calicut im Südwesten Indiens bis nach Bengalen im Nordosten erstreckt. Zudem erobern sie Gebiete in Übersee, darunter Sumatra und die malaiische Halbinsel. Südindische Kaufleute verkaufen Waren nach China, Baumeister, Künstler und Handwerker errichten Tempelanlagen, so reich und prächtig wie nie zuvor auf dem Subkontinent.

Doch auch den Kaisern der Chola-Dynastie gelingt es nicht, ihr Imperium dauerhaft zu sichern: Geschwächt durch Erbfolgestreit und die Angriffe südindischer Rivalen, zerfällt das Reich Ende des 13. Jahrhunderts.

Im Norden Indiens ist um diese Zeit bereits eine neue – muslimische – Großmacht entstanden: das Sultanat von Delhi, 1206 von einem General gegründet, der mit einer Invasionsarmee aus Afghanistan gekommen ist. Zug um Zug erweitern die Sultane ihr Reich, bis es sich um 1330 über fast den ganzen Subkontinent erstreckt.

Erst 1526 besiegt ein ebenfalls muslimischer Eroberer aus Zentralasien den letzten Sultan in Delhi. Er begründet ein neues Kaiserreich: das der Moguldynastie.

Der Enkel des Eroberers, der Großmogul Akbar, erweitert das Imperium durch Kriegszüge, bis es sich über fast zwei Drittel des Subkontinents erstreckt – von Hindukusch und Himalaya im Norden bis weit ins Zentrum Indiens (siehe Seite 48). 100 Millionen Menschen leben in dem Reich.

Akbar, der sich anders als seine Vorgänger nicht als muslimischer Mogul, sondern als „gerechter Herrscher" über alle Muslime und Hindus in seinem Reich *al-hind* versteht, entmachtet islamische Geistliche.

Er fördert Künste und Wissenschaft, beschäftigt einen Gelehrten, der die Geschichte seiner Herrschaft aufschreibt, alte Dokumente für das kaiserliche Archiv sammelt und von Mitgliedern des Hofstaats Berichte über frühere Zeiten niederschreiben lässt. So entsteht ein Bewusstsein der Größe Indiens, seiner Pracht und jüngeren Vergangenheit.

Vor allem aber weist Akbar den Weg in die Zukunft. Er bildet auf dem Subkontinent einen modernen Zentralstaat, den er mit einem Heer von Verwaltungsbeamten überzieht. Auf diese Weise bricht mit seiner Herrschaft eine neue Epoche in Indien an: die Neuzeit. □

Ralf Berhorst, 42, ist Journalist in Berlin und schreibt regelmäßig für GEO*EPOCHE* – in diesem Heft auch über Akbar, jenen muslimischen Kaiser, der den Subkontinent wie kaum ein anderer Herrscher geprägt hat.

Stadt des SIEGES

Vijayanagara, »Stadt des Sieges«, heißt die Kapitale eines Reiches, das im 14. Jahrhundert zur Großmacht des Südens aufsteigt. Seine Könige begreifen sich als Vertraute der Götter, religiöse Feste bestimmen den Alltag ihrer Untertanen. Doch dem Ansturm muslimischer Eroberer aus dem Norden halten sie nicht stand: 1565 geht das letzte Hindu-Imperium unter

TEXT: JÖRG-UWE ALBIG;
FOTOS: JOHN GOLLINGS

Mehrmals im Jahr lassen die Herrscher von Vijayanagara in ihrer Metropole pompöse Götterfeste ausrichten. Die Stadt, hier ein Tempel im Zentrum, erstreckt sich über mehr als 600 Quadratkilometer und beherbergt Hunderttausende Menschen – bis muslimische Heerscharen sie plündern und verwüsten

Es ist eine heimliche Liebe, doch sie geht alle an. Und alle sind gekommen, um sie zu sehen. Von nah und fern sind sie in diesem Herbst, irgendwann um 1500, in die Stadt gepilgert – so wie jedes Jahr.

Über unbefestigte Landstraßen sind sie gereist, durch Flüsse gewatet, über die keine Brücke führt. Die Nacht haben sie in Herbergen verbracht, auf den Straßen, unter den Bäumen in den Innenhöfen des Tempels. Sie haben sich auf Decken aneinandergedrängt, haben die Beine eingezogen, wenn eine Kuh durch das Meer aus Leibern pflügte. Sie haben zu schlafen versucht, während Affen kreischend über die Götterfiguren an den Tempelfassaden turnten und Glaubensbrüder, händeklatschend und mit Fingerzimbeln klirrend, Lobgesänge psalmodierten.

Jetzt steht der Vollmond am Himmel. Jetzt haben sie das heilige Pflaster in ein rauchendes Meer aus Öllämpchen verwandelt. Fackelträger und Musiker durchschreiten die Höfe; das Quäken der Schalmeien ertönt, das Pochen der Trommeln.

Die Menge drängt sich um das Tempelbassin – die Männer mit den fiebrigen Augen und die Frauen mit den schlafenden Kindern an den Schultern.

Dort unten im Wasser liegt schon das Floß, geschmückt mit Bananenblättern und Girlanden. Das Gefährt der Liebe.

Frauen mit Palmstrohbesen fegen noch einmal die Treppe, die zum Wasser hinabführt. Schließlich erscheint das Paar: zwei silberne Figuren auf einem weißen Pferd, gebettet auf Blüten. Am Treppenabsatz hebt man sie aus der Sänfte, trägt sie hinunter zum Floß.

Unter dem Jubel der Menge beginnt die Fahrt. An allen vier Ecken des Floßes stehen Ruderer; am Bug brennt ein heiliges Feuer. Im Uhrzeigersinn kreist das Gefährt um den Teich; Feuerwerk steigt auf. Am Bassinrand brausen Trommeln und Tröten auf; die Ruderer drehen das Floß in verspielte Pirouetten.

Jetzt gibt es kein Halten mehr: Die Gläubigen springen ins heilige Wasser, jagen einander durch die Flut, klettern triefend an Land.

Nach fünf Runden ist die Liebe besiegelt.

Es ist eine Liebe, die keinen Nachwuchs stiftet, sondern einem Reich seine Legitimität beschert. Einem Hindu-Großreich namens Vijayanagara, das seit dem 14. Jahrhundert Südindien beherrscht. Einem Reich, dessen Großkönige ihre Macht von dieser Verbindung herleiten – der Liebe zwischen Shiva, dem Gott der Zerstörung (den man hier Virupaksha nennt, den „Schiefäugigen"), und Pampa, einer örtlichen Gottheit, die schon seit prähistorischen Zeiten die Geschicke der Gegend behütet.

Gemeinsam soll das Paar das Reich schützen und stets auf den rechten Glaubensweg führen.

Unter Beifall und Glücksrufen legt das Floß am Bassinrand an. Männer hieven die massiven Silberfiguren treppauf, betten sie wieder in die Sänfte. Dann zieht die Prozession durch die Stadt, angeführt von Musikern und dem Elefanten mit dem goldenen Stirnschmuck.

Fromme drängen sich um die Priester, reichen ihnen Schalen mit Blumen und Kokosnüssen. Die Geistlichen streuen die Blüten auf die Sänfte, zerschmettern die Nüsse am Boden, um sie dann in Brand zu setzen und das Paar mit dem Feuer zu erfreuen. Anschließend geben sie das Opfer an die Spender zurück.

Diese Liebe ist ein Geschäft, das allen Beteiligten nützt. Eine Verbindung, die dem Staat den Beistand des Großgottes garantiert – und dem Tempel des „Schiefäugigen" umgekehrt großzügigste Zuwendungen der Herrscher.

Zudem liefert das Fest den Machthabern ihre Daseinsberechtigung. Denn sie haben den Namen des Gottes einfach gekapert: So gründlich identifizieren sich Vijayanagaras Könige mit dem ungestümen Schöpfer und Verderber, dass sie über Generationen sämtliche Dokumente mit „Virupaksha" unterzeichnen.

Unter diesem heiligen Titel ziehen sie auch ins Feld.

Denn die wichtigste Beschäftigung dieser Könige heißt: Krieg.

Schon die Landschaft, in der die Hauptstadt des Reiches liegt, ist eine Festung: eine Ansammlung von Granitfelsen, grau, ocker und rosa, zu Mauern und Bastionen getürmt, zu Burgen und Bunkern, zu Gräben, Wällen und Rampen. Auch die Tempel und Paläste der Hauptstadt sind aus diesem Granit erbaut – eine Metropole, die bruchlos mit der Umgebung verschmilzt. Grüne Papageien schwirren über die mächtigen Steinleiber, die ein formloser, fasernder Fluss durchirrt.

Die Stadt aber ist so glänzend, dass „die Pupille des Auges", wie ein persischer Besucher staunt, „nie einen solchen Ort erblickt hat". Und so stolz sind seine Bewohner, dass sie, wie ein italienischer Gast erfährt, sich für die einzig Zweiäugigen in einer Welt voller Einäugiger und Blinder halten: Vijayanagara, die „Stadt des Sieges".

Über wen diese Stadt siegt, ist ihr egal. Sie verfügt über eine Million Soldaten, darunter 35 000 Mann Kavallerie, und ein Netz von Spionen, die sich in vielen Sprachen und Trachten tarnen können.

Und es spielt keine Rolle, ob es Muslime oder Hindus sind, auf deren Kosten die Stadt ihr Territorium erweitert: Ein portugiesischer Besucher beschreibt, wie der König nach der jährlichen Truppenparade drei Pfeile in die Luft schießt – das Land, das in der Richtung des am weitesten geflogenen Pfeils liegt, wird sein nächstes Opfer sein.

Tatsächlich sind lange Zeit die Glaubensgenossen die häufigsten Opfer von Vijayanagaras Eroberungsdrang. Nur im Norden stößt die Gier der Großkönige an ihre Grenzen: Dort hat sich 1347 das islamische Sultanat der Bahmaniden etabliert, das eine ähnlich ehrgeizige Expansionspolitik wie Vijayanagara verfolgt. Gegen dessen überlegene Reiterei, dessen avancierte Kriegstechnik hilft nur Nachahmung – und Propaganda.

So trifft es sich gut, dass auf dem Gebiet von Vijayanagara das Kloster Shringeri liegt: Dort lehrt ein verehrter Mönch, der als Reaktion auf den islamischen Vormarsch eine Rückkehr zu vedischer Lehre und brahmanischem Gesetz predigt.

Er erklärt das entstehende Reich von Vijayanagara zum Werkzeug seiner Erneuerungsbewegung – und die Könige nehmen diese Rolle dankbar an.

Die Muslime sind ein wohlfeiler Feind. Denn islamische Herrscher haben den Subkontinent seit der Wende

In der Blütezeit von Vijayanagara strömen alljährlich Tausende Pilger in die Stadt, um den Göttern zu huldigen. Noch heute besuchen Gläubige die Ruinen der einstigen Metropole (hier der Tempel Krishnas)

zum zweiten Jahrtausend immer wieder mit Waffengewalt überrollt. Von 1000 bis 1027 hat Mahmud, der Sultan von Ghasna, in 17 Feldzügen Nordindien verwüstet, haben seine Truppen die heiligen Städte verheert und Tempel geplündert.

Rund 300 Jahre später wandten sich die muslimischen Herrscher von Delhi gen Süden und drangen mit Feuer und Schwert bis in die Spitze des Subkontinents vor. Doch Aufstände, Scharmützel mit örtlichen Fürsten und revoltierenden Generälen brachten ihre Macht im Süden immer wieder ins Wanken.

Dieses Chaos bereitete den Boden für eine neue Macht, die im 14. Jahrhundert aufstieg: Vijayanagara.

Zwei Offiziere eines kleinen Königreichs, das der Sultan aus Delhi überfallen hatte, stellten um 1340 eine gewaltige Armee zusammen. Ihr Auftrag: das an die islamischen Invasoren verlorene Terrain zurückzuerobern. Binnen weniger Jahre gelang es ihnen, die Fremden zurückzuschlagen und fast ganz Südindien unter ihre Kontrolle zu bringen.

Sie schufen den ersten Staat dieser Region, der mehrere Kulturen und Sprachen unter einem König vereinte. 1346 reichte das Imperium von Vijayanagara, der Stadt des Sieges, bereits vom Arabischen Meer bis zum Golf von Bengalen.

DREI TAGE UND DREI NÄCHTE dauert das Fest der Liebe von Virupaksha und Pampa. Am letzten Abend wird das Paar auf einen Stier aus massivem Silber gehoben. 40 Männer schleppen den glänzenden Koloss, traben im Laufschritt mit der heiligen Last aus der Stadt hinaus; entrückt lächeln die Götter unter dem samtenen Fransenschirm.

Eine Menschenmenge folgt der Prozession, windet sich mit ihr am Fluss entlang. Sie stolpert über Felsen, zwängt sich durch Schluchten, duckt sich unter steinernen Vorsprüngen. Schließlich erreicht der Zug einen Tempel an einer Flussbiegung: Hier soll die Verlobung geschlossen werden.

Glocken erklingen, Priester murmeln Gebete, krönen zwei Kokosnüsse mit Girlanden und Rosen. Unablässig streuen sie weiße Blüten, schwenken Pfannen mit Feuer, schöpfen heiliges Wasser in Kelche. Sie breiten schimmernde Brautkleider aus, segnen sie, falten sie zusammen und drapieren sie um das

Vijayanagara ist die Stadt einer Dynastie, die die Religion als mächtiges Instrument ihrer Politik einsetzt. Im Zentrum befinden sich deshalb ein heiliger Tempelbezirk und der weltliche Herrscherpalast, von dem dieser Pavillon die Zeit überdauert hat

Paar. Wie Windstöße fahren fiebrige Schalmeientöne auf, setzt pulsend die Trommel ein.

Endlich geben die Priester die Verlobung bekannt. Und die Mitgift der Braut ist nichts weniger als: das ganze Reich.

Damit hat Virupaksha fortan nicht nur seine Verlobte zu beschützen – sondern auch das, was sie in die Ehe bringt.

Diese Mitgift ist in den vorangegangenen 150 Jahren gewaltig gewachsen. Die Hauptstadt mit ihren zahlreichen Vororten umfasst eine Fläche von mehr als 600 Quadratkilometern. „So groß wie Rom“ erscheint sie einem portugiesischen Besucher. Die genaue Zahl der Einwohner ist nirgendwo verzeichnet – mehrere Hunderttausend werden es wohl sein.

Doch vor allem wohnt hier die Macht.

Denn Vijayanagara ist keine gewachsene Stadt, sondern eine Metropole vom Reißbrett. Es ist kein bedeutendes Handelszentrum, kein Produktionsstandort, sondern ein steingewordenes Ritual: ein Opferaltar, der den Reichtum der Provinzen an sich zieht und verbrennt. Eine parasitäre Stadt, entworfen als Herrschafts- und Kriegsmaschine.

Es ist eine Stadt, die zum Himmel strebt. Die Türme der Tempel ragen wie Wolkenkratzer in die Luft. Zwar wohnen die meisten Familien in strohgedeckten Hütten, die wenigen Angehörigen der Mittelschicht auch in Lehm- oder Ziegelbauten. Die Häuser der Elite aber sind aus Stein, umkränzt von Veranden und Gärten voller duftender Kräuter, reich geschmückt mit Skulpturen, Gemälden und Holzschnitzereien. Zahme Schwäne, Pfauen, Tauben und Papageien durchtrippeln die Höfe. In den Gärten locken Lusthäuschen, Schaukeln, Swimmingpools und künstliche Hügelchen.

Kein Heer könnte diese Stadt überrennen, stellt ein europäischer Besucher fest – „so groß ist die Zahl der Menschen und Elefanten“, die hier die Straßen verstopfen. Barfuß schieben die Menschen sich durch die Gassen, nur die Reichen und Hofleute tragen Sandalen.

Da gehen Bauern im schlichten Lendenschurz, Hirten mit Wolldecken auf dem Rücken, Brahmanen, einen Schal um die Schulter geschlungen. Dandys lustwandeln in Kniehosen und Schärpen, Dolch an der Hüfte und Turban auf dem Kopf. Bürgerfrauen in schlichten Wickelkleidern drängen sich vorbei an Hofdamen in safranfarbenen Röcken und Umhängen aus dünnem Musselin.

Die Vornehmen verrät bereits der Duft ihrer Körperlotion – eine Paste aus Sandelholz, Aloe, Kampfer, Moschus, Safran und Rosenwasser. Auch Männer tragen Blumenkränze um Stirn und Hals, die langen Haare meist zum Dutt gesteckt. Und überall werden Rosen verkauft, ohne die Vijayanagaras Elite nicht leben kann.

Inmitten der Pracht wandeln Gurus und fromme Asketen, manche mit heiliger Asche bedeckt, das Haar zottig oder zu Zöpfen geflochten. Es gibt Yogis, die jahrelang auf dem rechten Bein stehen, bis die Muskeln des linken verdorren. Und andere, die auf Nagelbrettern und Dorngestrüppen ruhen oder tagelang unter einem tropfenden Wassereimer ausharren – um dem Gott Shiva nachzueifern, der einst den Ganges in seinem Haar einfing.

In der „bestversorgten Stadt der Welt“, wie ein Portugiese sie rühmt, hüllt sich die Oberschicht nicht nur in Stoffe von dem ganzen Subkontinent, sondern auch in Seide, Samt und Brokat aus der Türkei, aus Persien und Fernost.

Sie isst von chinesischem Ming-Porzellan, schmückt sich mit Perlen aus weit entfernten Meeren und mit Diamanten aus den benachbarten Minen, die zu den reichsten der Welt gehören.

Vor den großen Tempeln bieten Läden in Basarstraßen Kampfer und Kokosnüsse an, getrocknete Datteln und heilkräftige Wurzeln. In den Käfigen der Vogelhändler plustern sich Pfauen und Papageien.

Bildhauer und Goldschmiede verkaufen Götterfiguren, Waffenschmiede offerieren Schwerter und Speere. Bronzeschmiede preisen Schüsseln und Platten an, Juweliere Diamanten und edelsteinstarrenden Goldschmuck.

Perlen, Rubine, Topase, Smaragde, Korallen, Saphire türmen sich zu Haufen wie andernorts Getreide. Aus den Drogerien dringen die Aromen von Safran und Kampfer, von Moschus und schwarzer, duftender Augenschminke.

Fernreisende handeln mit Waren aus Übersee, Geldverleiher mit Krediten, Makler mit Grundstücken, Züchter mit Elefanten – sogar Söldner finden hier ihre Käufer.

Nördlich des Tiruvengalanatha-Tempels erstreckt sich die Straße der Kurtisanen. Gebildete Frauen, versiert in Tanz und Konversation, in klassischer Musik und romantischer Literatur, sitzen dort auf Balkonen und Verandas und warten auf Kunden. Einige spielen mit einem Ball; andere lauschen dem Gesang von Tauben oder Zierschwänen, um an den Wohllauten ihre Stimmen zu schulen. Veteraninnen geben Tricks an junge Adeptinnen weiter – die oft aus Not von ihren Familien verkauft worden sind.

Händlerinnen stehen mit Blütengirlanden, Süßigkeiten und berauschenden Betelnüssen bereit. Und von Zeit zu Zeit lassen städtische Wachmänner zur Warnung ihre Schlagstöcke auf verdächtige Passanten niedersausen.

Viele der Kurtisanen sind Tempeltänzerinnen, *devadasis*, der Lust der Gottheit ebenso verpflichtet wie jener der Menschen: Jeden Tag tanzen und singen sie vor dem heiligen Bild, begleiten auch tanzend die Prozessionen. Sie erhöhen nicht nur die Anziehungskraft der jeweiligen Tempel – sie füllen auch, durch Steuern und Spenden, die Kassen von Klerus und Staat.

So ist ihr Rang höher, als ihre Profession erwarten lässt: Manche Kurtisanen haben direkten Zugang zu den Frauenquartieren des königlichen Palastes – und genießen sogar das unerhörte Privileg, in Gegenwart des Herrschers Betel kauen zu dürfen.

Denn Vijayanagara ist eine Stadt von Königs Gnaden. Sein Tageslauf hält das Leben in Gang.

Vor Sonnenaufgang, so heißt es in zeitgenössischen Berichten, steht er auf, trinkt fast einen halben Liter Sesamöl, reibt sich zudem am ganzen Körper mit dem Öl ein und übt sich dann im Schwertkampf.

Später, nach einem Kampf mit einem seiner Ringer und einem Ausritt auf einem seiner Pferde, lässt er sich von einem Brahmanen waschen, um dann zum Morgengebet im Tempel zu schreiten.

Anschließend sitzt er auf seinem goldenen Thron in der Audienzhalle, das weiße Gewand mit Rosen bestickt, ein Diamantenkollier um den Hals und auf dem Kopf die hohe, mit Brokat besetzte Krone. So erhaben ist er, dass er selbst zu Adeligen und Offizieren nur über Mittelsmänner spricht. Stundenlang hält er Audienzen,

Mehr als 12 000 Frauen umsorgen den König von Vijayanagara

empfängt Gelehrte, Offiziere, Provinzgouverneure.

Und selbst das Vergnügen ist Teil seiner Pflicht – die Bankette, die Konzerte und Theateraufführungen, die Picknicks, Jagdpartien und Tierkämpfe, die Duelle der Ringer und Schwertkämpfer. Die öffentlichen Flirts mit den Konkubinen und Hofdamen, die ihn anbetend umgeben, während seine Gattinnen und Töchter in streng bewachten Gemächern abseits des Trubels verborgen bleiben.

Denn vor allem Frauen umsorgen den König. Ein italienischer Besucher berichtet von 12 000, die ihm Tag und Nacht zu Dienst sind. Sie tanzen und ringen, musizieren und singen für ihn, preisen in Hymnen seine Verdienste.

Sie tragen seine Königinnen auf ihren Schultern, lesen ihm die Sterne und prophezeien ihm die Zukunft. Sie erledigen seine Buchhaltung und protokollieren seine Taten. Sie baden ihn, kleiden ihn an, servieren ihm Essen und zerstreuen ihn mit Liebesgeschichten. Sie fächeln ihm Luft zu, vertreiben mit Wedeln lästige Fliegen, halten Betelsäckchen und Moschusschatulle für ihn bereit, Kampferschachtel und Parfümkistchen.

Bei Bedarf reichen sie ihm seinen Spiegel, seinen Dolch, seine goldenen Sandalen, seinen goldenen Spucknapf. Selbst auf seinen Kriegszügen begleiten sie ihn und seine Armee.

Laszive Abbildungen der 84 empfohlenen Liebesstellungen zieren nicht nur die Wände der Kurtisanen-Boudoirs, sondern auch Tempel und öffentliche Plätze. Die Reichen pilgern in die Tavernen, nehmen Platz hinter Vorhängen aus Gras, um sich an Liebe und Palmwein zu berauschen. Auf den Dächern ihrer Paläste feiern Adelige nächtliche Gelage unter freiem Himmel, wo sie tanzen, singen, Versteck spielen – und zechen, bis die Herren torkeln und die Damen lallen, Zoten reißen und sich die Kleider vom Leib streifen.

Die armen Massen dürfen an dem Glanz nippen, wenn Vijayanagara seine Feste feiert. Auch die niedersten Kasten, denen sonst der Zugang zum Tempel verwehrt ist, haben dann die Chance, das Göttliche zu erfahren.

Denn *darshana*, der Anblick, ist der Gipfel des Glaubens: Nicht nur der Gläubige schaut dann den Gott, sondern auch der Gott den Gläubigen.

So besessen seien manche von dem heiligen Trubel, berichtet ein europäischer Beobachter, dass sie sich todeswillig vor die Prozessionswagen stürzen oder sich an Seilen durch den Staub schleifen lassen. Doch so berauschend diese Feste auch sind – ihr Zweck ist nicht der Exzess, sondern der *dharma*, das rituelle Gesetz.

Die Feste verankern die göttliche Gegenwart im Reich, halten die kosmischen Segensströme im Fluss – und bringen nebenbei Geld in die Stadt, wenn die Pilgermassen Straßen, Läden und Jahrmärkte überschwemmen, etwa bei den jährlichen Verlobungsfeiern der Göttin Pampa mit dem Gott Virupaksha.

Oder beim Frühlingsfest, wenn die Gläubigen einander mit safrangefärbtem Wasser bespritzen.

Oder am Ende der Monsunzeit, wenn der König neun Tage lang den Göttern des Reiches und am zehnten der Dämonenschlächterin Durga huldigt, damit sie seine Waffen segne und ihm Kraft verleihe, seine Feinde zu unterwerfen.

An diesen Tagen ziehen Armeen von geschmückten Elefanten, Pferden, Kamelen durch die Straßen.

Treten Armeen von Tänzerinnen mit juwelengeschmückten Goldkolliers, mit rasselnden Armbändern und Fußreifen auf.

Zudem Armeen von Musikerinnen, die Trommeln, Flöten und Lauten spielen. Armeen von Schaukämpfern, die Speere, Schwerter und Stöcke kreuzen. Armeen von Ringern, die einander mitunter die Zähne ein- und die Augen ausschlagen.

Und am zehnten Tag spreizt sich die nackte militärische Macht, wenn der König seine Truppen inspiziert.

In einem Camp vor der Stadt lässt er dabei alles aufmarschieren, was seine Feinde schrecken könnte: behelmte Kavalleristen mit vergoldeten Speeren, Schwertern und Streitäxten, die auf Pferden in Samt und Seide reiten oder auf glockenbehängten Elefanten. Infanteristen, die Schilde mit Bildern von Tigerköpfen dekoriert. Bogenschützen, deren Waffen mit Gold und Silber belegt sind. Musketiere mit Feuerwaffen und gepolsterten Tuniken. Muslimische Söldner mit Bomben und Geschossen.

Dann reitet der König, begleitet von einer Statue der Gottheit, die Parade ab. Hurra-Rufe ertönen, das Trommeln von Waffen auf den Schilden, das Krachen der Salutschüsse, das Wiehern der Pferde und das Trompeten der Elefanten. Und König wie Gottheit empfangen vereint den Applaus.

Denn König und Gott sind in Vijayanagara gleichwertige Partner: Erst die Macht des einen ermöglicht die Macht des anderen – und umgekehrt.

Auch die Provinzfürsten und Warlords, die aus allen Ecken des Reiches zum Fest am Ende der Monsunzeit pilgern, kommen ja nicht einfach zum Gottesdienst. Sie kommen vor allem, um dem König Treue zu schwören und ihm ihre Tribute zu entrichten. Sie kommen, um Soldaten und Tiere für Vijayanagaras Kriege abzustellen.

Denn dieses Fest ist der Startschuss für die Winterfeldzüge des Königs: Jetzt sind die Straßen wieder marschtauglich, und es gibt genug Wasser und Proviant, um eine Armee zu ernähren. Eine Sünde wäre es, jetzt nicht zu den Waffen zu greifen.

Das martialische Fest hat eine fromme Tradition: Es ist ein monströs vergrößertes Abbild jener Szene aus dem „Ramayana“, in dem der göttliche Held Rama ebenfalls die Göttin Durga um Hilfe bittet – am Vorabend seiner Entscheidungsschlacht mit dem König der Dämonen.

Es ist eine Geschichte voller Heldenmut, die das „Ramayana“ erzählt, ein Epos aus vorchristlicher Zeit.

Es ist die Geschichte des Königssohns Rama, den eine Intrige um die Thronfolge bringt und mitsamt seiner Frau und seinem Halbbruder ins Exil in den Wäldern treibt. Dort entführt ein zehnköpfiger Dämonenkönig Ramas Frau nach Sri Lanka.

Doch der Prinz verbündet sich mit einem Affenvolk, das ihn auf seinem Rachezug gegen die Insel begleitet. Rama tötet den finsteren Fürsten und kehrt mit seiner Frau triumphal in die Heimat zurück.

Der Rama-Tempel demonstriert wie kein anderes Bauwerk die Nähe des Königs zu den Göttern: Das Heiligtum, erbaut um 1410, erhebt sich inmitten des Palastbezirkes, von dem aus der Herrscher sein Imperium lenkt

Was kann die Ansprüche der Könige besser illustrieren als dieser Kampf des Guten gegen das Böse? Überall in der Stadt prangen Bilder aus dem „Ramayana“, auf Felsreliefs, Säulen und Statuen. Porträts zeigen die Könige in der Sitzhaltung Ramas, ein Bein über das andere gelegt. Am „Tempel der tausend Ramas“, dem Familientempel der Könige, erzählen die Wände in 108 Reliefs von den Taten des Helden.

Bild für Bild schreitet die Handlung voran. Hier spannt Rama den bis dahin unbeugsamen Bogen des Gottes Shiva, dort erlegt er mit mildem Lächeln und tödlichem Pfeil Dämon um Dämon, stürzt den einen vom Streitwagen, setzt dem anderen den Fuß auf die Kehle.

Er jagt das Geschoss durch sieben hintereinanderstehende Palmyra-Bäume. Er tötet ein Reh, dem ein Ungeheuer mit Schwert und Schild aus dem Hals wächst. Und schließlich wird er, im letzten Bild an der Südwestecke des Tempels, mit Pomp zum König gekrönt.

So haben Vijayanagaras Herrscher das „Ramayana“ zu ihrer eigenen Geschichte gemacht. Selbst manchen Punkt der Umgebung können die Untertanen einer Episode aus dem Epos zuordnen: die Felskuppen auf der Nordseite des Tungabhadra-Flusses, wo früher das Reich der Affen lag; die Anhöhe am östlichen Stadtrand, wo einst Rama das Monsunende abwartete; die Höhle, in welcher der Affenkönig hauste.

Und noch immer, sagen die Menschen, höre man bisweilen gegen Morgen im heiligen, lotosbewachsenen Teich der Göttin Pampa ein Platschen, wenn der Affen-General Hanuman dort mit seiner Gattin ein nächtliches Bad nimmt.

Und vom Anjenadri-Hügel jenseits des Flusses – jenem von schmatzenden Affen bevölkerten Berg, auf dem Hanuman vor 17 Millionen Jahren zur Welt gekommen sein soll – läuft eine schnur-

Vijayanagara ist die spirituelle Metropole des Hinduismus in Südindien: Mehr als 60 heilige Stätten erheben sich innerhalb ihrer Mauern. Und in den Hügeln vor der Stadt liegen weitere Schreine wie dieser

gerade Nord-Süd-Achse über den Rama-Tempel zum Königspalast. So ist das heilige Epos zum Stadtplan geworden.

Denn die Religion ist eine Waffe – und die Könige von Vijayanagara wissen sie zu führen. Bei den Gelehrten des Landes geben sie theologische Schriften in Auftrag, belohnen Weise mit Land oder ganzen Dörfern, wiegen das Gewicht verdienter Theologen in Gold und Perlen auf.

Zur Motivation der Truppen engagieren sie Brahmanen, hohe Priester, die den Soldaten bildkräftig ausmalen, wie die muslimischen Frevler heilige Kühe schlachten, Tempel verwüsten und Götterbilder entweihen.

Und um sich der Loyalität der Gläubigen vollends zu versichern, machen sie Geistliche zu Politikern, setzen Brahmanen als Festungskommandanten und Territorialfürsten ein.

Mit üppigen Stiftungen verpflichten die Könige zudem die zahllosen Sekten des Reiches, deren Oberhäupter und Klöster ihren Zielen: Ein Fünftel des Staatshaushalts, schätzt ein europäischer Besucher, geht an die Tempel.

Hunderte neuer Gotteshäuser bauen die Herrscher und vergrößern bestehende – und besonders großzügig bedenken sie die Heiligtümer in den Frontgebieten.

Die Tempel sind die Wirtschaftszentren Vijayanagaras – es sind Großbetriebe der Andacht mit Hunderten von Angestellten, darunter Tänzerinnen, Tanzmeister, Töpfer, Zimmerleute und Barbiere, Trommler, Flötenspieler und weitere Musiker, deren Klänge den Gott morgens wecken und abends zur Ruhe betten.

Denn ein Gott will bedient werden wie ein König – und bemuttert wie ein Kind.

Zum Beginn des mehrmals am Tag wiederholten Rituals rufen ihn die Priester und bieten ihm einen Platz an, gießen Wasser zum Reinigen der Füße aus, von Gesicht und Händen, zum Spülen des Mundes. Sie baden seine Statue, reiben sie mit Sesamöl und Quark ein, kleiden sie in neue Kleider.

Sie umgürten sie mit der heiligen Schnur, dem Zeichen edler Geburt, schmücken sie mit Gold, Juwelen und Parfüm. Sie tupfen ihr mit Kurkuma den roten Punkt auf die Stirn. Sie bringen ihr Blüten und Räucherwerk dar, lassen Kampferlampen vor ihr kreisen, servieren ihr unter Glockengeläut Reis, Obst und Süßigkeiten.

Abschließend umschreiten sie den Gott in ehrfürchtigen Runden – und verzehren mit den Pilgern, was er übrig gelassen hat.

Um das vielsprachige Reich zusammenzuhalten, haben die Könige Vijayanagara zu einem Pilgerzentrum ausgebaut. Sie haben Rasthäuser errichtet, wo Reisende kostenlos auf den Blättern von Ashoka-Bäumen ruhen, wo schöne Frauen Wasser, Reis und Gemüse servieren, Buttermilch und Betelnüsse.

So mächtig ist der Ruf der Pilgerstätte, dass sie den Vergleich mit der Gangesstadt Benares, dem bedeutendsten

Wallfahrtsort Indiens, nicht scheuen muss: Schließlich ist auch ihr Fluss Tungabhadra schon so heilig, dass man ihn den „Ganges des Südens“ nennt.

Wasserbüffel weiden an den Ufern des Flusses, umstakt von weißen Reihern. Runde Fähren aus Rohr und Leder kreiseln in der Strömung, tragen Menschen, Pferde und Vieh.

Fromme waten in der Flut, die Hüften mit weißem Lendenschurz umschlungen; sie verbeugen sich, legen die Hände zusammen, schöpfen Wasser auf ihre Köpfe. Andächtig lassen sie es die Leiber hinabrinnen und grüßen die Sonne.

Denn Reinheit ist nicht Luxus, sondern Pflicht. Während Europas Adelige ihren Gestank noch Jahrhunderte später vorzugsweise mit Parfüm übertönen werden, baden hier auch die Ärmsten täglich, die Brahmanen sogar mehrmals am Tag.

Kein Vornehmer nimmt eine Mahlzeit ein, ohne vorher den Leib im Wasser geläutert zu haben. Auch wer sparen muss, salbt sich wenigstens einmal in der Woche mit Sesamöl, reibt das Öl mit zermahlenen Mahuva-Samen ab, um dann ins Becken oder den Fluss zu steigen. Schließlich putzt er die Zähne mit den bitteren, zur Bürste zerkauten Zweigen des Niembaums.

Täglich tummeln sich die Frauen des königlichen Harems in den Bädern, wo der König dann seine Wahl für die Nacht trifft – und sich auch gern zu den Favoritinnen ins Bassin gesellt, mit ihnen tauchend Verstecken spielt und sich Schlachten mit Wasserspritzen liefert.

Wasser ist das Lebenselixier des Reichs. Steingefasste Gräben laufen die Straßen entlang, Aquädukte versorgen die 23 Bassins im Palastviertel. Ein Netz von Kanälen nährt Reis- und Zuckerrohrfelder, Gärten und Parks. Dämme, bei deren Bau Dutzende Zwangsarbeiter starben, steuern die Fluten des Tungabhadra; im Südwesten der Stadt haben die Ingenieure ein Reservoir für Regenwasser angelegt.

Und als einer der Wassertanks zum wiederholten Mal birst, soll dem Herrscher, wie ein Besucher berichtet, kein Opfer zu hoch gewesen sein, um die Götter dem Bauwerk gnädig zu stimmen: Zu deren Versöhnung habe er nicht nur Pferde und Büffel schlachten, sondern auch 60 Männer enthaupten lassen.

Denn Wasser ist Reinheit, und Reinheit ist Teil des Dharma. Reinheit heißt auch, falsche Berührungen zu vermeiden: Schon ein Gruß, der einem Unwürdigen gilt – etwa einem Essenden, einem Gähnenden oder einer menstruierenden Frau – ist von Übel.

Der Tod ist so unrein wie die Geburt; also darf eine Wöchnerin ebenso wenig berührt werden wie ein Leichenträger. Und schon der Kontakt mit dem Schatten eines Schnapsbrenners zwingt einen Mann aus dem Stand der Brahmanen, ein rituelles Bad zu nehmen.

Auch die Mahlzeiten lässt man sich am besten von einem Brahmanen bereiten – denn allein der Blick eines Unreinen kann die Speise verderben.

Dabei ist nicht das Individuum rein oder unrein, sondern dessen Geburt. Und die Teilung der Gesellschaft in die vier Stände der *brahmanen, kshatriyas, vaishyas* und *shudras* (siehe Seite 148), ist nicht nur Trennung, sondern auch Auftrag.

Schon die früheste Schrift der brahmanischen Literatur erklärt die Entstehung dieser Ordnung aus dem Zerfall des kosmischen Urmenschen: „Der Brahmane war sein Mund, die Arme wurden zum Kshatriya gemacht, seine Schenkel zum Vaishya, und aus seinen Füßen entstanden die Shudras.“

Jeder Hindu folgt einem AUFTRAG – etwa dem des Tötens

Je arbeitsteiliger die Gesellschaft sich entwickelte, desto mehr wurden die zahlreichen Berufsgruppen zu eigenständigen Kasten, in die der Mensch hineingeboren wird und die ihre Mitglieder in ihrer Ordnung gefangen halten, deren Partnerwahl und Umgang bestimmen.

Auch in Vijayanagara gliedert sich die Gesellschaft zu verwirrender Vielfalt. Selbst die brahmanische Minderheit hat sich in Spezialisten-Kasten gespalten, die unter anderem für die Gerichtsbarkeit oder die Verwaltung zuständig sind.

Die *shrotriyas* etwa, deren Familie der König Grundbesitz verliehen hat, stehen so hoch im Rang, dass sie von niemandem Geschenke annehmen dürfen, um sich nicht zu verunreinigen.

Dagegen sind die einfachen Tempel-Brahmanen, die den Gottesdienst verrichten, für höhere Brahmanen so verachtenswert, dass ein gemeinsames Essen mit ihnen unmöglich ist.

Und die Kaste der ebenfalls als Tempelpriester tätigen *tambalas* rangiert sogar gleichrangig mit der Dienerklasse, den Shudras.

Die wiederum sind zwar meist gezwungen, sich als Bauern, Hirten, Wäscher, Barbiere oder Kurtisanen zu verdingen – können sich aber dafür im Militärdienst so auszeichnen, dass einige von ihnen sogar kleine Fürstentümer regieren.

Hierarchisch schichten sich in Vijayanagara um den Stadtkern auch die Wohngebiete; außerhalb der Befestigungsmauern wohnen die unteren Klassen – und am äußersten Rand die „Unberührbaren“, die als fünfter Stand aus der Vermischung einer Brahmanin mit einem Shudra entstanden sein sollen. Je nach Kaste schlagen sie sich als Landarbeiter, als Schuhmacher oder Weber durch – oder als Straßenräuber.

Denn auch Kriminelle folgen nur ihrem Dharma. Je nach Geschlecht, Alter, Herkunft oder

Kaste hat jeder Mensch seinen eigenen Auftrag: der Krieger, dem der Dharma des Tötens obliegt, der Dieb, der dem Dharma des Stehlens gehorcht, die Hure, die dem Dharma der Unzucht zu frönen hat.

„Besser ist es", heißt es in dem heiligen Buch „Bhagavadgita", „den eigenen Dharma schlecht als den fremden gut zu vollziehen."

Und weil es demnach keine Regel gibt, die für alle gilt, gibt sich das Reich, so unbeugsam es nach außen auftritt, im Inneren von nahezu aufgeklärter Toleranz.

In Vijayanagara leben nicht nur Hindus verschiedener Glaubensrichtungen friedlich miteinander – in den Moscheen der islamischen Viertel beten auch ungehindert Muslime: indische Konvertiten ebenso wie Einwanderer aus Nahost und Zentralasien, die sich in Vijayanagara als Söldner und Pferdetrainer, als Wächter, Tänzer, Musiker und Hofnarren verdingen.

Anders als frühere Hindu-Könige, die ihre Soldaten meist aus der näheren Umgebung rekrutierten, kaufen sich Vijayanagaras Herrscher ihre Armee aus allen Himmelsrichtungen zusammen.

König Devaraya II. hält neben seinem Thron sogar eigens ein Exemplar des Korans bereit, um seine muslimischen Offiziere zu vereidigen: 1430 hat er 10 000 „türkische" Kavalleristen engagiert, um von deren überlegenem militärischen Know-how zu profitieren – und von deren Pferdeverstand.

Denn Vijayanagaras Elite ist in Pferde vernarrt. Das Pferd des Königs, schreibt ein italienischer Besucher, „ist mehr wert als manche unserer Städte".

Nicht Elefanten sind, wie in anderen Königreichen, Vijayanagaras Statussymbol Nummer eins – nein, ausgerechnet jene nervösen Huftiere, die im südindischen Klima so kläglich gedeihen, dass ständig Nachschub bestellt werden muss: Bis zu 13 000 frische Pferde importiert das Reich jährlich aus Arabien und anderen Ländern, um den Bestand konstant zu halten.

Und so versessen sind Vijayanagaras Könige auf das Einfuhrmonopol, dass sie selbst tot gelieferte Tiere mit Goldstücken bezahlen.

Denn auch wenn die offizielle Propaganda auf die Verteidigung des Dharma pocht – hier findet kein *clash of civilizations* statt. Hier mischt sich ein Markt der Kulturen, auf dem sich durchsetzt, was schicker ist. König, Prinzen und Minister tragen Jacken und Spitzhüte im persischen Stil; Pavillons, Wachtürme und Elefantenställe prunken mit Kuppeln und Spitzbögen islamischer Provenienz.

Der Herrscher selbst bezeichnet sich bisweilen als „Sultan unter den Hindu-Königen", manchmal auch nonchalant als „Sultan der Welt". Sein nordwärts gewandter Thron und sein säulenstarrendes „Haus des Sieges" haben ihre Vorbilder nicht in Indien, sondern in Persepolis, der alten Hauptstadt des persischen Weltreichs.

Die Hauptsprachen des Reiches, Telugu und Kannada, sind längst durchsetzt von arabischen und persischen Vokabeln. Und so verhasst die muslimischen Feinde sind, so glühend bewundert man ihren Lifestyle.

Heißt es nicht schon in den alten vedischen Liedern: „Lasst gute Gedanken von allen Seiten kommen"? Schon zu Zeiten Alexanders des Großen haben die indischen Religionen bereitwillig fremde Einflüsse aufgenommen – und die Fähigkeit zur gleichzeitigen Anpassung und Vereinnahmung entwickelt.

Ein ideologiefreier Pragmatismus, der auch Vijayanagara durchweht: Etliche Könige sind Allianzen mit Muslimherrschern eingegangen, wie es die Konjunktur gerade empfahl; und Adelsparteien haben Sultane zu Hilfe gerufen, wenn es galt, einen Günstling auf Vijayanagaras Thron zu putschen.

Längst glaubt kein Eingeweihter mehr, dass es bei den Kriegen des Reichs wirklich um Religion geht.

Und so wundert sich auch niemand über einen Mann wie Rama Raya, der sein Leben lang unbekümmert Fronten und Verbündete tauscht und als letzter Regent Vijayanagaras alle Macht auf sich versammelt – bis der Prinzipienlose selbst an der Prinzipienlosigkeit seiner Untergebenen scheitert.

Rama Raya ist ein Kind Vijayanagaras, 1484 als Sohn eines gefeierten Generals geboren. Mit Realpolitik kennt er sich aus: Mit 21 hat er bereits zwei gewaltsame Dynastiewechsel erlebt, dazu zahlreiche Palastintrigen, Vater- und Brudermorde am Hof.

Das Jahr 1512 sieht Rama Raya, den Hindu, in den Diensten des Sultans des benachbarten Golkonda, der dem Reich gerade mehrere Bezirke abgerungen hat – und nun den Emporkömmling dort als Statthalter einsetzt.

Doch weil er 1515 seinen Posten verlässt, als die Truppen des konkurrierenden Sultans von Bijapur einmarschieren, entlässt ihn der Patron aus seinen Diensten – und Rama Raya kehrt zurück nach Vijayanagara.

Er stellt sich dem König Krishnadeva Raya zur Verfügung: Der hat gerade eine Kette erfolgreicher Feldzüge abgeschlossen, die enorme Schätze in die Staatskasse gespült haben.

So bravourös agiert Rama Raya in der Armee des Königs, dass ihm der Herrscher eine seiner Töchter zur Frau gibt. Allmählich steigt der Schwiegersohn zum heimlichen Machthaber auf.

Und als 1542 fast die ganze Königsfamilie bei einem Attentat ausgelöscht wird, gelingt es Rama Raya, den einzigen Überlebenden der Sippe, einen 16-jährigen Prinzen, zum König einzusetzen – und sich selbst zum allmächtigen Regenten.

Den neuen König, der sich, als er volljährig wird, mit der Statistenrolle nicht mehr abfinden will, belegt Rama Raya mit Hausarrest: Nur einmal im Jahr darf der sich noch dem Volk zeigen.

Auch Rama Raya koaliert bedenkenlos mit muslimischen Herrschern – oder bekämpft sie, wie es ihm opportun scheint. Mit dem Sultan von Ahmadnagar verbündet er sich 1543 gegen den Sultan von Bijapur – und empfängt 15 Jahre später dessen Nachfolger am Hof von Vijayanagara, um mit ihm gegen den einstigen Verbündeten zu ziehen.

Als Tribut für den Frieden verlangt er, dass der Sultan von Ahmadnagar ihm nicht nur die umkämpfte Festung Kalyana übergibt, sondern auch Betelnuss aus seiner Hand frisst.

Diplomatie ist Rama Raya gleichgültig: Bei einem zweiten Feldzug gegen

Vom 1534 geweihten Tiruvengalanatha-Tempel (v.) führt eine Straße zum Tungabhadra-Fluss: Dort soll jenes mythische Affenvolk gelebt haben, mit dem sich der Königssohn Rama im Kampf gegen das Böse verbündete

Ahmadnagar verwüstet er nebenbei auch das mit Ahmadnagar verbündete Sultanat Golkonda sowie Gebiete seines Verbündeten aus Bijapur – und bringt so im Handumdrehen nahezu sämtliche nördlichen Königreiche gegen sich auf.

Im Januar 1565 kommt es zur Entscheidungsschlacht mit den Sultanen; beide Parteien treffen bei Talikota aufeinander, gut 100 Kilometer nördlich der Hauptstadt. Und es sind zwei der muslimischen Kommandanten von Rama Raya, die schließlich zum Feind überlaufen und jeweils 70 000 Soldaten mit auf die andere Seite nehmen.

__Literaturtipps:__ Robert Sewell, „A Forgotten Empire", Forgotten Books: An der umfassenden Darstellung des britischen Kolonialbeamten machen Forscher noch heute kaum Abstriche. Axel Michaels, „Der Hinduismus", Beck: gründliche Zusammenfassung der religiösen und philosophischen Welt des Hinduismus.

Rama Raya wird von einem Speer getroffen, gefangengenommen und enthauptet. Der Sultan von Ahmadnagar lässt den Kopf mit Stroh ausstopfen und auf einer Speerspitze ausstellen.

Als die Sieger Vijayanagara erreichen, gibt es kein Halten mehr. Fünf Monate lang verheeren und plündern die Soldaten der Sultane die Metropole, metzeln alles Leben nieder, das sie finden können. Sie gehen gründlich und methodisch vor, arbeiten mit Feuer und Schwert, mit Brechstangen und Äxten.

Sie reißen Paläste nieder, setzen Tempel in Brand, schlagen Steinelefanten die Rüssel ab und Frauenreliefs die Brüste, demolieren Statuen mit solchem Elan, dass es ihnen sogar gelingt, die Glieder jenes riesigen Monolithen zu zertrümmern, der den Löwengott Narasimha darstellt.

Zwei Jahre später findet ein italienischer Reisender keine Menschenseele mehr vor – „nur Tiger und andere wilde Tiere". Die „Stadt des Sieges", das Kind der Liebe des Weltenzerstörers Shiva zu einer kleinen Göttin vom Land, ist nach über 200 Jahren der Triumphe zum Mahnmal der Niederlage geworden.

Und in ganz Indien wird es nie wieder ein hinduistisches Reich geben, das sich mit der Macht und dem Glanz Vijayanagaras messen kann. □

Als der Berliner Autor **Jörg-Uwe Albig**, 49, auf dem Boden des einstigen Vijayanagara (heute Hampi) die noch immer allherbstlich zelebrierte Verlobungsfeier der Götter Virupaksha und Pampa beobachten wollte, wurde er unversehens aufgefordert, eine Ansprache an die Festgemeinde zu halten. Er hatte Glück: Die Reden der vor ihm auftretenden Ehrengäste waren so lang, dass ihm nur noch Zeit für ein kurzes Dankeschön und ein paar bewundernde Bemerkungen über jahrhundertealte Traditionen blieb. Der Australier **John Gollings**, 65, hat sechs Jahre lang in den Ruinen von Vijayanagara fotografiert.

Kurs auf die PFEF

Jahrhundertelang dominieren Muslime das Geschäft mit Gewürzen aus Indien – bis der portugiesische entdeckt: 1498 geht er nahe der Hafenstadt Calicut vor Anker, der Kapitale eines Hindu-Reiches und die Portugiesen in den folgenden Jahren Stützpunkt um Stützpunkt an der Westküste – und grün

Um 1572, als dieser Kupferstich von Calicut und den Ausläufern des Küstengebirges entsteht, haben die Portugiesen ihre Herrschaft längst auf rund zwei Dutzend Städte und Festungen an der indischen Ost- und Westküste ausgedehnt. Doch das von ihnen begründete Handelsimperium geht bald wieder verloren: an niederländische Kaufleute, die nach 1600 Faktoreien auf dem Subkontinent errichten

FERKÜSTE

Adelige Vasco da Gama eine direkte Seeroute von Europa nach Südasien Hauptumschlagsplatz für den Handel mit Pfeffer. Mit Gewalt erobern den als erste europäische Seemacht eine Kolonie auf dem Subkontinent

VON JONATHAN STOCK

Vasco da Gama vollendet mit seiner Reise eine Aufgabe, an der Christoph Kolumbus gescheitert ist

Die Herrschaft der Fremden beginnt mit einem Lachen: Es ist das Lachen des Haushofmeisters eines Hindu-Königs am Indischen Ozean. Ziel des Spotts ist der Portugiese Vasco da Gama, der am Morgen des 29. Mai 1498 in der Hafenstadt Calicut seine Gastgeschenke für den einheimischen Regenten ausbreitet: sechs Hüte, vier Korallenzweige, eine Kiste Zucker, zwei Fässchen Olivenöl, zwei Fässchen Honig.

Diese lächerlichen Gaben sollen seinem König gefallen? Dem Herrscher über ein Reich, das sich knapp 200 Kilometer entlang der Westküste erstreckt?

So etwas Ärmliches werde der König nicht annehmen, verkündet der Haushofmeister. Er werde nicht zulassen, dass der Monarch das Dargebotene erhalte. Denn der ärmste Kaufmann aus Mekka gebe mehr. Wenn der Fremde seinem König schon ein Geschenk machen wolle, warum dann kein Gold?

Vasco da Gama ist fassungslos.

Elf Monate zuvor hat er sich in Lissabon mit vier Schiffen und 160 Mann auf eine Reise ins Unbekannte begeben, auf eine der längsten und gefährlichsten Seefahrten seiner Zeit. Er hat zwei Ozeane durchquert, die Südspitze Afrikas umschifft und rund 20 000 Kilometer hinter sich gebracht.

Im Gepäck führt er einen Brief des portugiesischen Königs, in dem der Monarch den Herrscher von Calicut auf Arabisch um Handelsbeziehungen bittet. Und im Bauch seines Schiffes lagern zentnerschwere Wappenpfeiler, aufzustellen als Markierung für all jene, die nach ihm kommen werden. Da Gama vollendet mit seiner Reise einen Auftrag, den drei Generationen vor ihm der portugiesische Prinz Heinrich der Seefahrer seinen Kapitänen erteilt hat.

Schiff um Schiff hat der Prinz ab 1418 von Portugal aus die westafrikanische Küste entlang geschickt, um einen direkten Seeweg von Europa nach Indien zu finden – und zwar im Osten, rund um Afrika, und nicht im Westen, wie 1492 ein Genueser Kapitän in spanischen Diensten: Christoph Kolumbus.

Da Gama war mehr als dreimal so lang unterwegs wie Kolumbus, er kämpfte sich durch gegen Sturm und Strömung, umschiffte die Südspitze Afrikas – und erreichte schließlich Calicut.

Doch hier bedeuten seine Taten: nichts. In der Stadt ist Vasco da Gama nicht viel mehr als ein übel gelaunter Weißer, der sich trotz der schwülen Hitze weigert, seinen Seidenmantel auszuziehen, seinen blauen Waffenrock, die weißen Schnürstiefel, die ihm fast bis zu den Knien reichen, den Hut mit den blauen Samtzipfeln und der weißen Feder.

Ein Mann, der weder Arabisch noch das hier gesprochene Malayalam beherrscht, der die Bräuche des fremden Landes nicht kennt und offenbar auch nicht viel von Schifffahrt versteht: Weshalb ist er sonst ausgerechnet jetzt gekommen, zu Beginn des Monsuns, wenn der ständige Regen den Transport von Handelsgütern fast unmöglich macht?

Hinter dem Regenschleier, an den hügeligen Ausläufern des Küstengebirges, wächst, wonach da Gama sucht: Pfeffer. Das feuchte, heiße Monsunklima lässt ihn hier am besten wachsen; an meterlangen Kletterpflanzen hängen die Körner in Spindeln herab.

Als Genussmittel und Arznei, als Aphrodisiakum und Konservierungsstoff ist das Gewürz in Europa hoch begehrt. Seine Verfügbarkeit bestimmt über den Auf- und Niedergang von Handelsstädten, Kriege werden darum geführt, Kundschafter suchen nach seinen Quellen.

Der Pfeffer wird seit Jahrhunderten in Calicut umgeschlagen, einem der geschäftigsten Häfen Asiens. Auf den Basaren treffen sich Händler aus Mekka und Tanger, Schiraz und Bagdad. Dschunken aus China schaukeln im Hafen, Pferde aus Hormus schreiten durch die Straßen, die Lager bergen Zimtstangen aus Ceylon und Gewürznelken aus Malaysia. Reisende aus Russland beschreiben den Wohlstand der Stadt.

Calicut ist das Zentrum eines Reiches, dessen Regent zu den Vasallen des südindischen Großkönigs von Vijayanagara zählt (siehe Seite 28). Doch die heimlichen Herrscher der Hafenstadt sind die muslimischen Händler. Sie wohnen in prachtvollen Domizilen, verfügen über beste Kontakte in die arabische Welt und sind erfahrene Seefahrer. Bereitwillig haben ihnen die heimischen Kaufleute den größten Teil des Seehandels überlassen – zumal die Zollabgaben dem Herrscher Einkommen und den Unterhalt des Hofstaats sichern.

Von Calicut aus bringen die Händler den Pfeffer auf kleinen arabischen Einmastern zum Roten Meer, dann auf Kamelen nach Kairo, den Nil hinab in die Hafenstadt Alexandria. Von dort reist er auf europäischen Galeeren übers Mittelmeer nach Genua oder Venedig, über die Alpen bis auf die Tische der Kaufmannsfamilien in Nürnberg und Augsburg.

Tausende von Kilometern, Dutzende von Zwischenhändlern und Zollstationen lassen den Preis steigen. Ein Zentner Pfeffer kostet in Calicut drei Dukaten, in Venedig 80 – ein Preisaufschlag von mehr als 2500 Prozent.

Genueser Dogen haben daher schon im 13. Jahrhundert versucht, einen direkten Seeweg zu den Quellen des Gewürzes zu finden. Vergebens: Seit mehr

Mit Schiffen wie diesem umsegelt Vasco da Gama das Horn von Afrika

Indischen Chronisten ist

HEINRICH DER SEEFAHRER (1394–1460)
Der portugiesische Prinz befiehlt seinen Kapitänen bereits 1418, einen direkten Seeweg gen Indien zu finden

VASCO DA GAMA (um 1469–1524)
Der Seefahrer kehrt 1499 mit Gewürzen aus Indien heim, die ein Vielfaches der Reisekosten einbringen

als 500 Jahren halten muslimische Händler de facto das Gewürzmonopol – das ihnen nun ein Mann aus Portugal streitig machen will.

DIE DREI BAUCHIGEN Segelschiffe unter dem Oberkommando Vasco da Gamas machen am 20. Mai 1498 in der Nähe Calicuts fest (ein Versorgungsschiff hat er vor Afrika zurückgelassen). „Hol dich der Teufel!“, schallt es dem verblüfften Gesandten des Seefahrers in vertrauter Sprache entgegen: „Wer hat dich hierhergebracht?“ Araber aus Tunis sind es, sie sprechen Kastilisch und Genuesisch.

Von den Indern wird Vasco da Gama anfangs herzlich begrüßt. Als er am 28. Mai mit 13 Begleitern an Land geht, erwartet ihn die Leibwache des Königs. Mit einer Sänfte wird er zum Palast getragen, gefolgt von Tausenden Schaulustigen. An einem Hindu-Tempel befiehlt da Gama zu halten, um vor dem Haupteingang ein Gebet zu sprechen – er hält den Bau für eine christliche Kirche.

In alten portugiesischen Legenden ist die Rede von einem sagenhaften Reich von „verlorenen Christen“ im Osten, wo angeblich Abkömmlinge der Weisen aus dem Morgenland leben: Hier, in Calicut, glaubt da Gama sie gefunden zu haben.

Nun verneigt sich der weiße Seefahrer vor den Bildern der indischen Gottheiten. „Diese trugen Heiligenscheine, doch war ihre Darstellung fremdartig“, schreibt einer der Begleiter, „denn die Zähne waren so groß, dass sie einen Zoll aus dem Munde hervorstanden, und jeder Heilige hatte vier oder fünf Arme.“

Der Trupp zieht weiter zum Palast; schließlich stehen die Europäer vor dem König, der auf einer Decke aus grünem Samt ruht und gelangweilt Betelnüsse kaut; die Reste spuckt er in ein Gefäß aus massivem Gold, das er in seiner linken Hand hält.

Da Gama bemüht sich um einen würdevollen Auftritt: Er sei Gesandter eines Herren über große Länder, des Königs von Portugal. Der wolle ein Freund und ein Bruder des Herrschers von Calicut sein. Gold und Silber gebe es in Portugal im Überfluss, lügt da Gama, man müsse es nicht in fremden Ländern stehlen.

Bis etwa zehn Uhr abends sprechen Fürst und Seefahrer, dann wird das Gespräch vertagt. Doch da Gamas Übertreibungen, vor allem aber sein Versäumnis, dem Monarchen gemäß indischer Tradition wertvolle Gastgeschenke mitzubringen und so dessen Status anzuerkennen, sorgen für einen schlechten Start. Am übernächsten Tag wird er zur zweiten Audienz geladen.

Vier Stunden wartet Vasco da Gama vor einem Tor des Königspalastes, der Empfang ist frostig. „Du hast mir doch gesagt, dass du aus einem reichen Land kommst, doch mitgebracht hast du mir nichts“, wirft ihm der König vor.

Er habe nichts mitgebracht, da er nur gekommen sei, um zu sehen, wie die Dinge lägen, antwortet der Kommandant unbeholfen; auch wolle er beobachten, was andere Schiffe, die hier einträfen, an Gastgeschenken mitbrächten.

Den wahren Grund verschweigt er: Seine Präsente haben die Prüfungen der Haushofmeister am Vortag nicht bestanden. Doch immerhin kann er den mitgeführten Brief des portugiesischen Königs übergeben. Das Schreiben weckt das Interesse des Hindu-Herrschers: Welche Waren gebe es denn nun in seinem Land, fragt er. Da Gama erzählt von Getreide, Stoffen, Eisen und Bronze, er habe von jeder Ware eine Probe mitgebracht: Ob der König sie sehen wolle?

Der lehnt ab, erlaubt dem Fremden am Ende der Audienz aber zumindest, die Ware im Hafen zu verkaufen.

Vasco da Gama kommt weder als Entdecker, noch ist seine Flotte besonders groß oder eindrucksvoll, und so erweckt sein Besuch als lokales Ereignis so wenig Aufmerksamkeit, dass kein Bericht darüber in indischen Chroniken überliefert ist: Das wichtigste Ereignis der portugiesischen Geschichte scheint dort kaum jemanden zu interessieren.

Sehr wahrscheinlich hat der Herrscher von Calicut nicht einmal eine Nachricht über die Ankunft der Portugiesen an den Großkönig von Vijayanagara gesandt. Warum auch? Gefährlich sind die Weißen offensichtlich nicht.

Und doch wird die Reise Vasco da Gamas den Subkontinent stärker verändern als die Besuche aller anderen Ausländer vor ihm.

da Gamas ANKUNFT *keine Zeile wert*

Nach drei Monaten, in denen es immer wieder zu Auseinandersetzungen mit arabischen Kaufleuten gekommen ist, macht sich da Gama auf den Heimweg. Nur 55 der 160 Mann, die mit ihm aufgebrochen sind, kehren nach Lissabon zurück. Die anderen sterben an Skorbut, Unterernährung, Infektionen.

In der Heimat wird der vermeintliche Entdecker als Held gefeiert: Verzückt lauscht der König seinen Berichten. Die Ladung von da Gamas Karavellen – die ersten Pfefferkörner, die auf dem direkten Seeweg Portugal erreicht haben – sind Beweis genug: Der Verkauf des Gewürzes bringt ein Vielfaches der Expeditionskosten wieder herein.

Der Kronrat fasst den Entschluss, die neue Route militärisch zu sichern und in Calicut eine Faktorei zu errichten. Was die Araber durch Handel und Diplomatie erreicht haben, wollen die Portugiesen mit Gewalt schaffen: mit Kriegsschiffen, Kanonen und Festungen.

Am 9. März 1500 sendet König Manuel 13 Karavellen und Karacken und 1500 Mann unter dem Kommando von Pedro Álvares Cabral, einem Rivalen da Gamas, gen Osten. Es ist eine der größten Flotten, die je von Europa ausgesandt wurden, an Deck die stärkste Schiffsartillerie Portugals.

Die robusten Karacken sind mit jeweils 18 Kanonen auf Vorderkastell und Achterdeck bestückt; die besonders schweren Geschütze sind auf fahrbaren Lafetten montiert, um genauer zielen zu können und den Rückstoß zu mindern.

Auf den Schiffen im Indischen Ozean gibt es hingegen keine Kanonen. Und während die Wände der portugiesischen Segelschiffe über der Wasserlinie mit mächtigen Planken verstärkt wurden, sind die arabischen Dhaus nicht einmal genagelt, nur zusammengebunden.

Denn die Portugiesen stoßen in ein *mare liberum* vor, in dem sich über Jahrhunderte ein Handel entwickelt

Markttag in Goa, 16. Jahrhundert. Nachdem der Bau einer Niederlassung in Calicut gescheitert ist, erobern die Portugiesen 1510 diese rund 600 Kilometer nördlich gelegene Stadt und bauen sie zur Kapitale ihrer neuen Kolonie aus. Die Europäer ersetzen Hindu-Tempel durch Kirchen und vernichten muslimische Schriften

hat, der ohne militärische Gewalt auskam; in dem Konflikte meist kaufmännisch gelöst wurden.

Cabral dagegen reist mit klaren Anweisungen des Königs: Vor jedem Landgang in Indien holen seine Männer Geiseln an Bord, verweigern die Zahlung der Hafengebühren, kapern, plündern und zerstören arabische Schiffe.

Als Cabral in Calicut eintrifft, fordert er den Hindu-König auf, alle muslimischen Schiffe des Hafens zu verweisen. Schnell macht er dem Herrscher klar, dass er nicht „ein Kaufmann wie die anderen“ sei, sondern der Kommandant einer portugiesischen Flotte.

Cabral lässt ein Schiff ausrauben und in der Stadt eine erste Faktorei errichten. Doch ein Mob stürmt die Handelsniederlassung kurz nach der Eröffnung, 28 Portugiesen werden ermordet. Der Kommandant ist auf die Gegenwehr vorbereitet: Er beschlagnahmt ein Geschwader von zehn arabischen Booten, verbrennt sie, massakriert mehr als 500 Seeleute und bombardiert die Stadt. Die Faktorei aber baut er nicht wieder auf.

Stattdessen verbündet sich Cabral mit den Herrschern der benachbarten Hafenstädte Cannanore, Quilon und Cochin. Die nutzen die Gelegenheit, ihren Rivalen in Calicut zu brüskieren, feiern die Portugiesen als Befreier, unterstellen sich ihrem Schutz – und gewähren den neuen Herren Handelsprivilegien.

In Cochin baut ein Handelsagent aus dem Gefolge Cabrals eine Faktorei auf. Cabral hat seinen Auftrag erfüllt.

Im Jahr darauf folgt ihm da Gama. Der Kommandant, mittlerweile zum „Admiral der indischen Meere“ ernannt, gebietet nun über 20 Schiffe. Im Oktober 1502 erreicht er mit seiner Kriegsflotte Cannanore. Eine Drohgebärde, die den König zwingt, mit den Portugiesen zu kooperieren und ihnen Gewürze zu günstigen Preisen anzubieten.

Auf dem Weg nach Indien demonstrierte da Gama bereits den Arabern seine Macht: Da „nahmen wir ein Schiff von Mekka, da waren 380 Mann drin und viele Frauen und Kinder, und wir verbrannten das Schiff und all das Volk zu Pulver“, beschreibt ein Mitreisender das Vorgehen.

In Calicut hängen die Europäer die Mannschaft eines Schiffes an den Rahen auf, schlagen den Seeleuten Hände, Füße und Köpfe ab. Die Gliedmaßen schicken sie als Drohung an Land.

Der Hindu-Herrscher lässt 35 Schiffe gegen die Portugiesen auslaufen; doch die gewinnen, durch zahlreiche Schlachten erprobt im Umgang mit Schiffskanonen, das Gefecht. Sie entern einige Schiffe und plündern.

Die Stadt aber erobern sie nicht – zu groß ist der Widerstand der Bevölkerung. Und so segeln die Portugiesen zurück nach Hause, die Laderäume prall gefüllt. Die Waren aus den gekaperten Schiffen bringen einen satten Gewinn.

Erst 1510 gelingt es Portugal, Calicut einzunehmen. Die Stadt wird tributpflichtig, später errichten die Abgesandten Lissabons dort eine weitere Faktorei. Auch das nördlich gelegene Goa erobern sie im selben Jahr.

Hier, und nicht in dem immer wieder von Aufständen heimgesuchten Calicut, gründen die Portugiesen die Hauptstadt ihrer Kolonie in Indien.

Francisco de Almeida, der erste Vizekönig von Portugiesisch-Indien, sowie

Um 1550 leben etwa 4000 Europäer in Goa. Die Zugereisten halten Sklaven und kleiden sich europäisch, wie auf diesem Stich aus dem 16. Jahrhundert zu sehen, essen aber oft wie die Hindus mit der Hand

Eine dekadente ELITE *führt die Kolonie*

dessen Nachfolger errichten Festungen und Handelshäuser in Cochin, Diu, Cannanore und weiteren Küstenorten.

Der Zeitpunkt ist günstig für den Aufbau der portugiesischen Handelsmacht in Indien: Der Großkönig des südindischen Reiches Vijayanagara fühlt sich nicht bedroht – denn die Portugiesen nehmen nur einige für ihn unbedeutende Hafenstädte an der Westküste ein. Sein Imperium ist auf Landmacht ausgerichtet, eine ozeantüchtige Kriegsflotte besitzt es nicht.

Auch für die muslimischen Mogulfürsten weiter nördlich in Delhi, die dort ab 1526 herrschen (siehe Seite 48), sind die Seefahrer aus dem Abendland keine Gefahr. Vielmehr erkennen sie, dass der Warentausch mit den Portugiesen sehr profitabel ist – und schließen Handelsverträge mit den Europäern.

So gehen wertvolle Küstenregionen, kaum beachtet von den indischen Herrschern, an ein kleines Reich am westlichen Rand Europas.

Mit den Portugiesen kommen auch die Missionare. 1540 beginnen sie, die Hindu-Tempel Goas zu zerstören; sie bauen an den gleichen Stellen Kirchen und zwingen Hindus, ihre Bibellesungen anzuhören. Öffentliche Hochzeiten nach dem Hindu-Ritus sowie andere Zeremonien werden verboten, heilige Männer aus der Stadt vertrieben.

Den muslimischen Muezzins untersagen die europäischen Priester, den Namen Mohammeds auszurufen; alle Koranschriften, die sie auftreiben, lassen sie vernichten. Hindu-Waisenkinder werden ihren Pflegefamilien entrissen und von katholischen Priestern zwangsgetauft. Und Christen ist es untersagt, mit Nichtchristen zu leben.

Doch anders als erwartet, konvertieren Hindus und Muslime nicht massenhaft. Hinter verschlossenen Türen verehren sie weiterhin den elefantenköpfigen Gott Ganesha oder rufen den Propheten an: Von den mehr als 50 000 Einwohnern Goas sind bis 1550 nur wenige Tausend zu Christen geworden.

Die europäische Elite, etwa 4000 Menschen, lebt dekadent, reitet auf frisch gestriegelten Araberhengsten zur Kirche, flaniert mit Sonnenschirmen durch die engen, gewundenen Straßen Goas. Viele Portugiesen umgeben sich mit Dutzenden von Sklaven aus Afrika. Etliche Zugereiste halten sich eine oder mehrere Konkubinen, andere heiraten eine Einheimische, bleiben in Asien und gründen eine Familie.

Die Inder lernen Portugiesisch, in den Faktoreien der Europäer arbeiten schon bald sogar Brahmanen, Angehörige des Priesterstandes. Katholische Bischöfe suchen bei Krankheit den Rat von Hindu-Ärzten. Und obwohl es Brot gibt, essen die Kolonialherren am liebsten Reis mit der rechten Hand – wie die Hindus. Wie diese kauen sie Betelnüsse und trinken Palmschnaps.

Vasco da Gama, der Mann, der den direkten Handel der Portugiesen mit Indien überhaupt erst ermöglicht hat, stirbt Weihnachten 1524 im Alter von etwa 54 Jahren, als reicher und hoch geehrter Mann – in Cochin. Die Hitze Indiens und die Anstrengungen haben seinem geschwächten Körper zugesetzt, am Ende wuchern Geschwüre am Hals, versagt ihm die Stimme.

Um das arabische Handelsmonopol zu brechen, plündern und zerstören die Portugiesen fremde Schiffe. Dieses Bild zeigt den Admiral Pedro Álvares Cabral mit dem König von Calicut, den er 1500 auffordert, muslimische Kapitäne aus seinem Hafen zu vertreiben

Die INDER *lassen die Europäer gewähren*

Doch das Land, für das Vasco da Gama sein Leben gegeben hat, profitiert nicht lange von seinen Anstrengungen.

Korruption und Verschwendung am portugiesischen Königshof lassen das mühsam erkämpfte Handelsimperium zerfallen, Städte und Faktoreien gehen bald wieder verloren: Denn die Route, einmal bekannt, eröffnet auch anderen Ländern Europas den direkten Handel mit Asien, ermöglicht immer neuen Kaufleuten hohe Profite.

1596 erreichen Niederländer Südostasien. Sie haben leichtes Spiel mit den Portugiesen und steigen binnen 20 Jahren zur neuen Handelsvormacht auf dem Subkontinent auf; wenig später folgen ihnen britische Kaufleute, die im 18. Jahrhundert große Territorien in Indien erobern (siehe Seite 70).

Goa und andere kleinere Besitzungen bleiben bis 1961 portugiesische Kolonie. Doch am Ende ist diese nur noch eine Opera buffa, stark in Titeln, Pomp und Umständlichkeiten, aber ohne Einfluss auf die indische Politik. Das alte Fort der Portugiesen in Goa wird in den letzten Kolonialjahren als Gefängnis benutzt, und in den prächtigen Kirchen sprechen katholische Priester Gebete vor leeren Bänken.

Als indische Truppen in Goa einmarschieren, mit einer Übermacht von 30 000 Mann gegen 3000 schlecht ausgerüstete Soldaten, gehören die Portugiesen zu den ärmsten Völkern Europas. Damit endet – nach mehr als 450 Jahren – die längste Kolonialzeit, die je eine Region erdulden musste.

Als der englische Schriftsteller William Somerset Maugham Jahre zuvor die Stadt besuchte, traf er einen einheimischen katholischen Priester, der nach sechs Jahren in Rom heimgekehrt war, um zu missionieren – ein hoffnungsloses Unterfangen, wie er zugab: „Denn wir sind Christen", sagte er zu Maugham, „aber vor allem sind wir Hindus." □

Die Portugiesen sind ihren Gegnern auf See überlegen: Während die Boote der muslimischen Händler nicht einmal genagelt sind, steuern die Europäer robuste, mit drehbaren Kanonen ausgestattete Schiffe. Im Vordergrund dieses Flottengemäldes ist eine Karacke zu sehen – der größte Schiffstyp, der auf der Indienroute segelt

Literaturtipps: *Michael N. Pearson, „The Portuguese in India", Cambridge University Press: Standardwerk mit anschaulichen Anekdoten aus indischer Perspektive. Gernot Giertz, „Vasco da Gama", Wissenschaftliche Buchgesellschaft Darmstadt: Augenzeugenbericht über die waghalsige Reise des Entdeckers nach Indien.*

Jonathan Stock, 26, besucht die Henri-Nannen-Journalistenschule in Hamburg. Der Autor hat Indien vor Jahren per Anhalter erkundet: Sechs Monate brauchte er für die Reise von Hamburg nach Amritsar. Der Plan, von Mumbai (Bombay) zurückzusegeln, scheiterte, weil er auf einem Kamelmarkt in Rajasthan seinen Personalausweis verlor.

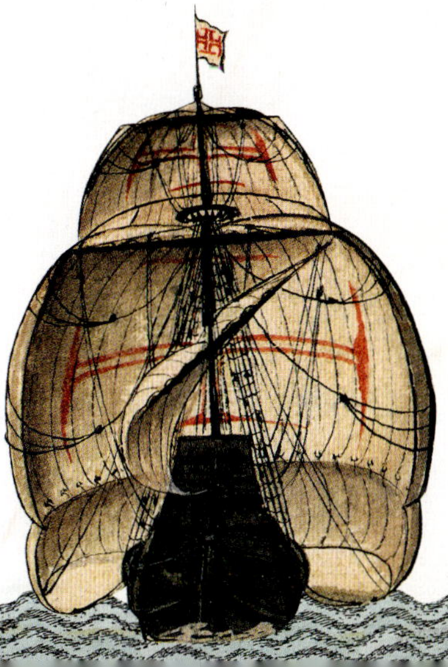

AKBAR

Der Traum vom indischen Großreich

Er ist einer der mächtigsten Regenten seiner Zeit: der muslimische Großmogul Akbar, ein grausamer Kriegsherr (aber weiser Regent), ein Analphabet (aber großherziger Förderer der Dichtkunst). Nach und nach erobert er im Norden Indiens gewaltige Territorien und wird zum Herrscher über ein Imperium. 1567 zieht Akbar gegen Hindu-Kriegerfürsten im Nordwesten Indiens. Doch vor deren Felsenfestung Chittor kommt sein Feldzug zum Stehen

VON RALF BERHORST

Großmogul Akbar nimmt nach einer Schlacht eroberte Feldzeichen und Trommeln des Feindes entgegen. Dieses Bild (wie auch die folgenden Darstellungen) entstammt der prächtig illustrierten Biografie »Akbarnama«, mit der der Kaiser um 1590 seine Regierungszeit verherrlichen ließ

شهسواران میدان همت بودان سپه دولتان سیه گلیم شه زیر و زبر گردید چندی از مردم معتبر عبدالله خان
بقتل رسیدند و بسیاری از آن تیره بختان بهزاران خواری و نگونساری دستگیر قوی دستان معرکه اقبال شدند

Mewar, ein Königtum in Nordwestindien, 20. Oktober 1567. Blitze und Donnerschläge zerreißen den Himmel über einer fruchtbaren Landschaft, über die jeden Sommer die Regenzeit einen Schleier aus sattem Grün wirft. Doch nun sind die Felder weit und breit verwüstet – von den Bewohnern des Landes selbst.

So schwer stürmt das Unwetter, dass es scheint, als hätten sich die Elemente gegen jene Armee verbündet, die hier aufgezogen ist: gegen Tausende Fußsoldaten, berittene Bogenschützen und Kriegselefanten in schimmernden Panzern. Gegen Artilleristen mit von Ochsen gezogenen Bronzekanonen. Gegen Akbar, den Feldherrn dieser Armee.

Gegen Akbar, den muslimischen Herrscher aus der Moguldynastie, der schon so viele Schlachten gewonnen hat. Und der nun darauf wartet, eine der wichtigsten Eroberungen seines Lebens zu machen.

Als es aufklart, erkennen die Soldaten vor sich einen etwa 150 Meter hohen Tafelberg, dessen Kanten von einer 13 Kilometer langen und bis zu drei Meter hohen Mauer bekränzt werden. Deren Zinnen umschließen ein rund sechs Kilometer langes, schmales Plateau, auf dem sich zahlreiche Paläste, Tempel, Türme und andere Gebäude erheben.

Akbar steht mit seinem Heer vor dem Fort von Chittor: einer der am besten bewehrten Festungen Indiens – und der Schlüssel zur Macht über Nordwestindien.

Denn Chittor ist eine Trutzburg, von der aus die gefürchteten Rajputen seit Jahrhunderten ihre Heimat gegen Angreifer verteidigen.

Die Geschichte, wie sich Akbar die Burg Chittor, die Rajputen und schließlich weite Teile Indiens unterwirft, ist ein Epos voller Brutalität und Grausamkeit, Geschick und Mäßigung – aber auch von erstaunlicher religiöser Toleranz.

Mit Akbar, seinem Kriegszug und seinem Traum vom Großreich der muslimischen Moguln beginnen 400 Jahre Fremdherrschaft – eine Zeit, in der Indien von Invasoren systematisch unterworfen, ausgeplündert und umgestaltet wird.

Bereits seit der Antike sind immer wieder Herrscher aus dem Norden ins Land eingefallen, um indische Königreiche zu unterwerfen. So überquerte Alexander der Große im Jahr 326 v. Chr. den oberen Indus. Im 2. Jahrhundert v. Chr. eroberten griechisch-baktrische Könige vom Hindukusch aus für kurze Zeit Landstriche im Nordwesten Indiens. Um 500 n. Chr. fielen Hunnen, zentralasiatische Reiternomaden, in das Gebiet zwischen Ganges und Indus ein.

300 Jahre später drangen erstmals muslimische Eroberer in das heutige Pakistan vor: Araber unterwarfen Teile des Industals. Bald darauf, um 1000 n. Chr., brach ein türkischer Fürst aus Afghanistan zu Beutezügen nach Indien auf, plünderte die Städte und Dörfer im Norden, ließ Tempel zerstören und Hindus als Sklaven verschleppen.

Ab 1206 bauten türkischstämmige Sultane die Kleinstadt Delhi zur Kapitale eines Reiches aus, das bald ganz Nordindien umschloss. Für kurze Zeit regierten die Sultane fast den ganzen Subkontinent. Doch keine Dynastie beherrschte dieses „Delhi-Sultanat“ auf Dauer: Weil es im Islam kein Erstgeburtsrecht gibt, rivalisierten nach dem Tod eines Regenten meist mehrere Söhne um die Thronfolge; die Kämpfe rieben das Reich immer wieder auf.

Zudem mussten sich die Sultane zu Beginn des 16. Jahrhunderts gegen neue Eindringlinge zur Wehr setzen. Gegen Invasoren, die ihre Abstammung auf den legendären Mongolenherrscher Dschingis Khan zurückführten: die „Moguln“ (arabisch für „Mongolen“).

Gold, Silber und billige Arbeitskräfte lockten ihren Anführer Babur, einen Prinzen aus dem heutigen Usbekistan, nach Indien. Dank neuer Waffen erkämpfte sich der Fürst rasch ein kleines Reich im Norden Indiens: Seine Offiziere führten Reiterscharen ins Feld, die schnell ihre Richtung wechselten, und setzten Musketen und kleine Kanonen ein, die die Sultane noch nicht kannten.

Im April 1526 kam es bei Panipat zur entscheidenden Schlacht gegen den Sultan von Delhi. Als erster Eroberer verwendete Babur auch mobile Geschütze: Er ließ Kanonen auf Karren montieren, sie durch Lederriemen zu einer festen Wagenburg verbinden und mit aufgeworfenen Erdwällen schützen.

Als die Armee des Sultans anrückte, mähten Baburs Artilleristen und Musketenschützen die schwerfälligen Elefanten, Fußsoldaten sowie die Reiter nieder, dann umgingen berittene Bogenschützen die überlebenden Angreifer und fielen ihnen in den Rücken.

Babur eroberte die beiden wichtigsten Städte des Sultanats, Delhi und Agra, und verdoppelte so etwa die Fläche seines Reiches (siehe Karte Seite 156). Nach seinem Tod rückte Baburs Sohn Humayun auf den Thron der Mogulkaiser. Doch Angriffe afghanischer Rivalen und Konkurrenzkämpfe innerhalb der eigenen Familie erschütterten seine Macht: Als Humayun 1556 nach einem Sturz starb, stand das Reich kurz vor dem Zusammenbruch.

Die vielen Kriege der Moguln sowie eine anhaltende Dürre hatten das Land ausgezehrt; an den Ufern von Indus und Ganges herrschte eine schwere Hungersnot. Felder lagen brach, marodierende Banden drangen bis in die Städte vor. Ein Chronist berichtete, dass in manchen Regionen „Menschen andere Menschen essen“.

In dieser Lage gelangt 1556 Humayuns Sohn Akbar auf den Thron – mit gerade mal 13 Jahren. Zwei Wochen lang wird der Tod seines Vaters geheim gehalten, bis die Nachricht Akbar auf einem Feldzug im äußersten Nordwesten des Reiches erreicht. Rasch lässt ein führender General den Knaben zum dritten Mogulherrscher krönen, um Ansprüche anderer Anwärter abzuwehren. Der Coup gelingt, und der General regiert fortan als Vormund an Akbars Seite.

Seit Jahren haben Hoflehrer den Jungen auf seine Aufgabe vorbereitet – es zumindest versucht. Denn der junge Kaiser ist ein fauler Schüler, der Kampf-

Um die Steinbefestigungen von Chittor zu zerstören, lässt Kaiser Akbar im Herbst 1567 Stollen bis unter die Mauer treiben – und dort Sprengladungen legen. Zwar schlägt die Explosion (l.) eine Bresche in die Verschanzung. Doch die Belagerten schließen die Lücke und werfen den Angriff zurück – vorläufig

Nur die bedeutendsten Verwandten und Adeligen des Großmoguls – wie hier der vierjährige Sohn seines Hauptministers – dürfen sich Akbar nähern. Die anderen Besucher der Audienz zwingt ein kompliziertes Ritual auf Distanz – je niedriger ihr Rang, desto größer der Abstand

sport und einen tollkühnen Ritt auf Kamelen den Büchern vorzieht und deshalb weder lesen noch schreiben lernt.

Ein Analphabet auf dem Thron: Das ist peinlich für eine Dynastie, deren Begründer die persische Hochsprache Farsi am Hof eingeführt und selbst Gedichte geschrieben hat. Auch Akbar liebt die Verse orientalischer Dichter und sammelt im Laufe seines Lebens eine Bibliothek von 24 000 Bänden an – nur muss er sich jede Zeile vorlesen lassen.

Bereits im ersten Jahr seiner Herrschaft muss Akbar sein militärisches Geschick beweisen: Im Herbst 1556 erobert ein hinduistischer Heerführer vom Osten des Reiches aus die Metropolen Agra und Delhi. Bei Panipat, rund 80 Kilometer nördlich von Delhi, stellt sich der inzwischen 14-jährige Mogulherrscher dem zahlenmäßig weit überlegenen Feind entgegen.

Und nur ein Zufall verhindert, dass die Schlacht für Akbar verloren geht: Als ein Pfeil den Hindu-General ins Auge trifft, flieht dessen Armee.

Mogul-Soldaten schleppen den Verwundeten vor den halbwüchsigen Herrscher. Der, so berichten es einige Chronisten, enthauptet seinen Widersacher eigenhändig und lässt den Rumpf des Toten in Delhi zur Schau stellen.

Seine Männer metzeln zahllose Gefangene nieder; nach der Sitte Dschingis Khans mauern sie die Köpfe ihrer Opfer mit den Gesichtern nach außen in eine Siegessäule ein.

Kurz darauf zieht Akbar wieder in den Nordwesten, um einen Gegner niederzuringen. Auch dieser Feldzug verläuft erfolgreich – wenngleich der Triumph vor allem wohl das Verdienst seines Vormundes ist.

Den aber schickt Akbar 1560 auf eine Pilgerreise nach Mekka: eine diplomatische Form der Verbannung, denn er will künftig ohne Vormund über sein Reich herrschen – ein regionales Fürstentum, das zum Kern seines Großreiches werden wird.

Der Mogulkaiser ist jetzt 18 Jahre alt. Ein charismatischer Mann mit dunklem Teint, die Augen und Brauen schwarz, der Körper athletisch gebaut. Neben dem linken Nasenflügel sitzt ein Muttermal von der Größe einer halben Erbse: ein Omen künftigen Reichtums und Ruhms, wie manche Höflinge raunen.

Der junge Herrscher plant bald neue Feldzüge – auch, um seine Heerführer und Offiziere daran zu hindern, in Friedenszeiten an Macht und Einfluss zu gewinnen. Persönlich überwacht er den Guss von Bronzekanonen und entwickelt vermutlich selbst neues Kriegsgerät: So soll er ein Geschütz erfunden haben, das sich für den Transport zerlegen lässt; außerdem eine Vorrichtung, mit der seine Artilleristen 17 Kanonen gleichzeitig abfeuern können.

Als Erstes schickt Akbar seine Armee unter dem Kommando eines „Milchbruders“, der einst mit ihm von derselben Amme genährt worden war, in das Hindu-Königreich Malwa an der Südgrenze seines Landes. Die Soldaten plündern die Städte und machen unzählige Gefangene nieder, darunter Frauen und Kinder. Der Feldherr lässt sogar Glaubensbrüder, die den Koran in den Händen halten, grausam ermorden – und erregt damit Akbars Zorn.

Als sich der Milchbruder kurz darauf auch noch gegen ihn erhebt, lässt Akbar ihn von einer hoch gelegenen Terrasse seines Palastes in die Tiefe werfen. Der Bruder überlebt den Fall; daraufhin schaffen ihn Akbars Männer hinauf und stoßen ihn erneut hinunter, beim zweiten Aufprall bricht das Genick.

Vor allem eines lernt Akbar aus diesen Vorfällen: dass er seine Macht nicht nur auf Familienmitglieder und zentralasiatische Gefolgsleute stützen kann. Will er ein stabiles Großreich errichten, muss er die Allianz mit dem alten Indien suchen – vor allem mit den Rajputen, den „Königssöhnen“.

Ein mythischer Nimbus umgibt die Clans, die ihre Herkunft auf Sonnen- und Mondgottheiten zurückführen, vermutlich jedoch im Gefolge der Hunnen ins Land gekommen sind.

Wohl seit dem 8. Jahrhundert zählen sich die Rajputen zum zweithöchsten indischen Stand der Adeligen und Krieger und behaupten südlich von Delhi ein etwa 340 000 Quadratkilometer großes Gebiet, das sich bis zum Arabischen Meer erstreckt – zusammengehalten durch verwandtschaftliche Beziehungen und geschützt durch waffenstarrende Bastionen auf mehreren Tafelbergen.

Keine dieser Festungen ist so prestigeträchtig wie Chittor, die Residenz des mächtigsten Rajputenkönigs Udai Singh. Von den Bergforts aus haben die Rajputen seit Generationen gegen die Sultane von Delhi und muslimische Herrscher im Südwesten gekämpft. Sie sind beseelt durch ihre kriegerische Tradition, äußerst kampferprobt und jederzeit bereit, sich in der Schlacht zu opfern.

Zwar streiten ihre Fürsten untereinander beständig um die Vormacht, doch wenn ein äußerer Feind angreift, verbünden sich die Clans. Deshalb ist es keinem Eroberer gelungen, die gefürchteten Elitekrieger dauerhaft zu bezwingen.

Und: Die Fürstentümer der Rajputen bilden eine hinduistische Enklave, denn im Süden stoßen sie an die muslimischen Sultanate auf der Dekkan-Hochebene, die Zentralindien beherrschen (es handelt sich dabei um Reiche, die sich einst vom Delhi-Sultanat abgespalten haben).

Akbar nun plant Ungeheuerliches: Er will als erster Herrscher die Rajputenkönigtümer erobern – und die Krieger nicht nur besiegen, sondern sie anschließend in seine Truppen aufnehmen.

Zudem will er sein Reich bis zum Arabischen Meer ausdehnen und so vom Seehandel profitieren.

Fast die Hälfte eines Jahres reist Großmogul Akbar durch sein Riesenreich – begleitet von seinen Ministern, zahlreichen Leibgardisten und einem gewaltigen Tross, den Elefanten übers Land und durch Flüsse wie den Ganges tragen

Ein Anlass ist schnell gefunden: Im Scherz fragt Akbar den in seinem Gefolge lebenden Sohn Udai Singhs, des Rajputenkönigs von Mewar, ob er sich im Kriegsfall eigentlich an die Seite des Mogulkaisers gegen den eigenen Vater stellen würde. Daraufhin flieht der Prinz sofort in seine Heimat.

Im September 1567 bricht Akbar mit seinen Truppen auf in Richtung Chittor, der Hauptstadt von Mewar. Bald zeigt sich, dass König Udai Singh in die Berge geflohen ist und das Land rings um das Felsenplateau verwüstet hat, damit die Mogularmee sich nicht von den Feldern ernähren kann – Akbars Angriff soll ins Leere gehen. In der Festungsanlage sind 8000 Kämpfer und Scharfschützen zurückgeblieben. Der Rajputenfürst hat sie mit Vorräten für mehrere Jahre ausgestattet. Zudem haben sich 40 000 Bauern, Frauen und Kinder, viele aus dem Umland, in der Festung verschanzt.

Für eine längere Belagerung ist der Großmogul eigentlich nicht gerüstet – doch er hält an seiner Vision fest: Fällt das mächtigste Bollwerk der Rajputen in seine Hände, werden sich ihm auch die anderen Könige des Kriegervolkes unterwerfen.

Am 20. Oktober 1567, als das Unwetter über Chittor niedergeht, lässt der Großmogul vor dem Festungsfelsen eine Zeltstadt aufschlagen. Allein vier Wochen dauert es, den Belagerungsring um Chittor zu schließen; drei große Geschützbatterien bringen Akbars Männer in Stellung. Doch die Kanoniere richten mit ihren Geschossen wenig aus, weil die Flugbahn zum hoch gelegenen Fort zu steil ist.

Einige Offiziere bestürmen die Trutzburg anschließend mit berittenen Soldaten, verlieren im Musketenfeuer und Pfeilhagel der gut geschützten und treffsicheren Verteidiger aber viele Männer.

Akbar ist über die kopflosen Attacken und unnötigen Verluste erzürnt, zumal er einen besseren Angriffsplan hat: Er lässt Tausende Arbeiter zwei unterirdische Gänge ausheben, die unerreichbar für die Schützen der Rajputen sind.

Fast zwei Monate lang treiben die Arbeiter die beiden ansteigenden Stollen in den Hang des Berges auf die Festung zu. Als sie unter der Steinmauer der Bastion angekommen sind, höhlen sie je eine Kammer aus, füllen sie mit Schießpulversäcken und verlegen Lunten.

Dann gibt Akbar Befehl, die Schnüre zu zünden.

Eine gewaltige Detonation erschüttert die Festung und reißt eine Bresche in die Mauer. Doch weil die Lunten mit unterschiedlicher Geschwindigkeit abgebrannt sind, explodieren die Ladungen nicht gleichzeitig: Als Akbars Männer zur Bresche vordringen, geht neben ihnen das Pulver der zweiten Kammer hoch und tötet fast 200 Angreifer, darunter einige Lieblingsoffiziere des Kaisers.

Im anschließenden Tumult gelingt es den Rajputen, die Öffnung in der Wand wieder zu verschließen.

Doch Akbar ist auch auf so einen Fehlschlag vorbereitet: Zusätzlich zu den beiden Stollen haben seine Männer längst damit begonnen, einen oberirdischen Gang anzulegen.

Wie eine Schlange windet sich das Bauwerk inzwischen den Hang zur Festung hinauf: Die Seitenwände sind aus Bruchsteinen und Schlick aufgetürmt und stark genug, den Kanonenkugeln der Rajputen standzuhalten. Von oben schützt ein Dach aus Holzbrettern und ungegerbten Tierhäuten den Gang.

Er ist so breit, dass in ihm zehn Reiter nebeneinander vorrücken können, und ausreichend hoch, dass ein Elefantenführer ihn mit erhobener Lanze passieren kann; so jedenfalls beschreibt es Jahre später ein Chronist.

Meter um Meter führen die Pioniere den Bau nun auf Chittor zu, wenngleich unter großen Verlusten. Denn ganz vorn ist die Arbeit lebensgefährlich; an der Öffnung schirmen nur tragbare Schutzwände die Mogulkämpfer vor den Scharfschützen der Rajputen ab. Jeden Tag sterben bis zu 200 Männer.

Geduldig beobachtet Akbar, wie sein gewaltiges Bauwerk sich Meter um Meter auf die Festung zuschiebt.

ENDLICH, AM 22. FEBRUAR 1568, stößt der bedeckte Gang an die Außenwand Chittors. Gut geschützt, brechen die Angreifer mit Hilfe ihrer Elefanten Steine aus dem Mauerwerk der Festung, bis sie in der folgenden Nacht eine Bresche geöffnet haben.

Von der anderen Seite stopfen die Verteidiger daraufhin eilig Musselinstoff, Baumwolle, Holz und Öl in die Lücke – offenbar, um die Attacke mit einem Feuerwall zu stoppen.

Da greift Akbar, der auf dem bewehrten Dach des Ganges steht, zu seinem Gewehr und zielt auf einen Mann, der die Verteidiger an der Gangöffnung befehligt. Und trifft. Der Großmogul hat den Festungskommandanten getötet – so zumindest heißt es später in dem schmeichlerischen Bericht eines seiner Berater.

Damit ist das Ringen entschieden. Denn nach alter Tradition geben die Rajputen eine Schlacht verloren, sobald ihr Anführer gefallen ist. Es bleibt ihnen nur der ehrenvolle Kampf bis zum Tod.

Binnen einer Stunde ist kein Verteidiger mehr zu sehen, sie ziehen sich zurück, dann prasseln im Inneren der Festung plötzlich mehrere Feuer auf, dringen Schreie über die Zinnen Chittors in die Nacht.

Akbars Männer können nur ahnen, welch grausames Ritual die Rajputen vollziehen: Nach dem Tod des Kommandanten haben sie Sandelholz, Aloesträucher, Reisig und Öl aufgeschichtet – Scheiterhaufen für ihre adeligen Frauen, die den Angreifern nicht als Kriegsbeute in die Hände fallen sollen.

Nun zwingen bewaffnete Männer sie dazu, lebendig und von Drogen berauscht ins Feuer zu gehen.

Über Stunden lodern die Flammen ungehindert. Akbar hält seine Männer an der Bresche zurück – nicht etwa, weil ihn das Opferritual rührt, sondern weil er das Risiko scheut, die Festung in der Dunkelheit zu stürmen.

Erst im Morgengrauen des 23. Februar 1568 dringen mehrere Tausend Fußsoldaten in die Bastion ein, gefolgt von 300 Elefanten, die zahllose Rajputen niedertrampeln. Im Nahkampf machen Akbars Männer fast alle feindlichen Krieger nieder.

Auch viele Bauern ziehen den Eindringlingen mit Lanzen und Schwertern entgegen – und so ordnet Akbar in seinem Zorn über die eigenen Verluste ein Blutbad unter den Zivilisten an. Wohl an die 25 000 Menschen töten seine Truppen bis zur Mittagszeit, die Überlebenden kommen in Gefangenschaft.

Dann verwüsten die Mogulsoldaten die berühmte Festung, bis nichts als eine Ruine zurückbleibt. Zusammen mit dem Umland fällt Chittor als neuer Provinzdistrikt an Akbars Reich.

Trotz – oder wegen – des Massakers geht das Kalkül des 25-jährigen Kaisers auf: Nach dem Fall Chittors ist der Widerstand der Rajputen gebrochen. In den folgenden Jahren erkennen fast sämtliche ihrer Potentaten seine Oberherrschaft über ihre Reiche an. (Nur der aus Chittor in die Berge geflohene König und sein Nachfolger regieren noch bis 1597 über ein unabhängiges West-Mewar.)

Akbar erlaubt den unterworfenen Rajputenfürsten, weiterhin über ihre Königtümer zu herrschen, nun allerdings als Lehnsträger von seinen Gnaden. Und: Im Kriegsfall müssen sie ihm mit ihren Truppen Beistand leisten.

Mit diesen Elitekämpfern sowie seinen eigenen Reiterscharen, unzähligen Kriegselefanten und den modernen Feldkanonen erscheint Akbars Streitmacht nun unbezwinglich.

Binnen weniger Jahre annektiert der Kaiser im Westen Indiens das Sultanat Gujarat und gewinnt im Osten die Regionen Bihar, Bengalen und Orissa fast vollständig hinzu, die er seinem Reich als Provinzen einverleibt.

Damit hat sich Akbar auf beiden Seiten seines Herrschaftsgebietes den Zugang zu den Küsten und damit zum Seehandel erschlossen.

Das Mogulimperium erstreckt sich nun von der Mündung des Indus ins Arabische Meer über 2000 Kilometer bis zum Gangesdelta am Golf von Bengalen, von Kabul im Norden über 1100 Kilometer bis ins Zentrum des Subkontinents, wo die Tafelberge des Dekkan eine natürliche Grenze bilden.

1579 leben vermutlich rund 100 Millionen Menschen in Akbars Reich. Der Analphabet hat ein Imperium geschaffen: In Asien kann sich nur der Kaiser von China mit ihm messen.

Nun aber steht der inzwischen 37-jährige Großmogul vor seiner größten Herausforderung: das riesige Land dauerhaft zu regieren.

AKBAR IST zu diesem Zeitpunkt Oberbefehlshaber des Militärs; allein die kaiserliche Garde umfasst 12 000 Musketiere, Abertausende Schwertkämpfer, Bogenschützen und Reiter. Und er ist der Fixpunkt des Imperiums – wo immer er sich gerade aufhält. Denn der Mogulkaiser residiert nicht in einer ständigen Kapitale.

Zwar lässt er mehrere festungsartige Paläste in strategisch wichtigen Städten wie Agra, Lahore und Ajmer errichten und mit schweren Kanonen bewaffnen; die Festungskommandanten dürfen nur von ihm Befehle empfangen.

Doch er wechselt oft seinen Herrschaftssitz und reist in den Sommermonaten durch sein Land, begleitet von einem gewaltigen Tross. Dann regiert der Großmogul von einem Zeltlager aus, das einer wandernden Stadt gleicht.

Seine Minister müssen sich immer in seiner Nähe zur Verfügung halten. Akbar hat sie alle persönlich ernannt – und kann sie jederzeit entlassen.

Etwa den Premier, der zugleich sein erster Ratgeber ist; den Finanzminister, der mit seinen Beamten alle Einnahmen und Ausgaben des Staates verwaltet; den Polizeichef, verantwortlich für die Sicherheit in den Städten und auf den Basaren; schließlich einen Scharia-Gelehrten, der oberster Richter über alle Muslime im Land ist.

Nur eine Minderheit unter den Untertanen der Moguln sind wie ihr Herrscher Muslime. Um auch die Loyalität der Hindus und Parsen zu gewinnen, übt Akbar religiöse Toleranz: So schafft er die Sondersteuer für Nicht-Muslime ab. Jeden Donnerstag trifft der Kaiser zudem in der Palaststadt Fatehpur Sikri – deren Bau er hier inspiziert – Gelehrte anderer Glaubensgemeinschaften zu spirituellen Diskussionen

Doch inzwischen ist das Reich zu groß, um es mit Hilfe weniger Minister zusammenzuhalten. Akbar beschließt daher, es von innen neu zu ordnen und damit weite Teile Indiens in einen effizient organisierten Zentralstaat zu verwandeln, in dem alle Fäden der Macht bei ihm zusammenlaufen.

Er unterteilt das Mogulreich in zwölf Provinzen (noch die britischen Kolonialherren werden später diese Grenzziehungen übernehmen) und beruft Gouverneure an deren Spitze. Damit die Statthalter nicht zu mächtig werden, entsendet er in jede Provinzregierung Beamte, die ihm persönlich unterstehen.

Alle zwölf Reichsteile sind wiederum in Distrikte gegliedert, die ebenfalls von direkt berufenen Beamten verwaltet werden.

Selbst in den Dorfgemeinschaften dienen ihm Offizielle; damit reicht sein Arm nun in jeden Winkel des Landes.

Eine kluge Strategie, denn Akbar kann so überall Steuern eintreiben lassen – Geld, das er braucht, um Kriege zu führen, neue Kanonen zu gießen, Brücken, Handelsstraßen, Bewässerungskanäle und Karawansereien zu bauen sowie seine Hofhaltung und das Heer der Beamten zu finanzieren.

Er ersinnt dazu ein Besteuerungssystem, das ihm nicht nur gewaltige Einnahmen sichert, sondern auch die Loyalität verdienter Untertanen: Abgesehen von besonders fruchtbaren Regionen, die ihm als Kronland persönlich gehören (etwa ein Viertel des gesamten Mogulreiches), vergibt er das Reichsgebiet als Lehen an Höflinge, Adelige und unterworfene Fürsten.

Beamte vermessen die kaiserlichen Felder, auf denen Bauern Reis, Getreide, Gewürze oder Baumwolle anbauen. Jedes Jahr errechnen Akbars Verwalter aus den Ernten der vergangenen Dekade den durchschnittlichen Feldertrag und setzen die Steuer für die Bauern fest: in der Regel etwa ein Drittel der Einfuhr, die Schuld ist jedoch in Silberrupien zu begleichen. Hat der Monsun oder eine Dürre einen Teil der Ernte zerstört, reduzieren die Beamten die Steuer.

Der Großteil der Untertanen zahlt seine Abgaben an die insgesamt 1823 Lehnsherren, die zwei Drittel der Summe behalten dürfen, den Rest leiten sie an Akbars Staatskasse weiter.

Den meisten dieser Lehnsherren weist Akbar zwei Zahlen zu. Eine bestimmt, wie viele Rupien der jeweilige Günstling von den Steuereinnahmen für sich kassieren darf (und Akbars Kontrolleure überprüfen jede Abrechnung). Die andere legt fest, wie viele Reiter er im Kriegsfall dem Kaiser zu stellen und mit Waffen auszurüsten hat, wofür er zusätzliche Gelder bekommt.

Auf diese Weise verfügt Akbar jederzeit über ausreichend Soldaten, ohne sie selbst direkt besolden zu müssen: 1595/1596 kommen durch die Landsteuer insgesamt 99 Millionen Silberrupien zusammen (von denen Akbar etwa 18 Millionen erhält); gleichzeitig stehen ihm rund 140 000 Kavalleristen mit Pferden und Kampfausrüstung zur Verfügung.

Die 122 ranghöchsten Lehnsträger müssen jeweils 500 bis 5000 Reiter bereithalten: Sie bilden die Aristokratie des Reiches. Die meisten von ihnen stammen aus Zentralasien und aus dem Iran, sie haben also keine Wurzeln im Land. Doch zu Akbars Elite zählen auch 20 Rajputen.

Der Kaiser macht sie alle von seinem Wohlwollen abhängig. Er kann einen Getreuen jederzeit befördern, herabstufen oder ihm die Einkünfte eines anderen Lehens zuteilen (nur besonders wichtigen Fürsten wie den Rajputen verleiht er zum Dank für deren Loyalität ein Dauerrecht auf ihr Territorium).

Er beschäftigt in jedem Reichsteil einen Nachrichtenschreiber, der ihm regelmäßig über alle wichtigen Geschehnisse berichtet. Stafettenläufer tragen die Botschaften auch über weite Entfernungen rasch an den kaiserlichen Hof.

Der Eroberer übt religiöse TOLERANZ

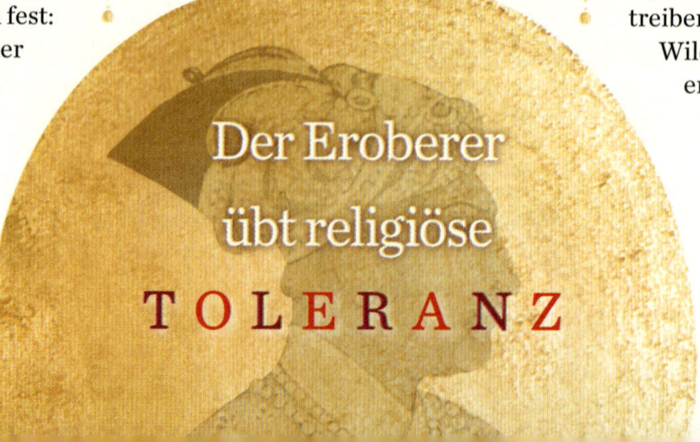

Darüber hinaus bezahlt Akbar einen Geheimdienstschreiber sowie Spitzel und Spione, die die amtlichen Protokolle ergänzen.

Auch durch Rituale demonstriert der Mogulkaiser seine Macht. Jeden Morgen zeigt er sich der Bevölkerung wie die aufgehende Sonne an einem Fenster seines Palastes. Anschließend nimmt er in einer öffentlichen Audienz, auf einem Thron in zwei Meter Höhe sitzend, Geschenke seiner Untertanen entgegen, entscheidet über Rechtsstreitigkeiten, befördert oder degradiert Lehnsherren. Besonders verdiente Beamte zeichnet er aus, indem er ihnen ein edles Pferd schenkt.

Je bedeutender ein Höfling ist, desto näher darf er dem Herrscher während des Zeremoniells kommen.

Eine goldene Absperrung markiert jenen Bereich, in den nur Prinzen der kaiserlichen Familie zugelassen sind; eine Barriere aus Silber umfasst die Zone, die höchste Staatsbeamte und Diplomaten fremder Länder betreten dürfen. Offiziere, Adelige und rangniedere Beamte müssen weiter entfernt vom Thron stehen. Eine Sperre aus Stein weist Dienern und Fußsoldaten einen Platz ganz am Rande der Audienzhalle zu.

Immer wieder verlässt Akbar seine Residenzen, um unangekündigt das Riesenreich zu inspizieren – offiziell begibt er sich auf die Jagd nach Elefanten, Leoparden oder Hirschen. Manchmal treiben bis zu 50 000 Soldaten das Wild wochenlang in einen immer engeren Kreis zusammen, ehe der Kaiser den ersten Schuss abfeuert. Die Hatz soll seine Soldaten trainieren und zugleich militärische Stärke demonstrieren.

Die Lehre der Jaina-Sekte, die Gewalt gegen Lebewesen untersagt, beeindruckt Akbar tief. Der Herrscher, der viele Länder verheert hat und Zehntausende Menschen töten ließ, verbietet daher an bestimmten Tagen das Schlachten von Tieren – und zieht doch 1599 erneut in den Krieg

Und doch hat der Großmogul schon früh begriffen, dass er nur dann erfolgreich herrschen kann, wenn er zugleich Freiheiten gewährt und andere Religionen toleriert.

Denn Akbar regiert über ein Land, in dem Muslime in der Minderheit sind – sie machen vermutlich nur ein Fünftel der Bevölkerung aus.

Die meisten Inder beten zu Hindu-Göttern wie Ganesha, Vishnu und Shiva oder haben sich einer der zahlreichen Sekten und religiösen Gruppen angeschlossen. Etwa den Krishna-Jüngern oder der monotheistischen Bewegung des Predigers Kabir; den Sikhs, die einem Guru aus dem Nordwesten folgen (siehe Kasten Seite 141) oder den Parsen, den Anhängern des Religionsstifters Zarathustra. Auch Juden und Christen leben in seinem Reich.

Der Kaiser selbst hat eine Hindu-Prinzessin geheiratet und sie wider Erwarten nicht gezwungen, zum Islam überzutreten. Akbar verbietet die Sitte seiner Vorfahren, im Krieg gefangene Hindus zu versklaven, und hebt die Abgaben für hinduistische Pilger auf – bis dahin eine wichtige Einnahmequelle für die muslimischen Eroberer Indiens.

Auch eine Sondersteuer für „Ungläubige“ wie Hindus, Juden und Christen fällt – zur Empörung der Scharia-Gelehrten, die Akbar entmachtet: Er lässt die wichtigsten Glaubenshüter im Reich ein Schriftstück unterzeichnen, das ihm die höchste Entscheidungsgewalt in allen religiösen Streitfragen zubilligt.

Diese tolerante Religionspolitik ist zum einen eine weitere Strategie des Herrschers, um künftige Rebellionen im Keim zu ersticken.

Doch zum anderen ist seine Begeisterung für Glaubensdinge echt: Denn in seinem Innersten ist der Mogulkaiser, der so machtvoll und bestimmt auftritt, ein Suchender geblieben – ein beeinflussbarer, skrupulöser Mann.

Manchmal fällt Akbar in tranceartige Zustände, möglicherweise die Folgen einer leichten Epilepsie. Und er leidet unter Depressionen.

Eines Tages verstört er seine Getreuen, indem er ganz allein zu Pferde in die Wüste trabt, um zu meditieren. Und als ihn an einem anderen Tag auf der Jagd plötzlich Ekel vor dem Töten überfällt, befiehlt Akbar seinen Treibern, alle Tiere entkommen zu lassen.

Wie zur Buße lässt er sich das Haar scheren und Gold an Wandermönche und Arme verteilen.

Vielleicht sind es solche Phasen innerer Verlorenheit, die sein Interesse an fremden Religionen und Göttern geweckt haben. Im Jahr 1569 richtet er sich einen Tagesmarsch westlich von Agra einen spirituellen Rückzugsort ein. Hier hatte ihm ein muslimischer Mönch die Geburt seines ersten Sohnes verheißen, nachdem er lange Zeit kinderlos geblieben war.

Auf einem Hügelrücken inmitten der Wildnis lässt Akbar eine Palaststadt aus dem Boden stampfen. Eine imposante Freitreppe führt zum 53 Meter hohen Eingangsportal der Stadt mit Namen Fatehpur Sikri, dahinter erheben sich eine Moschee, Herrschaftsgebäude, Audienzhallen, Ställe und Archive, Gärten mit Wasserbassins und ein „Haus des Gottesdienstes“, in dem theologische Diskussionen stattfinden.

Bald empfängt Akbar hier regelmäßig, meist donnerstags, Gelehrte sämtlicher Religionen Indiens. Oft hört er ihren Disputen bis tief in die Nacht schweigend zu.

Vor allem beeindruckt ihn die indische Lehre von der Seelenwanderung: Bei seinen Audienzen erscheint er manchmal mit einem Hindu-Zeichen auf der Stirn und Juwelenschnüren an den Handgelenken, die ihm brahmanische Priester umbinden. Wie diese lässt er sich das Haar lang wachsen und begeht Feiertage der Hindus am Hof.

Vertreter der streng vegetarischen Jaina-Bewegung überzeugen ihn, immer häufiger auf Fleisch zu verzichten. (Jainas dürfen auf keinen Fall Lebewesen töten, und so ist es ihnen unter anderem unmöglich, ein Feld zu pflügen, weil sie unabsichtlich einen Wurm oder Käfer vernichten könnten.)

An bestimmten Tagen ist es im Mogulreich nun bei Todesstrafe verboten, Tiere zu schlachten. Schließlich gibt Akbar die Jagd ganz auf, lässt die Fischerei einschränken und in seinem Harem ein ewiges Feuer entzünden, weil die Parsen das Licht als religiöses Symbol verehren.

1579 sendet der Kaiser einen Boten in die westindische Hafenstadt Goa, wo portugiesische Jesuiten eine Mission führen (siehe Seite 40). Akbar bittet sie darum, gelehrte Patres nach Fatehpur Sikri zu schicken.

Zwei Geistliche und ein Übersetzer machen sich auf den Weg – in der Hoffnung, den muslimischen Kaiser und sein Millionenvolk zum Christentum bekehren zu können.

Die Missionare überreichen dem Großmogul als Geschenk eine siebenbändige Prachtbibel, die einst für den spanischen König Philipp II. gedruckt worden war. Akbar lässt das Neue Testament aus dem Lateinischen ins Persische übersetzen und seine Hofmaler Bilder der Jungfrau Maria und Jesu kopieren.

Den beiden Jesuiten erlaubt er, eine Kapelle auf dem Gelände einzurichten und frei in seinem Land zu predigen.

Die erstaunliche Toleranz des indischen Kaisers spricht sich bis nach Rom herum. Papst Gregor XIII. verfasst ein Schreiben an Akbar, in dem es heißt, Gott möge ihn „von der Dunkelheit zum Licht führen".

Doch der Machthaber tritt nicht zum katholischen Glauben über. Anfang 1582 stiftet er einen eigenen Orden, den er Tawhid-i Ilahi nennt, „Einheitserkenntnis Gottes".

Der Name greift eine Wendung der muslimischen Theologie auf – ein Zeichen, dass für Akbar hinter allen Glaubensformen der eine Gott steht: Allah.

Gedacht ist der Orden für hohe Beamte und besonders loyale Gefolgsleute: Akbar formt auf diese Weise die Elite seines Reiches zu einer verschworenen Gemeinschaft und bindet sie noch enger an sich.

Jede Woche nimmt der Großmogul, der dem Bund als Zeremonienmeister vorsteht, mit einem feierlichen Ritual neue Mitglieder auf. Die Adepten müssen ihr Haupt auf seine Füße legen, dann setzt der Kaiser ihnen einen Turban auf den Kopf und überreicht eine Medaille.

Darin eingraviert ist die Sonne, das Symbol des Ordens, sowie der Schriftzug „Allahu Akbar". Eine Botschaft von gewagter Doppeldeutigkeit: Sie lässt sich lesen als „Gott ist am Größten" – das muslimische Glaubensbekenntnis. Aber auch als: „Allah ist Akbar."

Viermal täglich sollen die Jünger die Sonne anbeten. Akbar selbst huldigt dem Zentralgestirn, indem er jeden Morgen 1001 Namen der Sonne in Sanskrit murmelt, die ihm Gelehrte zugetragen haben. Ein muslimischer Hofchronist vermutet daraufhin, dass sich der Kaiser endgültig Fantastereien und „Sonnenanbetung" ergeben habe.

Doch Akbar ist nicht zum naiven Schwärmer geworden. Vielmehr gibt er 1585 seine Glaubensstätte in Fatehpur Sikri sowie die Religionsgespräche plötzlich auf, um mit seinem Hofstaat dauerhaft nach Lahore zu ziehen: Von der Stadt im Nordwesten aus kann er die dortige Grenze seines Reiches leichter kontrollieren, die in dieser Zeit von einem usbekischen Eroberer bedroht wird. Erst als der Usbeke 1598 stirbt, siedelt der Großmogul wieder in die Nähe von Fatehpur Sikri über, in die alte Residenzstadt Agra.

Akbar ist jetzt 56 Jahre alt. Und noch einmal versucht er, sein Imperium auszudehnen: Er will in den noch nicht eroberten Süden Indiens vorstoßen, auf das Dekkan-Plateau. Dort regieren sechs muslimische Herrscher kleine Königtümer und gewähren Akbars Gegnern Unterschlupf.

Der Großmogul schickt zunächst Soldaten auf die Hochebene; 1599 führt er selbst eine Armee mit 80 000 Kriegern in den Süden, siegt und verleibt seinem Reich drei weitere Provinzen ein.

Das Mogulreich ist nun größer, mächtiger und wohlhabender als je zuvor. Auch in den neuen Provinzen treiben Beamte der Zentralregierung Steuern ein; ein jährlicher Überschuss von mehreren Millionen Silberrupien, den die Lehnsherren an Akbar abführen, lässt den Staatsschatz weiter anschwellen.

Dann wird es Zeit, einen Nachfolger einzusetzen. Als am 21. März 1605 sein 50. Regierungsjahr beginnt und ganz Agra festlich geschmückt ist, gibt der Kaiser den Befehl, dass künftig alle Lehnsdiplome und sonstigen Erlasse neben seinem Siegel auch das seines Sohnes Salim zu tragen haben. So macht er den Thronfolger zum Mitregenten.

Sechs Monate später fühlt sich Akbar unwohl, als er einem Elefantenzweikampf zuschaut. Er leidet wohl unter einer Darmentzündung und muss sich für Wochen ins Bett legen. Als sein Sohn an das Krankenlager tritt, ist Akbar schon zu schwach, um sprechen zu können.

Der Kaiser kann nur noch wortlos auf seinen Turban und das Schwert seines eigenen Vaters deuten, das am Bettende hängt – die Insignien der Großmoguln.

Am selben Tag, es ist der 25. Oktober 1605, stirbt der 63-jährige Kriegsherr, Analphabet, Gottsucher und Versöhner der Religionen.

Sein Erbe wiegt schwer: Das Mogulreich umfasst nun zwei Drittel des indischen Subkontinents. Ein Imperium, das zu den modernsten und imposantesten Staaten der Erde zählt.

Und ein Imperium, das die Fremdherrschaft über Indien auf Jahrhunderte sichert. Denn nach Akbar werden sein Sohn und seine Enkel herrschen. Und dann werden die Briten zu Erben jener ebenso glanzvollen wie grausamen Epoche der Großmoguln, die erst mit Akbar wahrhaftig begann. □

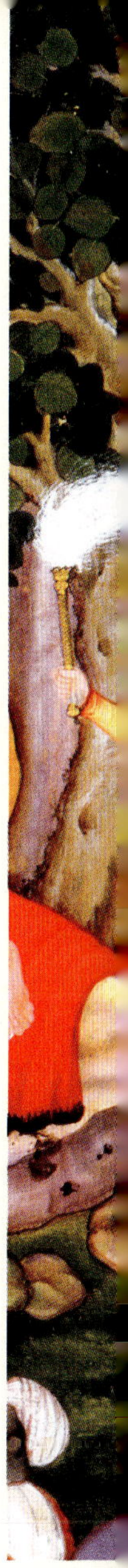

Literaturtipps: *Arnold Hottinger, „Akbar der Große (1542–1605)", Wilhelm Fink Verlag: die Standardbiografie. Bamber Gascoigne, „Die Großmoguln", Prisma: ausführliche Darstellung aller Mogulkaiser mit vielen Abbildungen.*

Ein Haus für die EWIGKEIT

Es soll ein Abbild des Paradieses werden, ein Monument der Liebe – und das Schaustück der Macht seines Erbauers: 1631 befiehlt Shah Jahan, fünfter Kaiser der Moguldynastie, den Bau eines gigantischen Grabmals für seine verstorbene Frau. Das »Taj Mahal« überstrahlt bald alle Bauwerke des muslimischen Großreiches – und steht doch am Beginn seines Niedergangs

VON NICOLAS BÜCHSE

Die Grabstätte in der Hauptstadt Agra ist streng symmetrisch angelegt. Ein Kanal führt durch einen Park auf das marmorne Mausoleum zu. Der von Minaretten gesäumte, 68 Meter hohe Kuppelbau soll das Haus der Verstorbenen im Paradies symbolisieren

Die Hitze liegt schwer auf Burhanpur. Im kaiserlichen Palast kämpft an einem Sommertag des Jahres 1631 eine Frau mit dem Tod. Es ist die Gattin des mächtigsten Mannes Indiens – jene Frau, die der Großmogul „die Auserwählte des Palastes" nennt.

Denn die 38-jährige Mumtaz Mahal gilt auch nach 19 Jahren Ehe noch immer als Lieblingsfrau des Herrschers. Dichter besingen ihre Schönheit, Chronisten loben ihre Großherzigkeit und Besonnenheit. Sie ist seit Langem engste Vertraute und Beraterin ihres Mannes.

13 Kinder hat sie dem Mogulkaiser Shah Jahan geboren, sieben allein in den ersten sieben Ehejahren. Dennoch ist Mumtaz Mahal auf all seinen Reisen dabei, selbst auf Kriegszügen. So auch jetzt: Obwohl hochschwanger, hat sie ihren Mann nach Zentralindien begleitet, wo er von Burhanpur aus einen abtrünnigen Gefolgsmann sowie Sultanate im Süden bekämpfen will.

Im Palast von Burhanpur bekommt sie an diesem 17. Juni 1631 ihr 14. Kind. Die Geburt ist qualvoll; es dauert mehr als 30 Stunden, ehe Mumtaz Mahal ein Mädchen zur Welt bringt.

Kurz darauf verschlechtert sich ihr Zustand so sehr, dass Mumtaz Shah Jahan rufen lässt. Die Kaiserin krümmt sich in ihrem Bett vor Schmerzen, als sie ihren Mann unter Tränen bittet, für die Kinder zu sorgen. Kurz darauf stirbt die „Auserwählte des Palastes".

Shah Jahan verfällt in tiefe Trauer. Er erscheint eine Woche lang nicht zur Audienz – ein unerhörter Vorgang in der Geschichte der Mogulkaiser. Es heißt sogar, er erwäge abzudanken, das Reich unter seinen Söhnen aufzuteilen und fortan als Einsiedler zu leben.

Lange wird der Monarch keine Musik hören, keine Schmuckstücke oder farbige Kleidung tragen. Ständige Weinkrämpfe werden seine Augen derart anstrengen, so ein Chronist, dass er bald Brillengläser braucht. Sein Bart, der „vorher nicht mehr als zehn oder zwölf graue Haare aufwies, die der Herrscher auszureißen pflegte", wird grau und schließlich weiß.

Erst nach mehreren Wochen ist er in der Lage, für die Tote ein Grabmal in Auftrag zu geben. Es soll das prächtigste Bauwerk werden, das in Indien je entstanden ist, eine in Marmor gehauene Liebeserklärung an Mumtaz Mahal.

„Taj Mahal" wird das Volk es bald nennen (vermutlich nach dem persischen Wort *taj* = Krone), in Erinnerung an die Kaiserin. Es ist das Werk eines Schöngeistes, der auf dem Weg zur Macht zum vielfachen Mörder geworden ist – und eines Verschwenders, der den eigenen Niedergang herbeiführt.

Die Konstellation der Himmelskörper scheint höchst verheißungsvoll, als der dritte Sohn von Prinz Salim (und Enkel des amtierenden Großmoguls Akbar) am 5. Januar 1592 zur Welt kommt. Hofastrologen prophezeien, der Nachkomme werde sich zu einem „Schmuckband im Turban des Königtums" entwickeln, „strahlender als die Sonne". Das Kind bekommt den Namen Khurram, „freudvoll" (erst später wird sich der Prinz Shah Jahan nennen).

Das Reich der muslimischen Moguldynastie ist so mächtig wie nie zuvor. Innerhalb weniger Jahre ist es dem Großmogul Akbar gelungen, seine Herrschaft auf zwei Drittel des Subkontinents auszuweiten (siehe Seite 48).

Khurram ist genau vier Jahre, vier Monate und vier Tage alt, als für ihn nach alter Tradition die Schulzeit beginnt. Der Prinz, in parfümgetränkte Seide gehüllt und mit Juwelen behängt, wird an der kaiserlichen Moscheeschule von den besten Lehrern des Reiches in Kunst, Literatur und der Geschichte der Vorfahren unterrichtet. Sein Großvater bringt ihm den Schwertkampf und die Leopardenjagd bei. Doch wie sein Vater (der nach dem Tod Akbars 1605 unter dem Namen Jahangir zum Herrscher Nord- und Zentralindiens aufsteigt) interessiert sich Khurram vor allem für Architektur und bewundert die prunkvollen Moscheen, Grabmäler, Gärten und Paläste seiner Ahnen.

Schon als Jugendlicher darf Khurram ein Haus nach seinen Vorstellungen bauen. Jahangir ist stolz auf seinen Lieblingssohn, preist die „wahrhaft harmonische Struktur" des Gebäudes und erlaubt ihm, auf Reisen ein purpurfarbenes Zelt aufzustellen – eine Ehre, die nur dem auserwählten Nachfolger zuteil wird. Bald übertrifft der Sohn den Vater in der Begeisterung für Architektur, er wird zahllose Gärten, Sommerresidenzen und Jagdpaläste entwerfen.

Khurram ist 15, als sein Vater ihn mit der ein Jahr jüngeren Arjumand Banu aus einer persischen Adelsfamilie verlobt. Chronisten preisen den „engelsgleichen Charakter" der „strahlenden Venus aus der Sphäre der Keuschheit".

Am Tag der Hochzeit, dem 10. Mai 1612, bemalen Adelsfrauen Khurrams Hände mit Henna und Kurkuma, um der Ehe Glück

19 Jahre lang ist MUMTAZ MAHAL die Hauptfrau und wichtigste Beraterin Shah Jahans – bis sie auf einem Kriegszug bei der Geburt ihres 14. Kindes stirbt

Um der Verstorbenen nahe zu sein, lässt der Großmogul das Mausoleum in der Nähe seiner Residenz am Ufer der Yamuna in Agra errichten. Ein unterirdisches Kreuzgewölbe schützt den Bau vor dem Absinken

zu bringen. Jahangir setzt seinem Sohn ein Perlendiadem auf den Kopf, Arjumand gibt ihr Jawort, dann taucht der Bräutigam seine Hände in Rosenwasser und trinkt einen Becher Wasser: Damit ist die Verbindung besiegelt.

In der Hochzeitsnacht baden Bedienstete Braut und Bräutigam, parfümieren sie und heben beide auf ein prunkvolles Bett – so notieren es die Hofschreiber, denn das Liebesleben der Herrscher wird minutiös festgehalten. Die Diener massieren die Körper der Eheleute und stimulieren sie für die Liebesnacht. Später wird das Bettlaken inspiziert und vermeldet: Die Braut ist jungfräulich in die Ehe gegangen.

Schon sechs Wochen nach der Hochzeitsnacht erwartet Arjumand Banu ihr erstes Kind. Khurram erklärt seine Angetraute daraufhin zur „Mumtaz Mahal“, zur „Auserwählten des Palastes“. Und der Prinz will Mumtaz, das „Licht der kaiserlichen Gemächer“, stets an seiner Seite wissen. Oft besucht er seine Gattin im Harem. Wie seine Vorfahren heiratet Khurram aus politischen Gründen mehrmals und zeugt mit seinen zwei weiteren Ehefrauen jeweils ein Kind. Daneben hat er sicherlich Dutzende Konkubinen – seine Hauptfrau jedoch bleibt all die Jahre Mumtaz Mahal.

Im März 1613 bringt Mumtaz ein Mädchen zur Welt. Und ist erneut schwanger, als sie den Prinzen ein Jahr später auf einem Feldzug gegen einen Fürsten in Rajasthan begleitet. Zwölf ihrer 14 Kinder wird sie auf Reisen gebären.

Verse aus dem Koran, Blumenreliefs und feinste Einlegearbeiten aus Edelsteinen zieren die Fassaden und Innenwände des achteckigen Grabmals. Die Kostbarkeiten hat Shah Jahan überall in Asien beschaffen lassen

Obwohl Khurram seine Zeit oft damit verbringt, neue Residenzen und Paläste zu entwerfen, ist er durchaus kein Schöngeist, sondern ein geschickter und skrupelloser Kriegsherr. 1617 gelingt es ihm binnen weniger Monate, im Auftrag seines Vaters auf dem Dekkan-Plateau Truppen muslimischer Sultanate zurückzudrängen, die in den Süden des Mogulreiches eingefallen waren.

Als Lohn verleiht ihm Jahangir den Titel Shah Jahan, „König der Welt". Kein Mogulkaiser hat jemals einem Sohn solch eine Ehre zuteilwerden lassen. Doch obwohl der Vater Shah Jahan dessen älteren Brüdern vorzieht, ist die Thronfolge keineswegs geklärt: In der Moguldynastie gibt es kein verbindliches Erbrecht; oft wird der Kampf um die Herrschaft mit Intrigen, Winkelzügen und auf dem Schlachtfeld ausgetragen.

Schon bald arbeitet Shah Jahan darauf hin, seinen Vater abzulösen. Denn der alternde Großmogul ist inzwischen unberechenbar – ein Trinker, der zudem viel Opium raucht.

Shah Jahans gefährlichster Konkurrent um die Thronfolge ist sein ältester Bruder Khusrau, der bereits versucht hat, den Vater zu stürzen, und nun in einem Palast unter Hausarrest steht.

Als der Kaiser 1622 ernsthaft erkrankt, handelt Shah Jahan schnell, um sich den Thron zu sichern. Er schickt seinem Vater ein Schreiben, in dem er behauptet, Khusrau sei an einer Kolik gestorben. In Wirklichkeit, so vermuten zumindest Zeitgenossen, hat er einem Sklaven befohlen, den Bruder zu erdrosseln (noch nie hat ein Mogulprinz den Mord am eigenen Bruder befohlen).

Als der Kaiser 1627 schließlich stirbt, erhebt ein weiterer Sohn Jahangirs Anspruch auf die Macht. Doch Shah Jahan kann sich mit Hilfe seiner Vertrauten am Hof und seiner überlegenen Truppen durchsetzen – und befiehlt, den Bruder sowie drei weitere männliche Familienmitglieder „aus der Welt zu schicken". Der Weg an die Spitze des Mogulimperiums ist frei.

Auf Elefanten ziehen Shah Jahan und seine Familie am 24. Januar 1628 in die Hauptstadt Agra ein, Paukenschläge dröhnen durch die engen Gassen, und das Gefolge wirft der Menge Münzen zu. Während sich der 36-jährige Mogulkaiser feiern lässt, verfassen europäische Beobachter skeptische Berichte. Einer prophezeit: „Ein Thron, der sich auf so viel Blut Unschuldiger stützt, wird sich als unsicher erweisen."

Doch Shah Jahan macht sich sogleich daran, seine Herrschaft zu festigen – unter anderem durch die Errichtung gewaltiger Monumente. Denn dank solcher Bauten, erklärt ein Geschichtsschreiber, gewinne ein Regent beim Volk Ansehen. Schon Shah Jahans Vorfahren setzten die Architektur für politische Zwecke ein; seit der Zeit Akbars heißt es, ein guter Herrscher, der Ruhm suche, müsse seine Macht durch große Gebäude ausdrücken.

Der neue Kaiser erweitert gleich in den ersten Jahren seiner Regentschaft die Residenz der Großmoguln, das Rote Fort von Agra; er lässt Sandsteingemäuer durch Pavillons aus weißem Marmor ersetzen und weitläufige Atrien mit Springbrunnen errichten. In seinen Privatgemächern dämpfen dünne Marmorblenden das Sonnenlicht, Diener gießen Wasser über mit parfümiertem Gras gefüllte Fensterläden, sodass immer eine angenehme Kühle herrscht.

Zudem lässt der Herrscher aus 1150 Kilogramm Gold einen neuen Thron anfertigen und wählt dafür persönlich die glanzvollsten Edelsteine aus seinen sieben Schatzkammern aus. Ein Besucher berichtet von 116 Smaragden und 108 großen Rubinen, ein jeder schwerer als 100 Karat. Gekrönt werde der „Pfauenthron" von einem Schweif aus blauen Saphiren.

Jedes Jahr an seinem Geburtstag ruft der Herrscher die höchsten Beamten in ein reich geschmücktes Privatgemach, an dessen Decke eine große goldene Waage hängt. Shah Jahan hockt sich in eine Waagschale, dann schütten seine Höflinge so lange Silberstücke in die andere, bis die Waage das Gleichgewicht erreicht.

Anschließend heben die Bediensteten Säcke voller Gold und Edelsteine in die Schale; bei der darauffolgenden Prozedur geben sie Baumwollstoffe mit Fäden aus Gold, Silber und Seide hinein, und schließlich wiegen sie den Herrscher mit Kuchen, Mehl, Zucker und gewöhnlichen Baumwollstoffen auf.

Die Beamten berechnen den Geldwert der drei ersten Wiegevorgänge und verteilen das Geld an die Armen, zusammen mit den Nahrungsmitteln und Stoffen, die zuletzt in der Waagschale Platz gefunden haben.

Mit immer teureren Bauprojekten bringt SHAH JAHAN das Mogulreich in finanzielle Schwierigkeiten. So lässt er ab 1639 bei Delhi eine neue Hauptstadt erbauen

Der Tag des Herrscherpaares gleicht einem bis auf die Minute durchgeplanten Zeremoniell. Es beginnt zwei Stunden vor dem Morgengrauen, wenn Shah Jahan im Harem seines Palastes in Agra erwacht und die erste von fünf rituellen Waschungen mit reinem Wasser vornimmt, gefolgt vom Morgengebet.

Bei Sonnenaufgang tritt er auf den Balkon der Residenz über dem Fluss Yamuna. Am Ufer wartet schon eine Menschenmenge, um ihn zu grüßen und seinen Segen zu empfangen.

Kurz vor acht Uhr ertönen Trompeten und Trommelwirbel: Der Herrscher besteigt in der Audienzhalle des Palastes seinen Thron. Dort verfolgt Mumtaz Mahal, verborgen hinter einem Ziergitter, wie ihr Mann Petitionen bearbeitet, Geschenke inspiziert, Elefanten aus dem kaiserlichen Stall prüft.

Der neue Machthaber beteiligt seine Frau an den Regierungsgeschäften – und das hat Tradition: Schon am Hofe des ersten Großmoguls Babur waren weibliche Angehörige einflussreich, so die Großmutter und die Tochter des Herrschers. Viele Frauen an der Seite der Mogulkaiser förderten Kunst und Wissenschaft, gaben Erlasse heraus.

Mumtaz hat das Recht, Befehle und Anordnungen zu erteilen – und macht davon auch Gebrauch. Immer wieder setzt sie sich für Häftlinge oder Todeskandidaten ein, wirbt bei ihrem Mann um Nachsicht.

Gegen zehn Uhr trifft sich der Monarch mit seinen Beratern, gibt Befehle und spricht Recht. Schriftstücke werden in den Harem gebracht, wo Mumtaz Mahal sie mit dem herrschaftlichen Siegel versieht – ein Privileg, das sie zur wichtigsten Beraterin ihres Gatten macht.

Mittags besucht Shah Jahan den Harem. Hier wohnen die Frauen und Kinder der kaiserlichen Familie auf einem weitläufigen Gelände zusammen mit weiblichen Bediensteten und den Liebesdienerinnen des Herrschers, der hier speist und schläft. Zu Zeiten Akbars lebten im Harem 5000 Frauen, unter Shah Jahan mögen es nicht viel weniger sein. Dank unterirdischer Geheimgänge kann er überall unerwartet auftauchen und so seine Allmacht demonstrieren.

Im Harem sitzt der Großmogul mit der Kaiserin, seinen Töchtern und anderen Frauen auf dem Boden, der mit Teppichen ausgelegt ist, bunte Seidentücher hängen an den Wänden. Bevor das Mahl serviert wird, kosten Eunuchen die Speisen. Zum Essen wird der Familie mit Gletschereis gekühltes Wasser aus Jadebechern gereicht.

Wenn die Nachmittagsgeschäfte erledigt sind, kehrt der Herrscher gegen 20 Uhr zu Abendessen und Unterhaltung in den Harem zurück. Tausende Kerzen und Lampen tauchen nun die Räume in warmes Licht. Selbst nach 16 Jahren Ehe und zwölf Geburten übt die schöne Mumtaz noch immer eine starke sexuelle Anziehungskraft auf Shah Jahan aus – zumindest sehen es die Geschichtsschreiber als ihre Pflicht an, dieses Detail in ihren Chroniken festzuhalten.

Sie oder eine andere Haremsdame empfängt den Herrscher wahrscheinlich in durchsichtiger Seide, geschmückt mit Dutzenden Perlenketten, Armreifen und Ringen. Nach dem Liebesakt lässt sich Shah Jahan von Dienerinnen aus seinen Lieblingswerken vorlesen.

Anderthalb Jahre nach der Krönung zieht Shah Jahan 1629 wieder einmal gegen jene Sultanate des Dekkan, die er schon als Prinz bekämpft hat. Längst ist er einer der mächtigsten Männer seiner Zeit. Sein Reich erstreckt sich westwärts über den Indus bis nach Afghanistan und dem heutigen Pakistan, ostwärts nach Bengalen und südwärts bis zum zentralindischen Dekkan-Hochland (siehe Karte Seite 156). Doch wie seine Vorfahren muss er sich in Kämpfen und bei Eroberungen bewähren. Mumtaz begleitet ihn auf diesem Kriegszug, wie immer.

Sie wird den kaiserlichen Hof nie wieder sehen.

Im März 1630 erreicht das Heer die 700 Kilometer südlich von Agra gelegene Stadt Burhanpur, Shah Jahans Herrschaftsresidenz im Süden des Reiches. Der Krieg dauert länger als erwartet, eine verheerende Seuche und eine Hungersnot halten die Heere des Großmoguls auf.

Mumtaz Mahal aber genießt den Luxus des dreistöckigen Palastes in Burhanpur, den Shah Jahan noch als Prinz hat bauen lassen. Von ihren Gemächern aus überblickt die Kaiserin den Tapti-Fluss, an dessen Ufer die Kriegselefanten ihres Mannes eingezäunt stehen.

Doch dann kommt der 17. Juni 1631, stirbt die Herrscherin nach der Geburt ihres 14. Kindes.

Ihr Leichnam wird in kaltem Kampferwasser gebadet und in ein Leichenhemd aus weißer Baumwolle gehüllt. Anschließend lässt Shah Jahan seine Frau in einem kleinen Mausoleum am Tapti-Fluss beerdigen. Genauer: vorläufig beerdigen – denn er will den Leichnam in die Hauptstadt schaffen lassen.

Ein paar Monate später, im Dezember 1631, bringt eine Eskorte die tote Kaiserin in einem goldenen Sarg nach Agra. Auf dem Weg zitieren Prediger aus dem Koran, Diener verteilen Münzen an die Armen, um den Himmel gnädig für die Verstorbene zu stimmen. Am Ufer der Yamuna wird Mumtaz ein zweites Mal begraben: in einem kleinen Kuppelbau.

Doch Shah Jahan plant für seine Frau bereits eine prachtvollere Ruhestätte, ein „leuchtendes Grabmal", wie er es nennt. Eine einzigartige Erinnerung an die „Königin des Zeitalters".

Ein Denkmal aber auch für sich selbst, den Potentaten, der sich „Herrscher der Welt" nennen lässt.

Mit einer grossen Ruhestätte, so glauben die Moguln, könne man am besten an die Toten erinnern. Shah Jahans Vater und Großvater haben Grabmäler im persischen Stil errichtet – obwohl derartige Bauten nach Ansicht vieler islamischer Gelehrter gotteslästerlich sind, weil sie dem Totenkult um einen Menschen dienen.

Doch die Moguln fanden einen Ausweg. Um zumindest jener Vorschrift des Korans zu genügen, dass Gräber zum Himmel offen sein sollen, ließen sie eine Lücke über der Eingangstür des Mausoleums, durch die Luft ziehen kann; andere setzten eine innere Kuppel auf den Bau und bemalten sie mit Sternen.

Auch Shah Jahan hat für seinen Vater ein Mausoleum erbauen lassen. Doch jene Anlage, die er nun mit den führenden Architekten seines Reiches ersinnt, soll jedes Grabmal Indiens an Größe und Pracht übertreffen – ein Bauwerk für die Ewigkeit.

Täglich trifft sich der Mogulkaiser mit seinen Architekten, berechnet und plant jedes Detail mit ihnen anhand von Zeichnungen und Holzmodellen.

So weitläufig legt der Großmogul das Grabgelände an, dass es selbst den Petersdom samt Petersplatz umspannen könnte, jene Glanzstücke europäischer Baukunst, die zu seinen Lebzeiten im fernen Rom vollendet werden.

Die Anlage verkörpert nach den Plänen Shah Jahans sowohl das Jenseits wie das Diesseits,

Um 1605 porträtiert ein Maler Shah Jahans Vater JAHANGIR: Da herrschen die Moguln bereits über zwei Drittel des Subkontinents und 100 Millionen Menschen

Vermutlich 20 Prozent seiner Einkünfte investiert der Großmogul jährlich in Monumente wie das Taj Mahal (hier von Norden) – Geld, das schon bald für den Bau von Festungen oder Versorgungsstraßen fehlt

sie teilt sich in einen Grabgarten mit Mausoleum und Moschee und einen weltlichen Bereich mit Basaren und Karawansereien.

Das von vier Minaretten umgebene Grabmal für die Kaiserin bildet den Mittelpunkt des Grabkomplexes; das himmlische Haus für Mumtaz Mahal steht auf einem Podest und ist als einziges Gebäude der Anlage ganz mit weißem Marmor verkleidet, während die Fassaden der übrigen Bauwerke in rotem Sandstein belassen werden.

Im Zentrum der Grabstätte soll die Kaiserin ihre letzte Ruhe finden, nach islamischer Tradition in nord-südlicher Richtung und mit dem Gesicht gen Mekka begraben.

Der Garten vor dem Mausoleum versinnbildlicht den Garten Eden: vier Kanäle für die vier paradiesischen Flüsse, wie sie der Koran beschreibt. Im Zentrum münden sie in ein Wasserbassin, angelehnt an das himmlische Becken, an dem die Gläubigen ihren Durst stillen, wenn sie ins Paradies einziehen. Ein reich verziertes Torhaus – Symbol für die Pforte, durch die Mohammed einst in den Garten Eden gelangte – trennt Grabgarten und Mausoleum von dem Bereich mit Basaren und Karawansereien, das Paradies vom Irdischen.

ANFANG 1632 beginnen Arbeiter, am Fluss Yamuna die Fundamente auszuheben. Eine komplizierte Aufgabe, denn das Mausoleum soll direkt am schlammigen Ufer stehen und dennoch vor den Überschwemmungen in der Monsunzeit geschützt sein. Bis unter die Grundwasserlinie treiben die Arbeiter tiefe Brunnen in den Boden und füllen sie mühsam mit Backsteinen und Mörtel aus Kalk und Sand.

Auf der stabilen Grundlage befestigen sie hohe steinerne Säulen und verbinden diese zu massiven Kreuzgewölben. Nach und nach entsteht so am Ufer eine 300 Meter breite und 110 Meter lange Sandsteinplattform, die das Gewicht der Tausende Tonnen schweren Gebäude tragen soll. Handwerker mauern darauf einen 96 mal 96 Meter großen und knapp sechs Meter hohen Sockel, der mit weißem Marmor verkleidet wird. Auf ihm soll das Grabmal stehen und so den gesamten Komplex überragen.

Bald schon arbeiten rund 5000 Menschen auf der Großbaustelle. Sie leben am Rand in einer eigenen kleinen Stadt, für die sie bald einen Namen finden: Mumtazabad.

Der Bau, staunt ein europäischer Reisender, gehe mit außergewöhnlichem Aufwand an Arbeit und Kosten voran. Gold und Silber würde man hier wie anderswo gewöhnliches Metall verwenden, Marmor wie herkömmliche Mauersteine.

Gespanne von 20 Wasserbüffeln und Ochsen ziehen Karren mit gewaltigen weißen Marmorblöcken aus dem 320 Kilometer entfernten Makrana herbei. Als der Bau sich langsam in die Höhe erhebt, ziehen Ochsen und Elefanten das Gestein mithilfe von Flaschenzügen aufwärts.

Millionen von Ziegeln für den Rohbau des Taj Mahal werden direkt an der Baustelle gebrannt. Aus ihnen besteht auch die gewaltige Kuppel, 44 Meter hoch und von 27 Meter Umfang, die größte Herausforderung für die Bauherren jener Zeit.

Schichtweise, Ziegel um Ziegel mauern die Arbeiter das Gewölbe, starker Mörtel aus Löschkalk, Sand und Wasser gibt dem Mauerwerk Stabilität. So entsteht Ring für Ring eine freitragende Konstruktion, die ohne Verstrebungen oder Stützpfeiler auskommt.

Das gewaltige Gewölbe wiegt mehr als 12 000 Tonnen – ein Gewicht, das auf die Seitenmauern des Taj Mahal abgeleitet wird. Und doch sind Perspektive und Krümmungen des massigen Bauwerks so exakt berechnet, dass es den Anschein hat, als würde es schweben.

Im Innenraum des Mausoleums umgeben gemäß den acht Himmeln des Korans acht Kammern den Hauptraum unter der Kuppel. Den weißen Marmor dieser Grabeshalle schmücken kunstvolle Inschriften aus Suren des Korans, die Wandverkleidungen zieren in Stein gehauene Vasen und die Randornamente Blumenmotive mit überhängenden Blättern. Wenn die Sonne durch die Marmorschirme an den Fenstern fällt, lässt das Schattenspiel die gemeißelten Tulpen und Lilien plastisch hervortreten.

Shah Jahans Arbeiter fertigen aus mehr als 40 verschiedenen Edelsteinarten Einlegearbeiten, die den Marmor schmücken. Das Taj Mahal, wird der Bischof von Kalkutta knapp 200 Jahre später sagen, wurde von Riesen gebaut und von Juwelieren vollendet.

In der Nacht des 6. Januar 1643 ist es so weit: Shah Jahan fährt auf der Yamuna vom Roten Fort zum Taj Mahal. Es ist der zwölfte Todestag seiner Frau (berechnet nach dem muslimischen Mondkalender); jetzt will der Herrscher um Mumtaz Mahal zum ersten Mal in ihrem neuen Grabmal weinen.

Als Shah Jahan 1657 schwer erkrankt, rüsten seine Söhne zum Nachfolgekampf. Der Drittälteste, AURANGZEB, setzt den Herrscher im Palast von Agra fest

Die Trauergäste schreiten durch die quadratisch angelegten Gärten, die vermutlich voller Rosen und Schwertlilien, Mango- und Orangenbäume sind, ziehen vorbei an den künstlichen Wasserläufen und einem Marmorbassin, bis sie schließlich vor dem Kuppelbau stehen. Über den schwärmt ein Zeitgenosse: „Das Auge der Sonne fließt über mit Tränen, wenn es das Taj Mahal sieht, sein Schatten ist wie das Mondlicht für die Erde."

Seide und Samt hängen an diesem Tag an den Wänden des Grabmals, dicke Teppiche auf dem Marmorboden dämpfen die Schritte, und goldene Kerzenleuchter sorgen für ein weiches Licht, das die strahlende Vollkommenheit der Verstorbenen untermalen soll.

Wie bei den vorherigen Trauerfeiern singen Geistliche vermutlich Gebete, auf dass die Seele der einstigen Kaiserin in den Gärten des Paradieses ihre Ruhe finden möge.

In der Mitte der Grabeshalle, hinter einer reich verzierten Sichtblende, steht ein mit Juwelen geschmückter Sarg aus weißem Marmor, über den der Großmogul ein Tuch aus Perlen hat legen lassen.

Doch der Sarkophag in der Halle ist nur ein Scheingrab: Tatsächlich liegt Mumtaz Mahal seit ihrem zweiten Todestag direkt darunter, in einem nahezu identischen Sarg in der unterirdischen Krypta. Niemand soll die Ruhe der Toten stören.

NUN, DA DAS MEISTERWERK nach elf Jahren Bauzeit weitgehend vollendet ist, plant Shah Jahan weitere, immer kühnere Projekte. In Agra lässt er eine Moschee aus weißem Marmor bauen. Und seit 1639 treibt ihn der Bau einer neuen Stadt bei Delhi um, die seinen Namen tragen soll: Shahjahanabad. Mit der Gründung seiner eigenen

Metropole will der Großmogul noch einmal seine Macht demonstrieren – und dem von heißen Winden und Überbevölkerung geplagten Agra entfliehen.

Als Shah Jahan am 18. April 1648 in seiner neuen Kapitale den Pfauenthron besteigt, scheint das Reich weitgehend befriedet und sein Hof beispiellos reich.

Doch die Kosten seiner architektonischen Vorhaben sind immens: Vermutlich wendet er bis zu 20 Prozent seines Haushalts allein für Prachtbauten auf. Und so bleibt immer weniger Geld für den Bau von Verteidigungsanlagen oder Versorgungsstraßen.

Die Aufwendungen für die Monumente leeren die Staatskasse, belasten die Untertanen mit Abgaben und lenken den Großmogul vom Regieren seines fragilen Riesenreiches ab, in dem Hungersnöte ausbrechen und regionale Fürsten sowie europäische Mächte immer mehr Einfluss gewinnen. Doch den Herrscher interessiert dies alles kaum noch.

Er stürzt sich in sexuelle Abenteuer, eine neue Hauptfrau hat er nach Mumtaz Mahals Tod nicht mehr gefunden. Ein europäischer Reisender notiert: „Das Einzige, was den Großmogul noch interessiert, besteht darin, Frauen zu finden, die seinen Lüsten dienen."

Längst lauern seine vier Söhne – so wie einst er – auf eine Gelegenheit, die Herrschaft zu übernehmen. Und es ist ihnen jedes Mittel recht, um dieses Ziel zu erreichen. Die Intrige beginnt am 16. September 1657, über den der Hofberichterstatter notiert: „Der Herrscher erkrankte ernsthaft an Verstopfung und Harnzwang."

Drei Tage lang kann Shah Jahan nicht Wasser lassen, ist unfähig, sich auf dem Balkon seinem Volk zu präsentieren – Auslöser der Symptome sind wahrscheinlich Aphrodisiaka, die der Monarch in Übermaßen geschluckt hat.

Die Lage scheint ernst, der Tod des Kaisers nah. Händler in Delhi schließen ihre Geschäfte, weil sie Aufstände befürchten.

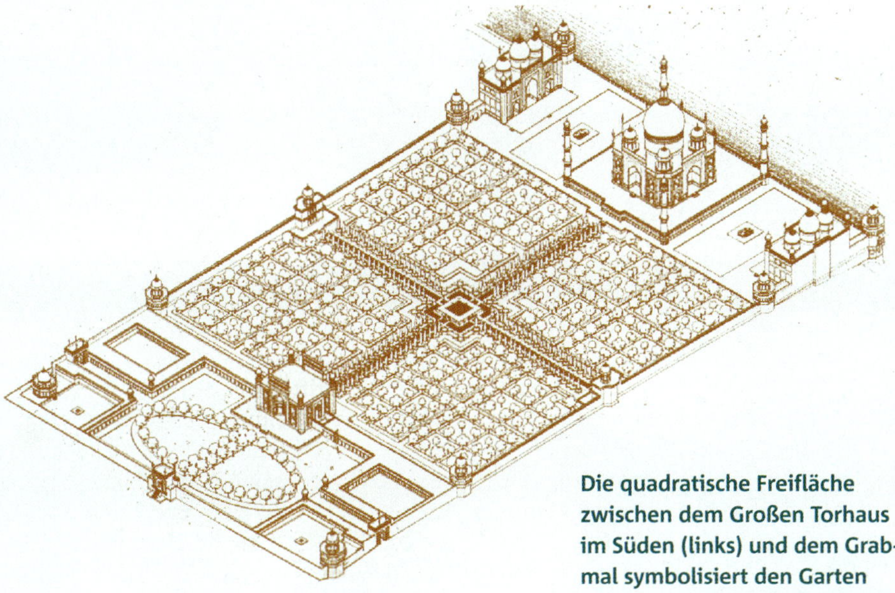

Die quadratische Freifläche zwischen dem Großen Torhaus im Süden (links) und dem Grabmal symbolisiert den Garten Eden, wie er im Koran beschrieben ist: Kanäle erinnern an die vier paradiesischen Flüsse, ein Bassin an jenes Becken im Himmel, an dem sich die Gläubigen nach ihrem Eingang in die Ewigkeit laben

Die Prinzen rüsten ihre Heere zum Kampf um den Thron. Und sie tragen ihn aus, obwohl der Herrscher bald wieder gesund ist. Nach einigen Monaten gewinnt Shah Jahans drittgeborener Sohn Aurangzeb in der Schlacht der Thronfolger die Oberhand.

Doch noch ehe er seine Brüder endgültig besiegt hat, zieht er mit seinem Heer gegen den eigenen Vater.

Der verschanzt sich im Roten Fort von Agra. Anfang Juni 1658 steht Aurangzeb mit einer Armee vor der Stadt. Drei Tage lang belagert er die alte Mogulresidenz, bis ihm sein Vater die Tore öffnet.

Von nun an ist der Großmogul ein Gefangener seines eigenen Sohnes, festgesetzt im Roten Fort, eingesperrt im eigenen Harem.

Und noch während Shah Jahan seinem Sohn Briefe voller Vorwürfe schreibt, macht sich Aurangzeb daran, seine Brüder aus dem Weg zu räumen. Einen lädt er in sein Zelt vor Agra ein, wo er ihn mit Wein betrunken macht, bis dieser einschläft. Später lässt er ihn, auf einem Elefanten gefesselt, in Gefangenschaft bringen und schließlich töten. Der älteste Bruder wird nach einem Scheinverfahren hingerichtet. Der dritte Bruder stirbt auf der Flucht.

Am 21. Juli 1658 erklärt sich Aurangzeb zum Herrscher des Imperiums.

Der abgesetzte Großmogul harrt jahrelang in seinem Palast aus, der ihm zum Gefängnis geworden ist. Von seinen Pavillons aus kann er das Bauwerk betrachten, dem er so viele Jahre seines Lebens gewidmet hat, das Taj Mahal.

IM JANUAR 1666, im achten Jahr seiner Gefangenschaft, erkrankt Shah Jahan an Fieber. Der 74-Jährige lässt sich in seinen letzten Stunden auf einen Balkon tragen, von wo er das Taj Mahal noch besser sehen kann.

Dort, in Kaschmirdecken gehüllt und die weinende älteste Tochter an seiner Seite, stirbt der einstige Herrscher am frühen Morgen des 22. Januar. Hastig wird er an jenem Ort beerdigt, der ihm in den vergangenen Jahren verboten war: Eine kleine Trauergesellschaft setzt ihn in einem weißen Marmorsarg neben dem Sarkophag seiner Frau im Taj Mahal bei.

So bleibt ausgerechnet dem ruhmsüchtigsten Bauherrn des Mogulzeitalters die größte architektonische Ehre versagt, die ein Herrscher erlangen kann: ein eigenes Grabmal. □

__Literatur:__ Ebba Koch, „The Complete Taj Mahal", Thames & Hudson: kenntnisreiche Analyse zur Architektur und Geschichte des Grabmals. Diana und Michael Preston, „A Teardrop on the Cheek of Time", Doubleday: der Alltag am Mogulhof unter Shah Jahan, kurzweilig erzählt.

Nicolas Büchse, 30, lebt als Journalist in Hamburg. Bei seinen Recherchen über das wohl bekannteste Monument Indiens und dessen Bauherrn hat ihn vor allem eines überrascht: wie stark die Frauen aus der Moguldynastie die Regierungsgeschäfte ihrer Männer vom Harem aus mitbestimmten.

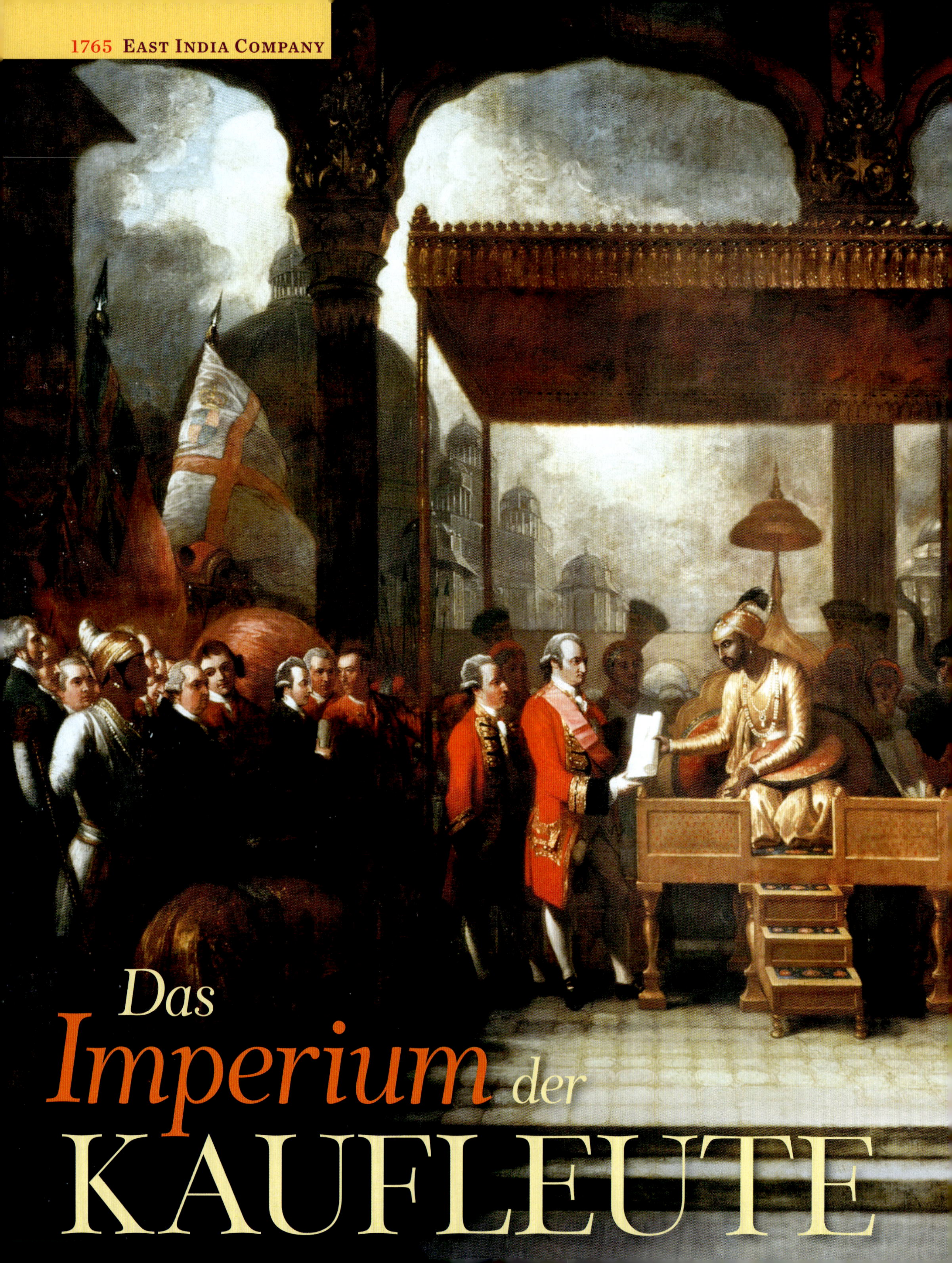

Das *Imperium* der KAUFLEUTE

Hilflos muss Großmogul Shah Alam II. mit ansehen, wie sein Reich zerbricht. Weil er die Provinz Bengalen nicht mehr kontrollieren kann, überlässt er 1765 Robert Clive (Mitte), einem Gouverneur der East India Company, das Recht, dort Steuern einzutreiben. Und so werden die Briten zu Territorialherren in Indien

Ausgestattet mit einem Freibrief der englischen Krone, unterwirft die von Londoner Kaufleuten gegründete East India Company gewaltige Gebiete in Indien; die Angestellten des Unternehmens raffen Reichtümer zusammen. Doch die Verwaltung ihres Landes überfordert die Firma – die einzige Aktiengesellschaft, die je ein Großreich beherrschte

VON GESA GOTTSCHALK

Die Geschichte der East India Company beginnt mit vier Schiffen. Und sie wird mit vielen Zehntausenden Soldaten enden, mit gedemütigten Herrschern und Millionen unterworfenen Menschen.

Die Firma wird rund 250 Jahre lang bestehen und in dieser Zeit ein Handelsnetz von China bis Nordamerika spannen. Sie wird Millionen Chinesen zu Drogensüchtigen machen und den Amerikanischen Unabhängigkeitskrieg auslösen. Sie wird den Anbau von Schlafmohn in Pakistan fördern und die Teepflanze nach Darjeeling bringen. Sie wird das Englische in der Welt verbreiten, ihre Kaufleute werden eines der größten stehenden Heere aufbauen, und als einzige Aktiengesellschaft in der Geschichte wird die Company ein Großreich erobern: Indien.

Das jedoch wird ihr Verhängnis sein.

Denn das Unternehmen wird zwar Finanzkrisen überleben, politische Intrigen und einen Bürgerkrieg. Aber nicht die Gier seiner Angestellten.

Diese Männer werden den Engländern das Chintz-Sofa bescheren, die Teepause und die Lloyd's-Versicherungsgesellschaft. Doch außer Kontrolle geraten, werden einige Spielertypen Gold, Silber und Land zusammenraffen, eine globale Kreditkrise herbeiführen und das Finanzsystem eines ganzen Königreichs gefährden. Die East India Company, die Mutter aller modernen Handelsgesellschaften, wird scheitern, weil sie sich eine Übernahme zu viel vornimmt, weil sie nichts kennt als den größtmöglichen Profit, weil sie für Dividende über Leichen geht.

Im Scheitern aber wird sie das British Empire in Asien begründen.

DABEI IST DIESES UNTERNEHMEN zunächst nicht mehr als der zögerliche Versuch einiger Londoner Kaufleute, am lukrativen Gewürzhandel mitzuverdienen. Seit dem frühen 16. Jahrhundert segeln Portugiesen und Spanier nach Ostindien und versorgen Europa mit Pfeffer, Nelken und Muskat von den Inseln Sumatra und Java, von den Molukken. Lange scheint England diesen seefahrenden Nationen unterlegen. Doch seit dem Sieg über die spanische Armada 1588 werden britische Kapitäne wagemutiger – und mit ihnen die Kaufleute.

Die Händler treibt zudem die Angst auf den Ozean: Denn 1597 bringen Niederländer Pfeffer aus Indonesien nach Europa. Schon bald könnten die Kaufleute in Amsterdam das Handelsmonopol für die teure Ware erringen.

1599 entschließen sich daher 218 Londoner Herren, ein finanzielles Abenteuer einzugehen: Sie sammeln rund 70 000 Pfund für eine Flotte, die zu den Gewürzinseln segeln und dort Pfeffer und Muskat aufkaufen soll. Die Investition ist gewaltig, und sie kann in Schiffbruch und Bankrott enden.

Doch die Gewinne sind zu verlockend: bis zu 32 000 Prozent bei Muskat.

Königin Elisabeth I. unterstützt die Kaufleute. Denn ein solches Unternehmen weitet den Einfluss der Krone aus, vergrößert die Handelsmarine. Und füllt gleichzeitig die Kriegskasse der Tudor-Dynastie mit Steuern und Zöllen.

Am 31. Dezember 1600 stellt Elisabeth deshalb eine königliche Satzung aus und verwandelt die Gruppe der Kaufleute in eine Rechtspersönlichkeit: „The Governor and Company of Merchants of London, Trading into the East Indies".

Diesen Handelsbrief kann die Königin jederzeit aufkündigen, mit dreijähriger Frist. Dafür erhalten die Kaufleute das Monopol auf jeglichen Handel östlich des Kaps der Guten Hoffnung bis zur Magellanstraße – sowie das Recht, Gold- und Silberbarren auszuführen, sonst nach englischem Gesetz streng verboten. Und zudem besondere Privilegien: Sie dürfen außerhalb Englands Geld prägen, Recht über ihre Angestellten sprechen – und Krieg führen.

JAMES LANCASTER
Der frühere Freibeuter kommandiert 1601 die erste Handelsflottille der Company

SECHS WOCHEN SPÄTER segeln vier Schiffe die Themse hinunter, dazu ein kleiner Versorger, der später mit leeren Frachträumen im Atlantik zurückgelassen werden soll. An Bord der Flotte: 480 Mann Besatzung und 110 Kanonen.

Kommandant James Lancaster gehört zu den wenigen Engländern, die bereits in ostindischen Gewässern gesegelt sind. Auf seiner letzten Reise in den Indischen Ozean hat er vor allem portugiesische Schiffe gekapert. Ein Abenteurer und Freibeuter – und der fähigste Mann für den Posten.

Lancasters Ziel ist das heutige Indonesien. Nach 16 Monaten erreicht er den Nordwesten der Insel Sumatra. Er lässt Pfeffer aufkaufen, während er die portugiesische „Santo Antonio" überfällt und plündert, ein Schiff, schwer beladen mit Waren aus Indien. In Bantam auf Java lässt er elf Mann zurück, um neue Waren für die nächste englische Flotte zusammenzukaufen. Im September 1603 liegen alle vier Schiffe wieder in England. Sie haben mehr als 500 Tonnen Pfefferkörner mitgebracht.

Jeden Winter schicken die Londoner Kaufleute von nun an Schiffe nach Bantam. In manchen Jahren bringen die Fahrten dreimal so viel Geld ein, wie investiert wurde.

Seit Jahrhunderten handeln die Völker Asiens miteinander; auf dem Markt von Bantam liegen die Stände der Chinesen neben jenen indischer Kaufleute aus Bengalen und Gujarat. Für die Asiaten sind die Engländer bloß die nächsten Fremden, die die Gier nach Gewürzen in den Indischen Ozean getrieben hat, kaum zu unterscheiden von Portugiesen, Spaniern und Niederländern.

Allerdings laden die Neuankömmlinge seltsame Waren aus ihren Frachträumen. Seit dem Mittelalter handeln die Engländer vor allem mit einem Gut: schweren Wollstoffen. Die sind in Europa gefragt, im tropischen Klima Asiens aber fast unverkäuflich. Schnell lernen die Agenten der Londoner Company of

Fort William in Kalkutta, vor dem englische Schiffe hier Salut feuern, ist eine der drei zentralen Niederlassungen der Company in Indien. 1690 gegründet, wird es im späten 18. Jahrhundert Sitz des Generalgouverneurs und damit Hauptstadt der britischen Besitzungen

Merchants von ihren Handelspartnern, was sich besser gegen Gewürze tauschen lässt – Baumwollstoffe aus Indien.

Auf dem Subkontinent aber sind bereits 100 Jahre zuvor die Portugiesen gelandet, haben Festungen und Umschlagplätze an den Küsten errichtet. Die indischen Herrscher schätzen die Pferde, welche die Portugiesen importieren. Vor allem aber hat es der Großmogul in Delhi auf das Silber abgesehen, das die Europäer heranschaffen – in Indien gibt es keine Silberbergwerke.

1608 macht erstmals ein Schiff der East India Company – wie die Londoner Firma meist genannt wird – in Surat fest, dem wichtigsten Hafen des Mogulreichs an der Westküste. Großmogul Jahangir aber weist die Neuankömmlinge ab: Er will die Portugiesen nicht brüskieren.

Doch die Kapitäne der Company demonstrieren, wer der starke Handelspartner der Zukunft ist: In zwei Seeschlachten vor Surat besiegen sie portugiesische Flotten. Zwar sind die Schiffe der Portugiesen größer und schneller, doch die der Engländer können rascher wenden, sind besser bemannt und schwerer bewaffnet.

Zugleich lassen die Engländer dem kunstliebenden Großmogul Gemälde zukommen, vor allem nackte Liebesgöttinnen und Cupidos. Elisabeths Nachfolger Jakob I. schickt einen Botschafter an den Hof nach Delhi, der wahrscheinlich einen ähnlichen Brief bei sich trägt wie Kommandant Lancaster mehr als ein Jahrzehnt zuvor. Darin hatte die Königin geschrieben: „Der allmächtige Gott hat in seiner unergründlichen Weisheit manches in dem einen Land geschaffen und manches in dem anderen, damit ein Land das andere benötige und Männer weit entfernter Länder Handel miteinander treiben und durch den Austausch von Waren in Freundschaft miteinander verbunden sind."

Größere Pläne hat die englische Krone mit dem Subkontinent nicht: Anders als Nordamerika betrachten die Europäer Indien nicht als zu kolonisierendes, weitgehend menschenleeres Land, sondern als Absatzmarkt und Handelspartner mit souveränen Herrschern. Zudem verfügt die Krone gar nicht über ein Heer, mit dem sie weite Landstriche erobern und dauerhaft besetzen könnte.

Die Kombination aus Machtdemonstration, Großzügigkeit und Schmeichelei wirkt: Der Großmogul gestattet den Fremden, sich in Surat niederzulassen.

Die East India Company ist in Indien angekommen.

BALD SCHON BEHERRSCHEN die Engländer einen ausgeklügelten Kreislauf, der den Nachschub mit Silber garantiert: Das Edelmetall, das aus Mittelamerika stammt, kaufen sie in Amsterdam ein und exportieren es nach Indien, wo sie Baumwollstoffe einkaufen. Die tauschen sie in Indonesien gegen Pfeffer. Auf der

Die Muskatnuss gilt als das »Gold Indiens«

Die Segler der East India Company, wie hier die »Edinburgh«, die 1825 in den Londoner Docks vom Stapel läuft, sind größer als die meisten Schiffe der britischen Handelsmarine: schwer bewaffnete, bis zu 45 Meter lange und zwölf Meter breite Dreimaster

Rückfahrt laden sie in Surat Baumwollstoffe sowie Indigo und Salpeter und schaffen sie mit den Gewürzen nach England. Einen Großteil der Ware verkaufen sie dann weiter nach Osteuropa, Afrika und Nordamerika. Mit den Erlösen erwerben sie erneut Edelmetall.

Nie zuvor haben englische Händler ein derart komplexes System entwickelt. Zwei Jahrzehnte nach ihrer Gründung segeln bereits 2500 Seeleute für die Company, halten 500 Schiffszimmerleute die bauchigen Ostindienfahrer in Schuss.

Doch wo immer die Engländer hinkommen – die 1602 gegründete „Vereenigde Oost-Indische Compagnie“ ist schon da. Die Niederländer haben mehr Geld, mehr Männer, mehr Festungen.

Aus China bringt die EIC die Teepflanze nach Indien

Die Angestellten der East India Company dienen ihrem Arbeitgeber, nicht dem König. Ihr Ziel ist nicht Macht – sondern Gewinn. Die Niederländer dagegen wollen ihre junge Nation groß machen. Sie sind entschlossen, die anderen Europäer aus dem Gewürzhandel mit Indonesien zu vertreiben.

Auf dem Weg nach Asien halten Engländer und Niederländer oft zusammen, tauschen Nachrichten und Proviant, manchmal segeln sie sogar im Konvoi. In Ostindien angekommen, sind die beiden Gesellschaften jedoch erbitterte Rivalen: kapern gegnerische Schiffe, brandschatzen Faktoreien des Konkurrenten.

1623 foltern und töten die Niederländer zehn englische Handelsagenten auf der Molukkeninsel Ambon. Die Company verlässt daraufhin fast alle ihre Faktoreien auf den Gewürzinseln und zieht sich nach Indien zurück. Ohnehin fallen die Preise für Pfeffer, weil zu viel davon nach Europa gebracht worden ist.

Doch im Lauf des 17. Jahrhunderts werden Stoffe aus Indien in Europa immer beliebter: Die Damen der englischen Oberschicht tragen feine Seide und hauchdünnen Musselin. Bürger sitzen im indischen Salon auf mit Chintz bezogenen Möbeln und ziehen die neuen, bunten Baumwollstoffe der schweren Wollkleidung vor, die sie jahrhundertelang getragen haben. Auch Bettwäsche, Servietten und Tischdecken lassen sie nicht länger nur aus Leinen nähen.

Wer in Zukunft hohe Gewinne machen will, muss also indische Stoffe aufkaufen. Die EIC importiert in den folgenden Jahrzehnten zunehmend Ballen, bis die Tuche vom Subkontinent mehr als die Hälfte der Fracht ausmachen.

NICHT NUR DEN ALLTAG der Engländer verändert die Company, sondern auch die Finanzwelt: Das Handelsunternehmen ist eine der ersten Aktiengesellschaften im Königreich.

Denn das seit dem Mittelalter übliche Geschäftsmodell, bei dem Kaufleute sich nur für eine einzige Reise zusammenschließen, wird Unternehmen wie der EIC nicht mehr gerecht. Ihre Geschäfte umspannen die Welt; während eine Flotte auf dem Weg nach Asien ist, muss bereits die nächste ausgerüstet werden.

Deshalb verkauft die Company ihre unbefristeten Anleihen nicht nur an Kaufleute: Etwa 2000 Engländer und Kontinentaleuropäer halten bald Aktien an der Gesellschaft, vom Dienstmädchen bis zu Mitgliedern der königlichen Familie. So erhöht sich das Kapital der Firma – während das Risiko für den einzelnen Investor sinkt.

Einmal im Jahr schüttet die Company eine Dividende aus. Jeder, der mindestens 500 Pfund investiert hat, darf zudem abstimmen auf den vierteljährlichen Zusammenkünften und der Jahreshauptversammlung im April.

Dort wählen die Aktionäre die Direktoren: 24 Männer, die mindestens 2000 Pfund in Anleihen besitzen. Jeder gehört zu einem der zehn Komitees, die die praktische Organisation übernehmen, von der Ausrüstung der Schiffe bis zum Betrieb des firmeneigenen Schlachthauses, wo das Pökelfleisch für die Seeleute zubereitet wird.

Einige Abteilungen sind besonders wichtig: *Correspondence* etwa, die den Briefverkehr mit den Niederlassungen regelt, *Treasury*, die Silber aufkauft und Dividenden ausschüttet, sowie die *Accounts*, berühmt für ihre Buchführung.

Die Direktoren lassen Handelsstationen in Asien bauen, kaufen auch Grundstücke in London. Das East India House in der Leadenhall Street wird bald zum Symbol der Company. Die Statue eines Seemanns krönt den Giebel, den ein Gemälde von Ostindienfahrern mit geblähten Segeln schmückt. An der Fassade prangt das britische Staatswappen.

In der Leadenhall Street werden zunächst auch die Aktien der Firma verkauft. Doch bald versammeln sich Männer in Jonathan's Kaffeehaus in der Exchange Alley, um Anteile an der East India Company zu handeln – aus diesen Zusammenkünften wird später die Londoner Börse hervorgehen.

Und ein anderes Café wird sich zum größten Schiffsversicherer der Welt entwickeln: Lloyd's, wo die Neuigkeiten von frisch zurückgekehrten Ostindienfahrern meist zuerst eintreffen.

Jeden Herbst laufen die Schiffe der Company in London ein. Von Bord karren Schauermänner die Waren in die Lagerhäuser hinter dem East India House. Alle drei Monate lassen die Direktoren einen Teil der Vorräte versteigern.

Ein solcher Verkauf kann sieben Tage dauern, in jeder Sitzung widmet sich der Auktionator einer Sorte Waren und ruft sie so lange aus, wie eine 2,5 Zentimeter hohe Kerze braucht, um niederzubrennen. Die Bieter schreien derart laut, dass Passanten sie durch die Steinmauern des East India House hören können.

Um 1700 importiert die EIC jährlich Waren im Wert von 400 000 Pfund. Die Aktionäre können mit einer Dividende von acht Prozent rechnen, die Aktie gilt als sichere Anlage.

Und sie ist zum Maßstab geworden: Politiker und Kaufleute verfolgen ihren Kurs, um abzulesen, wie es der englischen Wirtschaft geht.

Das Unternehmen hat alle Tiefen der ersten 100 Jahre seines Bestehens überstanden: den englischen Bürgerkrieg und einen kurzzeitigen Verlust seines von der Krone verbrieften Handelsmonopols. Auch ein ab 1700 geltendes Einfuhrverbot für bunte Baumwollstoffe aus Indien, mit dem die Regierung einheimische Handwerker schützen will, beschädigt ihr Geschäft nicht, denn die EIC importiert daraufhin weißes Gewebe, das in England gefärbt wird.

Nicht einmal 200 Männer verwalten im Stammhaus die Geschicke der Company. Mindestens 20 Schiffe sind zu jeder Zeit in ihrem Auftrag auf den Meeren unterwegs, durchschnittlich 13 Reisen finanziert die Gesellschaft jedes Jahr.

ROBERT CLIVE
Der Sohn eines Kleinadeligen erobert im Namen der Company Bengalen

Lange schon baut die Company ihre Ostindienfahrer nicht mehr selbst, sondern mietet sie von Investoren. Die Frachtschiffe sind größer als alles, was sonst für die englische Handelsmarine segelt: Während die Amerikafahrer nicht mehr als 200 Tonnen fassen, rüstet die East India Company meist Schiffe von 300 bis 700 Tonnen aus.

Die mächtigen Dreimaster halten, wenn sie nicht vorher verunglücken, acht bis zehn Jahre und machen in dieser Zeit vier Reisen nach Asien. Die meisten der schwer bewaffneten Segler laufen die Ostküste Indiens an, andere die Westküste, zwei oder drei China und je eines das Rote Meer und Persien.

An Bord: Briefe der Direktoren an ihre Vertreter in den Faktoreien – detaillierte Bestellungen, in denen Preis, Menge, Qualität festgelegt sind, die Art der Verpackung.

Die Botschaften für Indien liefern die Kapitäne in drei Siedlungen ab, die Vertreter der Company gegründet haben. Es sind bescheidene Faktoreien der Firma mit jeweils einem Gouverneur, werden aber einmal die größten Städte des Subkontinents sein: Bombay im Westen, Kalkutta im Gangesdelta und Madras im Südosten (siehe Karte Seite 158).

Bombay ist auf einer schmalen Halbinsel entstanden, Mitgift der portugiesischen Prinzessin Katharina an König Karl II. und weitervermietet an die Company für den symbolischen Preis von zehn Pfund, zu zahlen in Gold am 30. September eines jeden Jahres.

Kalkutta hat der Großmogul der Company überlassen: eine Siedlung am Flussufer eines Mündungsarms des Ganges, umgeben von moskitoverseuchten Sümpfen und für große Schiffe nur schwer anzulaufen.

Keine Niederlassung aber scheint weniger geeignet als Madras an der Coromandel-Küste: Ein Handelsagent hat das Dorf Madraspatnam 1639 dem lokalen Kleinfürsten abgehandelt. An diese drei Quadratmeilen Strand schlägt die heftigste Brandung der gesamten Küste, sie wird bei Regen von der landeinwärts gelegenen Lagune überflutet – und die nächste Festung der Portugiesen liegt nur wenige Minuten entfernt. Ebendies war wahrscheinlich der Grund für die merkwürdige Wahl: In der Anlage lebte die Geliebte des Kaufmanns.

Doch innerhalb weniger Jahre haben die Männer der Company an diesem unwirtlichen Ort ein Fort gebaut, sind Weber, Kaufleute, Diener, Geldverleiher und Prostituierte nach Madras gezogen.

Im Juni 1744 geht ein Schiff der Company an der Coromandel-Küste vor Anker. Ein junger Mann blickt auf Madras, der die Geschicke der Company für immer verändern wird: Robert Clive.

Er sieht als Erstes die Festung St. George, die sich wie eine Sandburg auf dem Strand erhebt, überragt vom dreistöckigen Haus des Gouverneurs und dem Kirchturm von St. Mary's. Weil eine Sandbank den Weg ans Ufer versperrt, muss sich Clive in einem kleinen Boot übersetzen lassen, kommt durchgeschüttelt und nass am Strand an.

Der Mann ist weit weg von seiner Heimat Shropshire und dem väterlichen Landgut.

Mit einer Bürgschaft von 500 Pfund und der Empfehlung eines der Direktoren ist er in den Dienst der Company getreten, und wie alle fängt er als Schreiber an, ganz unten in der Hierarchie.

Seine Vorgesetzten werden zunächst nichts Ungewöhnliches an ihm finden, er ist ein junger Mann wie Hunderte andere, die für die Company ans östliche Ende der Welt segeln.

Erzählt ihnen der 19-Jährige, von wie vielen Schulen er relegiert worden ist? Dass er, eines von 13 Kindern, dessen adeliger Vater als Anwalt arbeitet, Ladenbesitzer in seinem Heimatdorf um Schutzgeld erpresste, bis ihn seine Familie aus Verzweiflung auf ein Schiff nach Indien schickte?

Oder will er sich neu erfinden – hier, wo Männer entweder gemacht oder vernichtet werden? Die Hälfte der Angestellten in Asien stirbt bei Schiffbrüchen, an Malaria, an Typhus oder Cholera. Viele halten die feuchte Hitze nur ein oder zwei Monsune lang aus.

Wenige Glückliche aber werden unermesslich reich.

Sicher hat Clive von Elihu Yale gehört: Als 23-Jähriger kam der in Neuengland geborene Brite nach Madras, mit 38 Jahren war er Gouverneur, und 1699 kehrte er nach England zurück, nach modernen Maßstäben ein Multimillionär. (Einen Teil seines Vermögens spendete Yale einem College in Neuengland, das nach ihm benannt wurde.)

Clive lebt nun in einer Stadt, in der 80 000 Inder wohnen und einige Hundert Europäer. Wahrscheinlich ist er manisch-depressiv, auf jeden Fall aber hat er Heimweh, versucht, Selbstmord zu begehen, und fällt seinen Vorgesetzten vor allem dadurch auf, dass er Regeln bricht.

Seine Arbeit in Madras muss ihn langweilen. Vielleicht hält er sich, wie viele Kollegen, eine *bibi*, eine einheimische Geliebte. Die Angestellten der Company nennen die Bibis „Schlaf-Wörterbücher", denn die Frauen bieten die schnellste und angenehmste Art, die Landessprache zu lernen. Verhältnisse und Ehen zwischen Briten und Inderinnen sind zu dieser Zeit noch geduldet, Kinder aus den Beziehungen erhalten von der Company Taufgeschenke.

Regelmäßig kommen aber auch „Angelflotten" an, mit englischen Frauen für die Angestellten. Sie werden von ihren Brüdern, Onkeln oder Cousins eingeladen als gute Partie für einen Kollegen. Den Frauen bleiben 40 Tage, einen Mann zu finden. Danach, so sagt man, ist ihr Teint bereits zu sonnenverbrannt. Doch meist sind die Bräute schnell vergeben. Auch Clive wird in Madras die Schwester eines Freundes heiraten.

Neben Frauen bleibt den Männern nur das Trinken: Ein Drittel der Krankheiten bei Angestellten der Company sind alkoholbedingt. Die Schreiber der EIC drängen sich in den Punsch-Hallen der Stadt. Neben dem Heißgetränk gibt es Arrak aus Reis oder fermentierten Palmsaft. Wiederholt beschweren sich die Direktoren in London über die hohen Rechnungen für Getränke am Tisch des Gouverneurs von Fort St. George.

„Jeder von Ihnen sollte rot werden bei dem Gedanken, 30 Rupien für ein Dutzend englische Biere auszugeben", haben die Herren der Leadenhall Street schon eine Generation zuvor nach Madras geschrieben. „Wenn Sie Alkohol zu solchen Preisen haben müssen, befriedigen Sie Ihren Gaumen bitte auf Ihre, nicht auf unsere Kosten."

Doch auf die Trunksucht ihrer Angestellten haben die Direktoren ebenso wenig Einfluss wie auf deren Geschäfte.

Clive beobachtet, wie der Gouverneur von Madras die Bestellungen aus London erfüllt, wie er sich einmal pro Woche mit seinem Rat aus erfahrenen Kaufleuten zusammensetzt. Der junge Schreiber kopiert anfangs vermutlich Briefe an die Madras unterstellten Faktoreien, vielleicht auch die Verträge, die die Engländer mit indischen Maklern sowie mit Zwischenhändlern abschließen.

Und schnell wird er verstehen, wie Elihu Yale an sein Vermögen gekommen ist; wie jeder geschickte Mann an Indien verdient.

Robert Clive erhält nur 20 Pfund Gehalt im Jahr, genug zum Leben. Doch sicher führt er bald zwei Bücher: eines für seinen Arbeitgeber – und eines für seine Privatgeschäfte. Das machen alle so, geduldet von der EIC.

Auf eigene Rechnung handeln sie mit jenen Händlern, die auch Geschäfte mit der Company machen (und nicht immer trennen sie die Bücher dabei säuberlich). Führende Angestellte kaufen Schiffe und lassen sie nach Osten bis Südchina segeln, nach Westen in den Persischen Golf bis Basra. Die Häfen der EIC werden zu den wichtigsten Umschlagplätzen für Waren in ganz Asien.

Doch wer wirklich reich werden will, begnügt sich nicht mit legalen Geschäften: Die Agenten der Firma nehmen von indischen Kaufleuten Geschenke und Geld an – für Aufträge und Gefälligkeiten. So lassen sie die Güter einheimischer Händler unter eigenem Namen transportieren, weil ihre Kunden auf

Gewürze wie Pfeffer locken die Europäer nach Asien

Am 23. Juni 1757 schlagen Truppen der EIC unter Robert Clive (M.) die bengalische Armee – ohne große Mühe. Denn der General Mir Jafar, der sich hier vor dem Sieger verbeugt, überredet seine Soldaten, nicht zu kämpfen. Dafür hat ihm Clive den Thron von Bengalen versprochen

diese Weise Zölle und Gebühren sparen. Bald beherrschen die britischen Schiffe den indischen Handelsverkehr.

Robert Clive hat Zeit, die Korruption und die Geschäfte in Madras zu durchschauen. Aber es bleibt ihm keine, um selbst reich zu werden.

EIN EUROPÄISCHER KONFLIKT erreicht die Ostküste Indiens: der Österreichische Erbfolgekrieg. Darin stehen sich seit 1740 unter anderem auch England (ab 1742 auf Seiten Österreichs) und Frankreich (auf Seiten Preußens) gegenüber. Beide Länder treiben Handel in Indien: Die französische „Compagnie des Indes" wird seit einigen Jahrzehnten immer stärker und verdirbt die Preise, da sie selbst jene Stoffe kauft, die Briten und Niederländer zurückweisen.

1746 landet eine französische Flotte mit 2000 Soldaten in Madras und erobert die Stadt innerhalb weniger Tage. Viele Engländer flüchten ins 160 Kilometer weiter südlich gelegene Fort St. David – auch Robert Clive.

Und hier bietet sich ihm endlich die Chance auf Ruhm: Als Fähnrich tritt er in die Truppe der Company ein, die im Verlauf dieses Konfliktes rapide wächst. Waren bisher nur einige Hundert Bewaffnete in jeder Garnison stationiert, stellt der Kommandant in St. David nun 2000 einheimische Söldner ein. Hinzu kommen 4000 Europäer. Gemeinsam halten sie das Fort.

1748 schließen England und Frankreich Frieden, Madras wird an die Engländer zurückgegeben. Robert Clive erhält dort den gut bezahlten Posten des Proviantmeisters und verdient zusätzlich als selbstständiger Kaufmann.

Doch die Konkurrenz zwischen der East India Company und der französischen Compagnie des Indes ist nicht gelöst. Beide Seiten haben aufgerüstet, in einem Nebengefecht haben die Franzosen zudem einem indischen Fürsten bewiesen, dass eine moderne europäische Infanterie auch mit einer indischen Übermacht fertig wird.

Die Feuerkraft der Europäer ist nun eine wertvolle Ware, und beide Unternehmen tragen ihren Konflikt fortan über Stellvertreter aus. Mit firmeneigenen Truppen unterstützen sie rivalisierende Anwärter auf den Thron des Nawab, der als Statthalter des Mogulkaisers die südindische Provinz Arcot regiert, das Hinterland von Madras.

In den folgenden Jahren leitet Robert Clive waghalsige Angriffe auf dem Schlachtfeld, verteidigt das Fort von Arcot und verhilft dem Kandidaten der Engländer zum Sieg – gegen die eigentlich überlegene Armee der Franzosen.

Mit einem kleinen Vermögen reist Robert Clive 1753 wieder nach England. Von der EIC erhält er zum Dank ein mit Diamanten besetztes Schwert. Clive ist 28 Jahre alt und ein Kriegsheld.

DIE EINST MÄCHTIGSTE Herrscherdynastie Indiens aber muss hilflos zusehen, wie sich die europäischen Händler zu unabhängigen Kriegsherren aufschwingen: Die Mogulkaiser in Delhi verlieren rapide an Macht, ihr Reich kollabiert.

Die Großmoguln, die um 1700 den gesamten Subkontinent bis auf die südliche Spitze regierten, gründeten ihre Herrschaft auf ein ausgeklügeltes Steuersystem (siehe Seite 48). Doch nun können sie ihre Ansprüche nicht mehr militärisch durchsetzen. Mehrmals wird Delhi von fremden Heerführern erobert und geplündert.

Immer mehr ihrer Provinzstatthalter verhalten sich wie unabhängige Herrscher, nur formal erkennen sie den Großmogul weiterhin als Oberherrn an.

So schickt etwa der Nawab von Bengalen eher unregelmäßig Tribut nach Delhi. Nach und nach entgleitet ausgerechnet diese Provinz mit ihren besonders hohen Steuereinnahmen dem Einfluss der Mogulkaiser: die Kornkammer Indiens, in der die Engländer ihre wichtigste Handelsniederlassung haben.

„PARADIES AUF ERDEN“ nennen Zeitgenossen Bengalen. Die Bauern im Gangesdelta bauen Reis an, der in ganz Indien verkauft wird, ernten Zuckerrohr und Senfkörner, aus denen Öl gewonnen wird. Arbeiter sieden in Dampfkesseln Salz an der Küste. Und die feinsten Musselingespinste stammen aus bengalischen Färbereien und Webereien.

Unweit der Küste, am Fluss Hugli, liegt Kalkutta. Die dort 1690 gegründete englische Festung ist von Lagerhäusern, Büros, Kirchen und Wohnungen für die rund 70 zivilen Angestellten der Company umgeben.

Baumwolle ist lange das wichtigste Handelsgut der EIC

Wer reich werden will, begnügt sich nicht mit legalen Geschäften

Im April 1756 besteigt der junge Siraj-ud-Daula den Thron des Nawab von Bengalen. Wie schon seinen Vorgänger macht ihn das militärische Gebaren der Engländer misstrauisch, die ihr Fort immer weiter ausbauen.

Wozu brauchen die Kaufleute derart dicke Mauern und eine eigene Armee? Wollen sie etwa, wie in Arcot, einen eigenen Kandidaten auf den Thron bringen?

Wenige Wochen nach seinem Herrschaftsantritt erobert der Nawab mit seinen Truppen die Stadt. Die Briten evakuieren per Schiff viele Frauen und Kinder, auch Männer fliehen. Rund 200 Verteidiger müssen sich dem Nawab schließlich ergeben.

„Ganz London bestürzt“, titeln die Zeitungen, als die Nachricht von Kalkuttas Fall England erreicht. Die Direktoren aber bleiben ruhig: Warenhäuser und Schatztruhen waren leer, und die Rückeroberung wird bereits vorbereitet.

Ein halbes Jahr nach dem Verlust Kalkuttas kehren die Engländer zurück. An ihrer Spitze: Robert Clive.

Wie andere Heimkehrer hat Clive in England mit seinem Geld geprasst, ein eitler, extravaganter Emporkömmling. Die Engländer nennen diese Parvenüs, die sich mit orientalischem Geld bei den englischen Lords einkaufen wollen, *nabobs* – eine Verfälschung von Nawab.

Seine Heimat musste ihm zu eng scheinen nach seinen märchenhaften Triumphen: Bei der ersten Gelegenheit ist Robert Clive wieder nach Indien gesegelt. Als Gouverneur einer Festung südlich von Madras und Oberstleutnant der königlichen Truppen soll er gemeinsam mit dem Admiral Charles Watson gegen die Franzosen kämpfen.

Stattdessen entsendet der Rat der Company in Madras die Streitkräfte nach Bengalen. Im Februar 1757 erobern sie Kalkutta zurück. Die indischen Bewohner der Stadt begrüßen ihre alten Herren.

Der wichtigste Handelsposten ist wieder in britischer Hand, doch Robert Clive will mehr für England und die EIC erreichen. Er überzeugt die Kaufleute der Company sowie Admiral Watson, dem Nawab den Krieg zu erklären. Zugleich verbündet er sich mit Verrätern am Hof Siraj-ud-Daulas.

Am 23. Juni 1757 treffen Truppen des Nawabs bei dem Dorf Plassey auf Clives Soldaten: 50 000 Bengalen gegen 3000 Kämpfer der Briten, zwei Drittel davon indische Söldner.

DIE SCHLACHT VON PLASSEY gleicht mehr einem Scharmützel. Denn Mir Jafar, des Nawabs wichtigster General, beteiligt sich mit seinen Truppen nicht am Kampf: Clive hat ihm den Thron versprochen, wenn er stillhält.

Die Briten siegen, der fliehende Nawab wird ermordet und Mir Jafar als neuer Fürst eingesetzt – eine Marionette der East India Company: Der General hat den Engländern für ihre Hilfe Geschenke im Wert von 2,5 Millionen Pfund versprochen.

Gemäß dieser Absprache füllt Robert Clive mehr als 100 Boote mit Gold und Silber aus der Schatzkammer des Nawab und sendet sie einen Fluss hinab nach Kalkutta. Doch der Schatz ergibt nur 1,5 Millionen Pfund, und so steht Mir Jafar weiterhin in der Schuld der Engländer.

„Es wird wenig oder keine Schwierigkeiten bereiten, diese reichen Königreiche vollkommen in Besitz zu nehmen“, schreibt Clive in einem Brief in die Heimat. Die Company erhält vom Nawab einen großen Landstrich zwischen Kalkutta und dem Meer zur eigenen Verfügung.

Zudem bietet der amtierende Mogulkaiser in Delhi – der Gegenspieler des Nawab von Bengalen – den Engländern nun die *diwani* für Bengalen an: das Recht also, dort Steuern einzutreiben.

Wahrscheinlich erhofft sich der Großmogul, durch dieses Angebot von den Europäern wenigstens jenen Anteil zu bekommen, den ihm Bengalens Nawabs kaum mehr zahlen.

Clive überstellt die Offerte nach London. Doch der englische Außenminister lehnt ab – denn juristisch würde die Diwani König Georg III. zum Lehnsmann des Großmoguls machen.

Doch vor allem fürchtet das britische Parlament um seine Macht über den Monarchen: Einen König, der persönlich über die Einnahmen aus Bengalen verfügen würde, könnten die Abgeordneten nicht mehr kontrollieren.

Sieben Jahre lang beutet die Company, vom Nawab ungehindert, Bengalen aus. Niederländern und Franzosen wird der Handel unmöglich gemacht. Nun sind es ausschließlich britische Kaufleute, die aus Schlafmohn gewonnenes bengalisches Opium nach Südostasien und China verschiffen.

Weil der chinesische Kaiser den Import der Droge verboten hat, schmuggeln die Angestellten der Company die Ware auf eigene Rechnung ein – mit gewaltigen Gewinnen.

Dann versucht eine Koalition indischer Machthaber in einer großen Schlacht, die Briten aus Bengalen zu vertreiben – erfolglos.

1765 tritt Robert Clive sein Amt als neuer Gouverneur der EIC von Bengalen an. Kurz darauf gelingt es ihm, die Diwani doch noch anzunehmen – jetzt aber für die East India Company. Dieser Regelung, die den König außen vor hält, hat London zugestimmt.

Die 24 Direktoren der EIC verwalten nun zehn Millionen Steuerzahler.

DER NAWAB wird zum Pensionär der Briten degradiert, nur auf dem Papier noch zuständig für islamische Rechtsprechung, öffentliche Ordnung und Verteidigung. In Wirklichkeit sind es Truppen der Company, die fortan gegen Aufständische kämpfen und renitente Grundbesitzer zwingen, ihre Steuern zu zahlen.

Die Direktoren in London gründen neue Büros, schaffen neue Funktionen, stellen viele neue Männer ein. Angestellte des Unternehmens besetzen bald alle wichtigen Positionen in der Steuerbehörde der Provinz. Und zwei Kontrollkommissionen übernehmen die Arbeit der Minister des Nawab.

Doch die Company bleibt ein Wirtschaftsunternehmen; den Staat kann und will sie nicht ersetzen – was sich schon bald auf grausame Weise zeigt.

Im Sommer 1769 bleibt der Monsun aus. Die Dürre dauert fast ein Jahr, Hunderttausende Bengalen sterben, mindestens ein Drittel der Menschen im Gangesdelta. Anders als früher der Nawab haben die Briten keine Vorräte für solche Fälle angelegt, kaufen auch jetzt kein Getreide, um es kostenlos zu verteilen.

Im Gegenteil: Die Angestellten der Company nutzen die Chance auf schnellen Reichtum. Der Preis für Reis vervierzigfacht sich nahezu, und einer der jungen Agenten verdient an der Not allein 60 000 Pfund.

Während Menschen in den Straßen von Kalkutta verhungern, treibt die Company weiterhin Steuern ein. Und meldet an die Zentrale in London: Man habe die Einnahmen trotz der widrigen Umstände erhöhen können.

Ebenso skrupellos geht die Firma gegen die Konkurrenz vor. Selbst der Binnenhandel wird nun zum Monopol der Company-Mitarbeiter, die indischen Kaufleute verlieren ihre Einkünfte.

Die Briten verbieten unter anderem den Webern, für andere Händler zu arbeiten, ehe sie nicht ihre Verpflichtungen gegenüber der Company erfüllt haben. Sie setzen Preise fest, die zumeist so niedrig sind, dass die Tuchmacher kaum das benötigte Rohmaterial bezahlen können.

Als verarmte bengalische Handwerker eine Delegation nach Kalkutta senden, um gegen die Ausbeutung zu protestieren, verfügt der Gouverneursrat zwar, die Löhne zu erhöhen. Doch der EIC-Vertreter vor Ort ignoriert die Order. Mehr noch: Er droht, die Weber zu verhaften, wenn sie ihren Widerstand nicht aufgeben.

Selbst wenn sich in London jemand an diesen Praktiken stören sollte – die Direktoren sind eine Jahresreise entfernt. Wenn ihre Briefe endlich in Indien ankommen, haben die Gouverneure längst gehandelt.

Das war vorteilhaft, als es darum ging, vor Ort den Gewinn zu maximieren. Nun aber sollen die Herren der Leadenhall Street einen Staat am anderen Ende der Welt regieren: Bengalen. Einen Staat, den ihnen Robert Clive vor die Füße gelegt hat und den die meisten von ihnen nur aus Erzählungen kennen.

Die Korruption unter ihren Angestellten in Indien nimmt zu. Längst lassen sich die Engländer nicht mehr nur von indischen Kaufleuten bestechen: Mit Geschenken halten sich auch die Herrscher in den Einflussgebieten der Engländer die Company und deren Soldaten gewogen.

Nirgendwo gehen die Kaufleute schamloser vor als in Madras. Der Nawab der angrenzenden Provinz Arcot, Mohammed Ali, verdankt den Engländern ja seinen Thron. Und steht bald noch tiefer in ihrer Schuld: In den späten 1760er Jahren hat jeder Engländer in Madras dem Herrscher Geld geliehen, zu Wucherzinsen.

> Die Engländer in Indien ignorieren die Anweisungen aus London

Der Nawab ist gleichzeitig hoffnungslos verschuldet und die beste Investition in der Stadt. Denn der Herrscher hält seine Gläubiger mit Geschenken ruhig (für die er anderswo neues Geld borgt) und überträgt ihnen häufig die Steuerrechte an Dörfern oder ganzen Regionen. Mit EIC-Truppen unternimmt er Raubzüge in die umliegenden Fürstentümer und teilt die Beute mit den Briten.

Angestellte der Company kehren nach wenigen Jahren in Madras als reiche Männer nach London zurück. Und einige werden selbst in England noch vom Nawab bezahlt – gegen das Versprechen, ihn in politischen Kreisen in der Hauptstadt zu vertreten.

Vergebens versuchen die Direktoren in der Leadenhall Street, das Verhalten ihrer Angestellten zu kontrollieren: Eine Untersuchungskommission, die die Londoner nach Madras schicken, ertrinkt bei einem Schiffsunglück vor dem Kap der Guten Hoffnung.

Zu allem Überfluss entpuppt sich auch das von Robert Clive erkämpfte Steuereintreibungsrecht in Bengalen als schlechtes Geschäft. Statt der fantastischen Gewinne, die er seinen Vorgesetzten versprochen hatte, macht die East India Company Verluste – eine zu hohe Dividende wird ausgezahlt, zu teuer sind die zusätzlichen Angestellten, die Militärkampagnen.

Von 1757 bis 1767 verdoppeln sich die Militärausgaben allein in Bengalen auf 885 000 Pfund. Und die Generäle werben weiterhin so viele Männer an, bis sie eines der größten stehenden Heere der Welt unter sich haben: Bis 1805 verachtfacht sich die Zahl der Soldaten auf 154 000.

Die Aktie der Firma, deren Wert sich mit der Nachricht vom Erhalt der Diwani fast verdoppelt hatte, stürzt 1772 ab. Spekulanten verlieren ein Vermögen. Der Schatzmeister hat nicht mehr genug Bargeld, um die Schuldscheine auszuzahlen, die auf der ganzen Welt als sicheres Geldmittel akzeptiert werden, einzulösen in London.

Es ist, als wäre eine Staatsbank zahlungsunfähig: Der Absturz der Company löst eine weltweite Kreditkrise aus. Die Direktoren betteln die Regierung an: Der Staat muss ihnen 1,4 Millionen Pfund leihen. Für dieses Rettungspaket aber wird die Company teuer bezahlen.

EINE KAUFMANNSGESELLSCHAFT, die eigenmächtig Steuern eintreibt und Pakte mit Herrschern schließt, muss unter Kontrolle gebracht werden. Nicht zuletzt ist auch die britische Staatskasse längst auf die Steuerzahlungen der Company angewiesen. Und auf jene 400 000 Pfund, die das Unternehmen seit 1769 jährlich von den Erlösen in Bengalen an die Krone abführt.

1772 setzen die Abgeordneten des britischen Parlaments eine Kommission ein, um „das Wesen und den Zustand der East India Company und britischer Angelegenheiten in Indien" zu untersuchen – und das Verhalten ihres größten Helden.

Denn Robert Clive hat von seiner zweiten Reise Kostbarkeiten im Wert von mehr als 200 000 Pfund mitgebracht. Zudem hat ihm der Nawab von Bengalen Erträge von Ländereien zugesprochen, die etwa 27 000 Pfund jährlich einbringen, für den Rest seines Lebens.

Clive ist längst einer der reichsten Männer des Königreichs. Er trägt den Titel Baron von Plassey und wird von führenden Politikern als „himmelsgeborener General" gerühmt. Doch jetzt muss sich der Mann, der Bengalen erobert hat, von Parlamentariern öffentlich als Vorbild aller skrupellosen Geschäftemacher beschimpfen lassen.

„Ein großer Prinz hing von meinem Gefallen ab, eine wohlhabende Stadt war meiner Gnade ausgeliefert; ihre reichsten Bankiers konkurrierten um mein Lächeln; ich wanderte durch Schatzkammern, die nur für mich geöffnet wurden, angehäuft zu beiden Seiten mit Gold und Juwelen!", gibt Clive zu Protokoll. „Herr Vorsitzender, ich bin erstaunt von meiner eigenen Bescheidenheit."

Doch das Parlament verabschiedet 1773 den Regulating Act. Das Gesetz verbietet den Angestellten die Annahme von Geschenken und schafft das Amt eines Generalgouverneurs mit Sitz in Kalkutta (das Hauptstadt von Westbengalen wird). Ihm unterstehen alle Gouverneure, er ist für die kaufmännische und militärische Strategie zuständig.

In dem fünfköpfigen Rat, dem der Generalgouverneur vorsteht, haben vom Parlament eingesetzte Männer die Mehrheit. Ein Gerichtshof in Bengalen soll über die englischen Untertanen richten. Das Parlament kontrolliert alle Briefe, die das East India House aus Indien erreichen.

Um die Company finanziell zu stärken, gewähren die Parlamentarier ihr in dem Regulating Act auch neue Vorteile: Sie erhält das Monopol auf den Salz- und Opiumhandel in Bengalen sowie Steuervorteile beim Tee-Export in die amerikanischen Kolonien, die ihre Ware konkurrenzlos billig machen. Händler in Neuengland protestieren und werfen bereits die erste Ladung Tee in den Bostoner Hafen: Die „Boston Tea Party" wird den Amerikanischen Unabhängigkeitskrieg mit auslösen.

Nach dem Verlust der Kolonien in Amerika richtet sich das Interesse der Briten auf den indischen Subkontinent, und es sind die unzähligen Soldaten der Company, die bis 1819 fast ganz Indien unter Kontrolle bringen und später noch den Sindh und den Punjab besetzen.

Doch mit dem Indien-Gesetz beginnt auch der Niedergang der Handelsgesellschaft: Schrittweise wird das Parlament in den folgenden Jahrzehnten ihren Spielraum einschränken – bis von der East India Company nicht mehr übrig ist als eine bürokratische Hülle. Denn das Missmanagement der Kaufleute in Indien hat den Politikern bewiesen: Ein Reich lässt sich nicht wie ein Unternehmen führen, Menschen lassen sich nicht nach Maßstäben von Gewinn, Verlust und jährlicher Dividende regieren.

Den fortschreitenden Machtverlust der East India Company erlebt Robert Clive, ihr wohl skrupellosester Angestellter, nicht mehr. Ein Jahr nach dem Regulating Act begeht der 49-Jährige Selbstmord: gedemütigt, opiumsüchtig und noch immer psychisch instabil.

Seine Statue aber wird noch fast 100 Jahre den Sitzungssaal der East India Company in London schmücken – der einzigen Aktiengesellschaft, die je über ein Großreich herrschte. □

***Literaturtipps:** John Keay, „The Honourable Company", Harper Collins: lebendig erzählte Geschichte der EIC. Nicholas B. Dirks, „The Scandal of Empire", Belknap Press: schildert einen Prozess gegen den ersten Generalgouverneur der Company in Indien, Warren Hastings.*

Als **Gesa Gottschalk**, 29, bei einer Recherchereise für GEO 2009 nach Indien fuhr, betrat sie den Subkontinent zum ersten Mal in Gujarat – wie die Engländer vier Jahrhunderte zuvor. Dort hätten die Kaufleute heute weniger Freude: Alkohol gibt es in dem Bundesstaat nicht zu kaufen.

STERBEN FÜR DIE TUGEND

Hunderte Inderinnen sterben im frühen 19. Jahrhundert alljährlich auf dem Scheiterhaufen, um nach traditionellem Glauben ihren verstorbenen Männern die Treue zu beweisen. Doch ein Geschäftsmann aus Bengalen initiiert eine Kampagne gegen die Witwenverbrennung – und erreicht, dass die Kolonialmacht die grausame Sitte verbietet

VON JOACHIM TELGENBÜSCHER

Die Witwe hat mit einem Guru gesprochen, gefastet und ihre Hände im heiligen Wasser des Ganges gewaschen. Jetzt kauert sie vor dem Scheiterhaufen ihres toten Mannes. Steht auf und umkreist mehrmals den Leichnam auf dem bauchhohen Geflecht aus Baumstämmen, Schilfrohr und Zweigen. Dann wirft sie sich auf ihn.

Die Hinterbliebene soll zur *sati* werden, zur „Seienden": einer tugendhaften Frau, die ihrem Ehemann ins Feuer folgt – um ihm ihre Treue zu beweisen und ihm Qualen im Jenseits zu ersparen. Denn nach dem Glauben der Hindus zieht eine Sati ihren verstorbenen Mann aus einer der Höllen und beschert ihm himmlische Freuden.

Alle Dorfbewohner sind gekommen, um die Witwe brennen zu sehen. Ein Mann greift zur Fackel – ihr Sohn. Die Witwe winkt, bis Flammen sie erreichen. Doch als Feuer und Rauch ihren Körper fast völlig verhüllen, schwindet ihr Opferwille: Die Frau springt durch die Flammen und sinkt vor dem Scheiterhaufen zusammen. Schließlich führt ihr Sohn sie fort. Weg von den glühenden Überresten ihres Mannes.

Niemand kennt heute noch den Namen der Frau. Selbst Ort und Datum der Verbrennung – irgendwo in Bengalen, irgendwann im Oktober 1828 – lassen sich nicht mehr bestimmen. Sicher ist nur, dass es sich so zugetragen hat. Denn wenig später berichtet eine englischsprachige Zeitung in Kalkutta über das Schicksal der Witwe. Ein Augenzeuge hat alles aufgeschrieben.

Viele Briten in Indien sind von dem Brauch der Witwenverbrennung entsetzt. Doch sie lassen ihn zu, aus Angst, mit einem Verbot einen Aufstand zu provozieren.

Dass die grausame Sitte dennoch schon bald danach verboten wird, ist das Verdienst des Hindus Rammohan Roy. Um die Witwen zu retten, kämpft er gegen seine Familie, gegen jahrhundertealte Gewissheiten – und zieht so den Zorn der traditionellen religiösen Führer Indiens auf sich, der Brahmanen.

In den heiligen Schriften der Hindus findet sich keine Passage, die von Witwen den Suizid fordert. Vermutlich bringen skythische Reiternomaden diesen Brauch, der lange ein Privileg des Adels bleibt, im 4. Jahrhundert v. Chr. nach Indien.

Erst im Mittelalter rechtfertigen Brahmanen, die Hüter der religiösen Lehre, die Witwenverbrennung. In den heiligen Schriften hieß es ursprünglich, die Hinterbliebene solle weinend vor dem Scheiterhaufen wachen. Doch aus dem Wort für „vor", *agre*, wird irgendwann *agne*: „Oh Feuer". Ein einziges umgedeutetes Wort verwandelt eine Aufforderung zur Andacht in einen Befehl zur Selbstopferung.

Die meisten Witwen werden im frühen 19. Jahrhundert im Nordosten Indiens verbrannt, jedes Jahr rund 600 Frauen. Die Brahmanen fördern das Opfer, weil es auch ein wirtschaftliches Problem löst: Das dortige Erbrecht begünstigt die Witwe; andere Familienmitglieder erhalten weniger oder gar nichts vom Erbe. Nur der Tod der Witwe kann manchmal die Teilung des vor allem ländlichen Besitzes verhindern.

RAMMOHAN ROY wird wahrscheinlich 1772 geboren. Seine Eltern sind strenggläubige Brahmanen. Die Mutter unterrichtet ihn in Sanskrit, der für Hindus heiligen Sprache. Wahrscheinlich lernt der Junge von ihr, was die verschiedenen, für die Götter ausgeführten Riten bedeuten. Doch Rammohan glaubt nicht, wie er später schreiben wird, dass sich mit bloßen Opfergaben die Zukunft beeinflussen lässt.

Als er 16 Jahre alt ist, verlässt er sein Elternhaus, denn den Vater verärgern die Ideen des Sohnes. Roy sehnt sich nach einer tiefergründigen Religion, liest in den althergebrachten Schriften – und zieht einen revolutionären Schluss: Hinter den vielen Göttern der Hindus steht ein einziger, unbeschreibbarer, allumfassender Gott. Opferkulte für die unzähligen Gottheiten sind daher nichts als Götzendienste.

Die Brahmanen, so glaubt Roy, tragen die Hauptschuld am moralischen Niedergang der indischen Gesellschaft, weil sie von den „aber-

Für Rammohan Roy (1772–1833) sind brennende Witwen ein Symbol des rückständigen Indien

Vor allem Frauen aus der Oberschicht folgen dem Brauch der Selbstverbrennung. Diese um 1790 entstandene Miniatur zeigt eine Adelige, die ihrem Sohn Schmuck übergibt: ein Zeichen der Entsagung, bevor sie zum Leichnam ihres Mannes auf den Scheiterhaufen steigt

gläubischen Dummheiten" der Riten, Zeremonien und Feste profitieren: Das Volk zahlt seinen Priestern viel Geld, wenn sie eines der mehr als 400 Feueropfer zelebrieren, die etwa die Äcker fruchtbar machen, die Geburt eines Sohnes bewirken oder dem Auftraggeber Gesundheit schenken sollen.

1815 veröffentlicht Roy seine Lehren. Kein Hindu sei auf Priester angewiesen, sondern jeder, der das höchste Wesen verehre, könne Erlösung erlangen – eine Kriegserklärung an die brahmanische Elite. Seine Familie will ihn enterben.

Doch Roy ist längst ein gewandter Geschäftsmann, Geldverleiher und Großgrundbesitzer. In Kalkutta empfängt er britische Kaufleute und Beamte in seinem Haus. Mehr und mehr schätzt er die Engländer für ihre liberalen Gesetze, mächtige Industrie und moderne Erziehung. Er glaubt, dass Indien vom Westen lernen kann, und gründet weltliche Schulen und Zeitungen, um das Volk aufzuklären.

Roy ist ein charismatischer Redner, der wohlhabende und gebildete Anhänger um sich versammelt. Regelmäßig diskutieren sie, auch über die Witwenverbrennungen. Ein Brauch, den Roy aus der eigenen Familie kennt: Eine Frau seines Bruders soll auf dem Scheiterhaufen gestorben sein.

Vielleicht veröffentlicht er auch deshalb 1818 ein Traktat, in dem er die Sitte brandmarkt – und so wird dieser spektakuläre und von den Briten verabscheute Brauch zum Symbol in seinem Kampf gegen rückständigen Traditionalismus.

Das Werk verbreitet sich rasch, der Hass der Brahmanen auf ihn nimmt zu. Bald traut sich Roy nur noch mit einem Leibwächter in die Stadt.

Die Kolonialherren aber, die die Verbrennungen per Gesetz ja verbieten könnten, tolerieren den Brauch. Jahrelang.

Doch im Sommer 1828 wird ein neuer Mann Generalgouverneur in Kalkutta: Lord William Bentinck. Dessen Ideal ist der Utilitarismus, die Lehre vom größtmöglichen Glück für möglichst viele Bürger. Und er schämt sich, dass in seinem Herrschaftsgebiet Frauen auf dem Scheiterhaufen sterben.

Kaum in Indien angekommen, macht es sich Bentinck zum Ziel, „diesen Schmutzfleck auf der britischen Herrschaft" zu tilgen. Er sendet einen Geheimauftrag an 53 zuverlässige europäische Offiziere: Sie sollen sich in der Armee umhören, was die indischen Soldaten über die Witwenverbrennung denken. Die meisten melden, dass Bentinck bei einem Verbot nichts zu befürchten habe – ein Zeichen, dass die Sitte im einfachen Volk nicht tief verwurzelt und ein Aufstand kaum zu erwarten ist.

Inzwischen hat Rammohan Roy ein zweites Traktat geschrieben und eine englische Übersetzung gedruckt. Das Werk – wie auch der Bericht über die beinahe vollzogene Witwenverbrennung in dem namenlosen Dorf in Bengalen – verschärft die öffentlichen Diskussionen und bestärkt Bentinck darin, den Brauch abzuschaffen.

Am 4. Dezember 1829 tritt das Verbot in Kraft.

Und tatsächlich: Über Nacht hört das Sterben fast vollständig auf. Nun achten indische Beamte, die schon lange im Auftrag der Kolonialherren Steuern im Land eintreiben, in den Dörfern darauf, dass keine Frauen mehr auf die Scheiterhaufen geführt werden. In den seltenen Fällen, in denen sie zu spät kommen, droht den Söhnen der Witwen vor Gericht das Todesurteil – wegen Mordes.

Doch Roys Gegner kämpfen weiter. Sie schließen sich zusammen, um den Kronrat des Königs in London anzurufen. Schnell werden sie zur stärksten Partei in Kalkutta. Denn hier befeuern konservative Zeitungen den Streit. Für viele Hindus geht es dabei ums Prinzip: Sie glauben, dass sich die Briten zu Unrecht eingemischt haben.

Im November 1830 schifft sich Roy nach Großbritannien ein – und schmettert im Sommer 1832 beim Kronrat den Protest seiner Gegner ab.

Die Brahmanen in Kalkutta verzeihen ihm diese Schmach nie. Roy, der seine Heimat vor Aberglauben und moralischem Verfall retten wollte, hat sie zugleich verloren. Zurückkehren wird er nie: 1833 stirbt er mit 61 Jahren in England.

Erst viel später würdigen ihn seine Landsleute. Der Literat Rabindranath Tagore, erster indischer Nobelpreisträger, rühmt Rammohan Roy 100 Jahre nach dessen Tod als „leuchtenden Stern am Himmel der Geschichte Indiens". □

Joachim Telgenbüscher, 28, hat Geschichte studiert und besucht zurzeit die Henri-Nannen-Journalistenschule in Hamburg.

KAMPF um

100 Jahre lang beutet die East India Company den indischen Subkontinent rücksichtslos aus, treibt unerbittlich Steuern ein. Die Briten fühlen sich überlegen – und sicher: Fast eine Viertelmillion »Sepoys«, einheimische Söldner, stehen in ihren Diensten. Doch 1857 meutern diese Truppen. Der Company droht der Verlust ihrer Kolonie

VON OLAF MISCHER UND WALTER SALLER

Über ein Jahr dauert der Aufstand, Zehntausende sterben. Auf beiden Seiten fallen nicht nur Soldaten: Wie hier am 16. Juli 1857 in Kanpur

INDIEN

töten Inder auch englische Frauen und Kinder – und die Briten brennen aus Rache ganze Dörfer nieder

Als die weißen *sahibs,* die Engländer in Indien, am Silvesterabend 1856 auf das neue Jahr anstoßen, steht das mächtigste Unternehmen des Landes, die britische East India Company, am Abgrund – unbemerkt von den meisten Mitarbeitern wie von den Londoner Direktoren dieser Aktiengesellschaft, die Indien verwaltet und die Geschicke von mehr als 150 Millionen Menschen bestimmt.

Denn der Glaube an ihre militärische Überlegenheit macht die Europäer blind: für die explosive Stimmung im Land und für die daraus entstehende Bedrohung ihrer Macht.

Zwar verfügt die East India Company mit etwa 240 000 Soldaten über die stärkste Privatarmee der Welt und hat bislang jeden Aufstand niedergeworfen. Doch nur knapp 15 000 dieser Soldaten (zusätzlich sind rund 27 000 Mann der königlichen Armee in Indien stationiert) kommen aus Großbritannien. Alle anderen sind Einheimische, *sepoys* (eine Verballhornung des Urdu-Worts für „Soldat"), die als Söldner Dienst machen – schlecht bezahlt und zumeist von jungen britischen Offizieren befehligt.

Unter den Sepoys gärt es seit Langem. Und als bald nach Neujahr 1857 ein Gerücht die Runde macht, verweigern manche ihren Vorgesetzten den Gehorsam und erheben sich schließlich gegen die Herrschaft der Company.

Im Zentrum des Gerüchts: die British Enfield Rifle. Dieses Gewehr verschießt Patronen mit Papierhülle, die vor dem Laden an einem Ende aufgebissen werden muss. Um das Pulver vor Nässe zu schützen, ist das Papier eingefettet, vermutlich mit Bienenwachs und Leinsamenöl.

Am 22. Januar 1857 aber behauptet ein Sepoy in der Militärschule von Dum-Dum (bei Kalkutta), die Hüllen seien in Wirklichkeit mit Rindertalg versetzt; und deshalb werde es bald keine Unterschiede zwischen den Kasten mehr geben. Denn befleckt durch das tierische Fett, würden alle Männer zu Unreinen werden. Vermutlich will der Söldner so während eines Streits einen Kameraden aus einer höheren Kaste verunsichern.

Doch die Zeugen des Disputs sind empört, sie glauben die ungeheuerliche Behauptung und beschweren sich bei ihren Offizieren. Einige weigern sich gar, die neue Munition zu benutzen. Und bald sind auch Muslime in Aufruhr: weil sie fürchten, die Patronen könnten auch mit Schweinefett bestrichen sein. Dann zünden Unbekannte eine nahe Telegraphenstation an. Und in den folgenden Nächten brennen immer wieder öffentliche Gebäude.

Wenige Wochen später, am 24. April 1857, weigern sich im 1200 Kilometer nordwestlich von Kalkutta gelegenen Meerut 85 Sepoys, die neue Munition zu verwenden (obwohl sie die Papierhüllen ihrer Patronen nun nicht mehr in den Mund nehmen müssen, sondern die Spitze abreißen sollen).

Der Kommandeur greift hart durch. Er lässt die Männer verhaften und wegen Befehlsverweigerung vor ein Kriegsgericht stellen. Nach kurzem Prozess werden sie am 9. Mai zu jeweils zehn Jahren Zwangsarbeit verurteilt.

Knapp 24 Stunden später erheben sich alle 3000 indischen Söldner von Meerut. Sie kappen die Leitungen des Telegraphen. Dann reitet ein Trupp mit gezogenen Schwertern durch die Stadt: „Brüder, Muslime und Hindus, folgt uns", skandieren die Männer. „Wir führen einen Glaubenskrieg. Gegen die Regierung!" Die Passanten jubeln, viele schließen sich den Soldaten an – die Meuterei wird zum Volksaufstand.

Rebellen stürmen das Gefängnis und befreien die verurteilten Sepoys sowie alle anderen Gefangenen – mehr als 1200 Männer. Sie legen Brände in den Kasernen und töten etliche Offiziere. Mehr als 40 Briten kommen um, auch Frauen und Kinder.

Noch in der Nacht reiten einige Aufrührer in das 70 Kilometer südwestlich gelegene Delhi, um den dort residierenden Mogulkaiser Bahadur Shah Zafar II. für sich zu gewinnen. Dessen Vorfahren hatten ihre Macht über den Großteil des Subkontinents ausgedehnt und ein Reich errichtet, an dessen Spitze nun der etwa 80-jährige Bahadur Shah steht – als machtloses Staatsoberhaupt von Gnaden der East India Company, um ihrer Regentschaft einen Anschein von Legitimität zu verleihen.

Am Morgen erreichen sie Delhi und gelangen ungehindert zum Palast des Großmoguls. Sie bitten den Greis, sich an die Spitze der Rebellion zu stellen. Der zögert, sagt schließlich aber zu.

Ein Streit um neue Patronenhüllen (unten) lässt die Söldner meutern

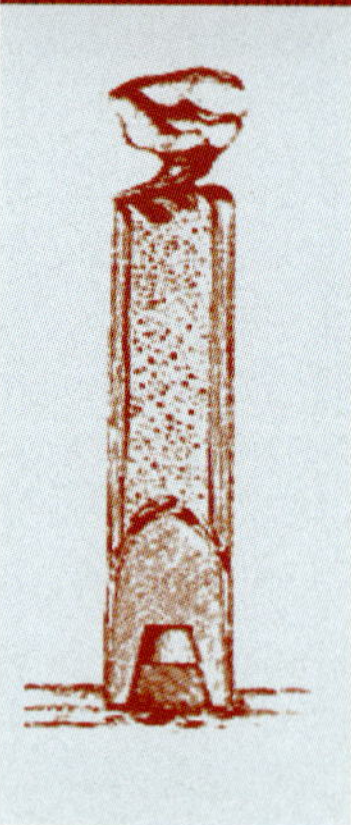

Offizier und Soldat eines Infanterieregiments. Einheimische Sepoys machen den Großteil der britischen Heere in Indien aus. Nur jeder sechste Soldat stammt aus Europa

Berittene Sepoys sprengen im Mai 1857 durch das europäische Viertel von Delhi. Kurz zuvor haben sie im benachbarten Meerut rebelliert, weil ihre Patronen angeblich mit Rindertalg und Schweinefett verunreinigt waren. In Delhi machen sie Jagd auf Europäer und indische Christen. Vier Monate lang besetzen die Rebellen die Stadt. Zahllose Menschen kommen in Delhi ums Leben, viele fliehen

Gleichzeitig marschieren einige Hundert Soldaten auf Delhi zu: Alarmiert von der Meldung, Kavalleristen aus Meerut würden in Delhi „Unruhe schüren", hat der britische Kommandant eines außerhalb der Stadt gelegenen Militärcamps das 54. Regiment mobilisiert, um die alte Kapitale zu sichern.

Als das Heer in die Stadt einzieht, wird es von den Rebellen aus Meerut unter Feuer genommen, vier britische Offiziere brechen zusammen: Die Aufständischen haben bewusst nur auf die Europäer gezielt. Daraufhin erhalten die Soldaten den Befehl zurückzufeuern.

Doch nichts geschieht. Denn das Regiment besteht aus Sepoys, die sich weigern, auf ihre Landsleute zu schießen. Vielmehr verbrüdern sie sich nun mit den Männern aus Meerut. Damit ist die Stadt in der Gewalt der Aufrührer.

Es kommt zu Pogromen. Rebellen, darunter viele Zivilisten, stürmen die Häuser der Europäer, plündern und verwüsten sie, ermorden deren Bewohner. Aufständische Muslime und Hindus verschonen auch indische Christen nicht. Niemand zählt in jenen Tagen die Toten, niemand weiß, wie viele Inder und Briten sich vor dem Mob retten können.

Später kursieren Gerüchte: Frauen und Mädchen hätten auf den Boulevards nackt marschieren müssen, bevor sie erschlagen wurden; Kinder seien gekreuzigt, Erwachsene bei lebendigem Leib gekocht worden.

Nach dem Gemetzel proklamieren die Aufrührer Bahadur Shah Zafar zum Herrscher eines neuen Mogulreiches. Der Sieg von Delhi wird zum Signal für Revolten gegen die East India Company in weiten Teilen Indiens.

Und London weiß von nichts. Erst am 26. Juni 1857 erreicht die Nachricht – die zunächst per Telegraph nach Bombay geschickt wurde, dann per Schiff nach Suez, von wo sie auf dem Landweg nach Alexandria und schließlich via Triest nach England gelangte – die britische Hauptstadt.

Die Direktoren der Company stehen unter Schock: Indien droht verloren zu gehen. Wenn nicht durch die Rebellen, dann durch das Parlament in England,

Die Aufständischen halten Delhi bis zum September 1857 besetzt – dann greifen die Briten mit loyalen Truppen an. Am 14. September sprengen sie ein Tor in der nördlichen Stadtmauer und dringen in die Residenz ein. In tagelangen Straßenkämpfen erobern sie die Stadt zurück. Mancher britische Offizier erschlägt, blind vor Rache, jeden Inder, der ihm begegnet (Holzstich von 1858)

das die Firma kontrolliert – und argwöhnisch über ihr Gebaren wacht.

Denn die Vorgeschichte der Rebellion reicht 100 Jahre zurück.

SCHON SEIT DER zweiten Hälfte des 18. Jahrhunderts verfolgt die East India Company eine überaus aggressive Politik. Sie will ihren Herrschaftsbereich von Bengalen aus erweitern, wo sie ab 1757 de facto regiert (siehe Seite 70). In den folgenden Jahren erobern die Briten Gebiete im Südosten des Subkontinents und Territorien westlich von Kalkutta.

Der Zeitpunkt ist günstig: Geschwächt durch zahlreiche Machtkämpfe regionaler Fürsten, zerfällt das einst so mächtige Mogulreich unaufhaltsam.

In dieses Vakuum stößt die EIC vor. Für ihr gewaltiges Vorhaben braucht sie ein starkes Heer, und so wirbt sie innerhalb kurzer Zeit Tausende Sepoys an. 1806 stehen 130 000 indische Soldaten in ihrem Sold – finanziert von den Steuern, die die Briten in Bengalen und den eroberten Gebieten eintreiben. Dank dieser Armee gelingt es der Company, immer größere Teile der fruchtbaren Regionen zu übernehmen – vor allem im Norden und entlang der Küsten des Subkontinents.

Die restlichen Ländereien belässt sie im Besitz indischer Fürsten. Mit denen schließt sie nach und nach Bündnisverträge, die den Herrschern eine gewisse innere Autonomie garantieren, sie aber politisch und militärisch von der Company abhängig machen.

Geschickt spielen die Briten dabei lokale Regenten gegeneinander aus, entzweien Herrscher, hintertreiben Allianzen, mischen sich in militärische Konflikte zwischen indischen Staaten ein, erfinden Kriegsgründe, stellen manchem regionalen König – gegen Bezahlung – Söldner zur Verfügung.

Doch stets geht es der EIC nur um eines: die Ausweitung und Festigung ihrer Macht in Indien. Wer sich widersetzt, gegen den führt sie Krieg.

Um 1820 ist fast der ganze Subkontinent unter Kontrolle der Londoner Kaufleute, geführt von einem Generalgouverneur. Nur noch im Norden kämpfen ihre Söldner – erobern 1843 die Provinz Sindh und sechs Jahre später den Punjab (1852 annektiert die Company auch einen Teil des an den Subkontinent angrenzenden Königreichs Birma).

Die Company beutet das Land gnadenlos aus – vor Konkurrenz geschützt durch ein von der Krone garantiertes Monopol. Sie handelt mit Indigo, Seide, Opium, vor allem aber mit Baumwolltextilien. Zunächst kauft sie Stoffe von indischen Händlern, dann nimmt sie Weber und Färber unter Vertrag – und macht sie so von sich abhängig.

Zudem zwingen die Kaufleute manchen Regionen eine andere Wirtschaftsordnung auf. In Bengalen etwa oktroyieren sie eine Landreform und ein neues Steuersystem: Mit einem Federstrich machen sie die Bauern der Provinz zu Pächtern von Großgrundbesitzern, die im Gegenzug Steuern an die Company zahlen müssen.

Die Abgaben lässt die EIC unerbittlich eintreiben: Wer nicht zahlen kann, muss sein Land versteigern lassen. Auf diese Weise hat in Bengalen schon vor der Landreform etwa die Hälfte der landwirtschaftlichen Fläche den Besitzer gewechselt.

Gurkhas aus Nepal (o.) und Sikhs aus dem Punjab helfen den Briten beim Kampf gegen die Rebellen. Auch aus Vergeltung: Sepoys hatten einst beide Völker im Auftrag der Kolonialherren überfallen

Die Briten geben Delhi zur PLÜNDERUNG *frei*

Zwar kommt es in einzelnen Regionen immer wieder zu Unruhen – wenn die Menschen hungern oder wenn sie die Steuerlast drückt. Um die Wende zum 19. Jahrhundert aber steht die East India Company im Zenit ihres ökonomischen Erfolges: Ihre Gewinne sind in den Jahrzehnten zuvor fast stetig gestiegen, ihre Truppen sind stark genug, um jeden Protest zu unterdrücken – und weitere Provinzen zu erobern.

Doch inzwischen stellen englische Manufakturarbeiter in Manchester Baumwolltuche mit neuartigen mechanischen Webstühlen wesentlich kostengünstiger her als Handwerker in Indien. 1809 verkauft die EIC nur noch Baumwollstoffe im Wert von 300 000 Pfund (1800 waren es noch 1,4 Millionen Pfund gewesen). Gleichzeitig importiert sie nun zunehmend maschinell gefertigte Produkte nach Indien.

In dieser Zeit der Industrialisierung Großbritanniens fordern neue, selbstbewusste Unternehmer immer lauter Handelsfreiheit – auch in Indien. Und tatsächlich beendet das Parlament in London 1813 das Monopol der East India Company (lediglich im lukrativen Opiumhandel mit China bleibt die EIC einstweilen noch ohne Konkurrenz). Zwei Jahrzehnte später beschließen die Abgeordneten, dass das Unternehmen alle Handelsgeschäfte einstellen muss.

Fortan ist die Aktiengesellschaft lediglich eine Art Regierungsagentur. Der Vorteil dieser Regelung: Die Krone hat nach wie vor keine Verantwortung für Indien und ist von Belastungen etwa durch Kriege verschont.

Der East India Company bleiben die Steuereinnahmen. Und die will sie bald mit einer neuen Doktrin mehren. Sie bestimmt, dass die Ländereien derjenigen ihrer indischen Verbündeten, die der Generalgouverneur für unfähig hält (und derjenigen, die ohne einen ehelichen Sohn sterben), an die Briten fallen.

Innerhalb weniger Jahre übernimmt die EIC auf diese Weise weitere Staaten – darunter 1856 das Fürstentum Awadh im Norden Indiens. Gleichzeitig drängt sie nun zunehmend Inder aus ihren angestammten Ämtern, Steuereintreiber etwa. Das Misstrauen vor allem der gebildeten Inder gegen die Vorherrschaft des britischen Unternehmens wächst.

Wut staut sich auf. In den Städten kommt es immer wieder zu Tumulten: bei der Einführung neuer Steuern, nach Preiserhöhungen. Bei Hungersnöten stürmen Menschen Kornspeicher, plündern Magazine und Märkte.

Gläubige Muslime und Hindus sehen sich zudem von christlichen Missionaren bedrängt, die die Company seit 1813 auf Geheiß Londons ins Land lassen muss. Aber auch die Beamten und Offiziere der EIC missachten zunehmend kulturelle und religiöse Tabus.

So gestatten sie entgegen der Tradition verwitweten Hindu-Frauen die erneute Ehe. Und ihre Söldner müssen bei einem Eroberungszug gegen Birma übers Meer fahren, obwohl die Sahibs wissen, dass beispielsweise ein Soldat aus dem Stand der Brahmanen mit der Seefahrt ein religiöses Gebot bricht.

Die Briten übersehen den wachsenden Unmut der Bevölkerung. Und so reicht ein einziges Gerücht, um eine Revolte auszulösen.

JUNI 1857: Inzwischen hat der Aufstand weite Teile Nordindiens erfasst. Auch in der erst im Vorjahr annektierten Provinz Awadh herrscht Krieg. Überall schließen sich unzufriedene Pachtbauern und Grundbesitzer, Bettler und Basarhändler den Kämpfern an.

Etwa 70 000 Sepoys kämpfen gegen die Briten. Am 16. Juli töten in Kanpur, dem Hauptquartier der in Awadh stationierten Truppen, Rebellen mehr als 200 Frauen und Kinder und werfen deren geschundene Körper in einen Brunnen.

Nach dem Aufstand brennen die Briten Dörfer nieder, vergewaltigen Frauen, erschlagen Kinder. Wer der Meuterei nur verdächtig ist, wird gehängt, erschossen – oder wie hier vor Kanonen gebunden

Indiens letzter Großmogul Bahadur Shah Zafar II. wird als Anführer der Rebellen ins Exil geschickt. An seiner Stelle setzen die Briten einen Vizekönig ein – und entmachten die East India Company

Die Company transportiert daraufhin Soldaten aus dem ruhigen Süden in das Aufstandsgebiet. Zudem treffen zusätzliche Truppen der Krone ein. Darüber hinaus haben die Kolonialherren Verbündete gefunden: Gurkhas aus Nepal sowie Sikhs aus dem Punjab, wo die Herrschaft der EIC bislang zu keinen größeren Konflikten geführt hat.

Am 14. September 1857 attackieren die Kämpfer der Company die besetzte Stadt Delhi. Schon nach kurzer Zeit hat die britische Artillerie das Kaschmirtor im Norden der alten Kapitale gesprengt.

Meter um Meter schießen die Angreifer ihren Weg frei. Doch ihr Kampf ist verlustreich: Schon am ersten Tag kommen mehr als 1000 Soldaten um. Und es dauert noch eine Woche, ehe es den Truppen gelingt, sich bis zum Roten Fort durchzukämpfen, dem Sitz des Großmoguls. Der Monarch wird festgenommen und nach Rangun verbannt (wo er am 7. November 1862 stirbt).

Nun nehmen die Europäer Rache. Sie geben die Stadt zur Plünderung frei, erschießen oder erhängen Sepoys sowie zahllose indische Zivilisten. Allein im Viertel Kucha Chelan ermorden sie etwa 1400 unbewaffnete Menschen. Manche ihrer Gefangenen binden die Sieger vor Kanonenmündungen und feuern die Geschütze ab. Die jahrtausendealte Stadt gleicht einem Trümmerfeld.

In den Monaten darauf erobern die Kolonialherren eine Rebellenstellung nach der anderen. Nun ermorden auch die Europäer Kinder, vergewaltigen Frauen, brennen ganze Dörfer nieder.

Am 8. Juli 1858 erklären die Briten den Aufstand nach 14 Monaten für beendet. Doch es vergeht noch fast ein ganzes Jahr, bis überall Ruhe einkehrt. Es hat verheerende Zerstörungen gegeben in Städten wie Delhi, Lucknow oder Kanpur, Zehntausende sind tot.

Noch bevor aber der Subkontinent ganz befriedet ist, entzieht das Parlament in London der EIC alle Herrschaftsbefugnisse. Deren Direktoren, so ein Abgeordneter, hätten „keinen wirklichen Bezug zu den Interessen Indiens".

Das einstmals mächtige Handelshaus hat künftig nur noch eine Aufgabe: die jährliche Ausschüttung einer – bis 1874 staatlich garantierten – 10,5-prozentigen Dividende an die Aktionäre.

Indien wird fortan offiziell von Queen Victoria regiert – und ist damit erstmals Teil des britischen Empire. Die neue Herrin Indiens verkündet feierlich in einer Charta, die religiöse Freiheit ihrer indischen Untertanen zu achten sowie die Rechte der Fürsten zu schützen.

Für die Inder ändert sich damit nur wenig. Denn im Auftrag der Königin lenkt Charles Canning, der letzte Generalgouverneur aus der Ära der East India Company, als Vertreter der Krone weiterhin die Geschicke Indiens – ein Mann, der noch während der Erhebung zur Strafe fast alle Landbesitzer in der Provinz Awadh enteignet hat.

Trotzdem bleibt der große Aufstand von 1857 im Gedächtnis der Inder lebendig. Denn er markiert einen Bruch in der Geschichte des Subkontinents: die Entmachtung der East India Company – und den Beginn des Freiheitskampfes gegen die Kolonialmacht Großbritannien. □

__Literaturtipps:__ Eric Stokes, „The Peasant Armed. The Indian Revolt of 1857", Clarendon Press: quellenreiche Studie des Aufstands. Christopher Hibbert, „The Great Mutiny", Penguin Books: packende, detailreiche Erzählung.

Walter Saller, 53, ist Journalist in Berlin und schreibt regelmäßig für GEO*EPOCHE*.
Olaf Mischer, 51, gehört zum Verifikationsteam von GEO*EPOCHE*.

Auch im Feld pflegen die Kolonialherren ihre Lebensart: Diese Lunchgesellschaft speist 1886 auf einem historischen Schlachtfeld 90 Kilometer

Ladies and GENT

nördlich von Delhi, wo die britisch-indische Armee ein Manöver abhält

LEMEN

Rund 150 000 Briten leben um 1900 in Indien. Doch heimisch werden nur wenige: Angewidert von den Bräuchen der Einheimischen, gebeutelt von der Hitze, flüchten sie sich in die Rituale des *British way of life*, der geprägt ist von Pflichtgefühl und strenger Etikette, aber auch von Luxus und Müßiggang

VON JENS-RAINER BERG

Sie wollen hier sein, und sie wollen es nicht. Sie feiern sich als Kulturbringer und klagen über Hitzepickel und Durchfall. Erhaben fühlen sie sich in Indien, als Herrscher über fast 300 Millionen Menschen, als stolze Verwalter des „Juwels" im Empire Ihrer Majestät. Sie lieben die Tigerjagden, die Horden von Dienern, den Sundowner-Cocktail auf der Veranda, das Tennismatch neben Banyanbäumen.

Doch gleichzeitig verabscheuen sie die unerträgliche Wärme, die sie nicht schlafen lässt, die Feuchtigkeit, die ihnen den Atem verschlägt, den brachialen Monsunregen jedes Jahr, die Schlangen, Sandmücken und Skorpione. Und sie verachten die Kultur der Einheimischen, diese heidnischen, wilden Bräuche, die sie nicht verstehen, sondern zähmen wollen.

Es ist ein merkwürdiges Missbehagen, ein Gemenge aus Selbstzufriedenheit und Ekel, das die britischen Kolonialherren um 1900 in Indien erfüllt. Nur gut 150 000 Briten leben überhaupt hier, und nur etwa 1000 davon verwalten das riesige Land als hohe Beamte im Auftrag der Krone.

Die wenigsten sind hier geboren, und die wenigsten wollen hier sterben. Für den Großteil ist Indien Karriere, Pflicht, Abenteuer, Macht – aber kein Zuhause. Auf den Friedhöfen der Anglo-Inder (wie die auf dem Subkontinent lebenden Briten genannt werden) liegen fast nur Kinder und jung Verschiedene, die anderen kehren rechtzeitig wieder in die Heimat zurück.

„Wir alle fühlen", schreibt einer, „dass wir nur Besucher sind, lediglich ein Lager aufgeschlagen haben auf dem Marsch" – Besucher, die ein riesiges Land unterjocht haben.

Selbst die Kolonialregierung ist regelmäßig auf Wanderschaft. Jedes Jahr im Frühling zieht der gesamte Staatsapparat von Kalkutta, der Hauptstadt von British India am Gangesdelta, für mehrere Monate in eine ferne Bergregion. Hunderte von Beamten und Schreibern legen fast 2000 Kilometer zurück, mit Akten und Dokumentenkoffern, den ersten Teil der Strecke per Eisenbahn, den Rest mit Ochsenkarren und Kutschen – bis sie Simla erreichen: „Klein-England" in den Ausläufern des Himalaya, ein beruhigendes Faksimile der Heimat mit Fachwerkhäusern und Tanztees auf 2100 Meter Höhe.

Denn auch dieser jährliche Treck ist ein Zeichen von Unbehagen: eine Flucht nicht nur aus der glutheißen Kapitale, sondern auch weg von dem, was Indien ausmacht, hin zu einer wohltemperierten britischen Oase. Ein routinemäßiger Exodus, der stets pflichtbewusst an seinen Ausgangspunkt zurückkehrt.

Und so sind es jene beiden Pole – das Zentrum der Macht und das Refugium in den Bergen –, zwischen denen das koloniale Leben für viele pendelt. Die Spitzenbeamten stehen, so ein Brite spöttisch, „wie Kolosse mit gespreizten Beinen über dem Land und berühren es nur an zwei Stellen: Simla und Kalkutta".

Ein nur halbwegs idealer Grund war es, auf dem die Briten einst ihre spätere Kapitale errichteten. Im August 1690 gründeten englische Kaufleute einen Handelsposten am Ufer des Hugli, des westlichsten Arms des Gangesdeltas, auf einem schmalen Landstreifen zwischen Fluss, Salzseen und sumpfigen Wiesen. Hier lag das Dorf Kalikata, das bald zum Namensgeber für den allmählich wachsenden britischen Ort wurde: Kalkutta.

Erfolgreich verschifften Kalkuttas Händler Musselin-Stoffe, Seidengarn oder Salpeter 130 Kilometer flussabwärts in den Golf von Bengalen und weiter nach Europa. Die Stadt wurde reicher und reicher, reifte zur Hafen- und Handelsmetropole. Arbeiter begannen damit, die angrenzenden Sümpfe trockenzulegen. 1773 bezog ein Generalgouverneur als oberster Vertreter der Briten seinen Sitz in Kalkutta.

Zunächst gehörten die indischen Besitzungen allerdings der privaten East India Company. Unmittelbar nach dem Aufstand von 1857 (siehe Seite 84) jedoch übernahm die britische Krone die Herrschaft von der maroden Company. Kalkutta wurde die Hauptstadt, das Herz von „British India".

Nun, um 1900, leben fast 850 000 Menschen in Kalkutta, der nach London zweitgrößten Stadt des Empire. Auch an Glanz, so sagen viele, stehe sie allein der Kapitale an der Themse nach.

„City of Palaces" wird Kalkutta ehrfurchtsvoll genannt: eine britische Prachtmetropole im Dschungel von Bengalen. Gewaltige Villen mit Freitreppen, säulenverzierten Portalen und üppigen, akribisch gepflegten Gärten reihen sich an großzügigen Boulevards und Promenaden.

Im Zentrum der Stadt stehen imposante Gebäude in der Nähe eines weitläufigen Parks: die Staatsbank, das Rathaus, der Gerichtshof mit seinen neugotischen Fensterreihen.

Der eindrucksvollste Bau ist das „Government House": Drei gewaltige Stockwerke ragt der Palast empor; eine Treppe, breit wie ein Boulevard, führt zum großen Portal hinauf, das mit seinen acht strengen Säulen griechischen Tempeln nachempfunden ist. Im Inneren: Marmorböden, Decken aus polierter Eiche, Verzierungen aus Seide, Gold und Kristall, ein Frühstückszimmer von mehr als 30 Meter Länge.

Hier empfängt der Generalgouverneur Staatsgäste, und es ist seine pompöse Residenz, die im Zentrum Kalkuttas thront: imperiale Machtarchitektur par excellence.

Der Hausherr ist der Vertreter der britischen Monarchen, sein Reich ist der Subkontinent. Etwa drei Fünftel der Landmasse beherrscht er direkt als Generalgouverneur von British India. Die übrigen Territorien – rund 600 Staaten einheimischer Fürsten – sind formal unabhängig, unterliegen aber der Oberhoheit der Krone. So dürfen sie etwa außenpolitische Beziehungen, auch untereinander, nur über die Briten aufnehmen. Diesen Fürsten gegenüber tritt der Generalgouverneur als „Vizekönig" auf.

Großbritannien hat seinen Griff um Indien in der zweiten Hälfte des 19. Jahrhunderts deutlich fester geschlossen. Hat es, nach dem Aufstand von 1857, zur echten Staatsaffäre gemacht; 1876 nimmt Queen Victoria sogar den Titel „Kaiserin von Indien" an.

Denn zu wichtig sind London die Profite der Händler in Bombay, Madras oder Kalkutta, zu wichtig die Einnahmen, die aus Indien in die britische Staatskasse fließen, zu bedeutsam das

Als erster regierender britischer Monarch überhaupt bereist König Georg V. mit seiner Frau Maria Indien: Im Dezember 1911 wird er in Delhi zum Kaiser von Indien gekrönt. Zur Erinnerung an dieses Ereignis lassen die Briten im Hafen von Bombay aus Basalt und Stahlbeton einen Triumphbogen in historisierendem Stil errichten – das 1924 fertiggestellte »Gateway of India«

mit den Besitzungen verbundene Prestige und der strategische Vorteil im imperialistischen Wettbewerb mit den anderen europäischen Großmächten.

Alle fünf Jahre ernennt der Monarch in London einen neuen Vizekönig. Im Januar 1899 tritt der ambitionierte Lord George Curzon sein Amt in Kalkutta an.

Wie all seine Amtsvorgänger wird der 40-Jährige offiziell vom Minister für Indien kontrolliert, einem Mitglied des Kabinetts in London. Doch solange nichts Gravierendes geschieht, hat der Vizekönig in Indien weitgehend freie Hand.

Seine Macht stützt sich auf militärische Gewalt. Etwa 70 000 kampfbereite Soldaten aus dem Mutterland sind um 1900 an strategisch wichtigen Orten überall in Indien stationiert. Dazu kommen – unter der Führung britischer Offiziere – rund 140 000 indische Kämpfer: Männer, deren Loyalität nach den Erfahrungen von 1857, als meuternde Soldaten den Aufstand auslösten, genauestens geprüft wird. Erst 1897 haben britisch-indische Truppen eine Rebellion an der Nordwestgrenze niedergeschlagen.

Doch das eigentliche Fundament des *raj*, wie das britische Kolonialreich nach dem Hindustani-Wort für „Reich“ genannt wird, sind die Beamten, die Männer des Indian Civil Service. Jene rund 1000 hoch bezahlten Briten, die sich wie eine hauchdünne bürokratische Herrscherkaste über ein Land größer als Westeuropa gesetzt haben. Und deren

Die rund 300 Millionen Bewohner ihrer indischen Besitzungen gelten vielen Briten als Angehörige einer barbarischen Rasse – und nur als Diener geeignet. Dieser Offizier lässt sich von einem Mann die Füße pflegen, ein zweiter wedelt ihm Luft zu. Viele Familien leisten sich bis zu 40 Angestellte, darunter Schneider, Gärtner, Kinderfrauen und Köche

Karrieren, wie weit weg es die Männer auch in die Regionen verschlagen mag, oft in Kalkutta beginnen und – am Gipfel der Aufstiegsleiter – dort enden.

Die „Himmelsgeborenen" – *the heaven-born* – nennen Briten die Beamten des ICS. Niemand genießt höheres Prestige im kolonialen Indien. Und nirgendwo auf der Welt verdienen Beamte mehr Geld, nicht einmal im Mutterland.

Eine lukrative Karriere vor allem erhoffen sich die Bewerber in Großbritannien, wenn sie sich mit Anfang 20 zu den Aufnahmeprüfungen anmelden. Manche träumen zudem von exotischen Abenteuern: Sie kennen die Bildbände über eine ferne Welt voller Lagunen und Palmen, die Erzählungen von Tigerjagden, Juwelenschätzen und Dschungelexpeditionen.

Die meisten von ihnen entstammen nicht dem Adel, sondern der Mittelschicht. In Schulen und Internaten haben sie die viktorianischen Tugenden verinnerlicht: Ausdauer, Selbstdisziplin, Teamgeist, Gehorsam.

Nur jeder vierte Bewerber besteht die Prüfung aus allgemeinen Wissensfragen zu englischer Literatur, europäischer Geschichte, Mathematik und Naturwissenschaften, Logik und Philosophie, Sanskrit und Arabisch. Einige haben zuvor private Lernseminare besucht, die eigens auf diesen Test vorbereiten. Wer ihn erfolgreich absolviert, muss zudem eine medizinische Untersuchung bestehen. Anschließend haben die Kandidaten ein Jahr lang indisches Recht, indische Geschichte und indische Sprachen zu pauken, ehe sie zum Abschlussexamen vorgeladen werden.

Das Gelernte allerdings ist äußerst akademisch und kaum eine Vorbereitung auf die tatsächlichen Verhältnisse. Die wichtigste praktische Übung: In einer Kaserne müssen die Kandidaten zeigen, dass sie reiten können. Erst danach dürfen sie die Reise antreten.

Nach rund drei Wochen Überfahrt erreichen die Neulinge Kalkutta. Die meisten legen sich sogleich die ersten Insignien ihres neuen Status als angehende Kolonialbeamte zu: ein Pferd, einen Stallburschen, einen Hund und einen persönlichen Diener.

Ratgeber empfehlen zudem: Flanellhemden, regenabweisende Alpaka-Mäntel, Korb und Proviantdose für lange Reisen, ein Dinnerjacket und ein gutes Gewehr. Unerlässlich sind dünne weiße Baumwollanzüge sowie Moskitonetze für die Nacht. In den Läden Kalkuttas können die Anwärter auch die extrem leichten, kuppelförmigen Tropenhüte erstehen, die indische Handwerker aus dem Markholz der Shola-Pflanze modellieren und mit grauem Stoff überziehen, zum Schutz vor Sonne und Regen.

Die meisten Briten bleiben aber nur kurz in Kalkutta; sie sind schon bald auf dem Weg zu ihrer ersten Station.

In 250 Bezirke ist Britisch-Indien unterteilt: Verwaltungseinheiten, die die Kolonialherren zu Divisionen und schließlich Provinzen wie Punjab, Assam oder Bengalen zusammengefasst haben. Einige der Bezirke sind so groß wie Belgien.

Neulinge des ICS beginnen fast immer als Assistenten eines Bezirksvorstehers. Dieser District Officer ist in seinem Gebiet für alles verantwortlich außer für die Eisenbahn, die Armee und die Telegraphenstationen. Er muss sich um die Steuern kümmern, um Krankenhäuser, Straßen, Schulen, Polizei und Gefängnisse. Er ist oberster Justizbeamter und Gesundheitsbeauftragter, ordnet Impfungen an, wenn Seuchen drohen. Ein Stab indischer Angestellter arbeitet für ihn.

Mehrere Monate im Jahr muss jeder Vorsteher seinen Bezirk bereisen. Unterwegs mit Pferden, Ochsenkarren und Segeltuchzelten, inspizieren er und seine Mitarbeiter den Zustand der Wege, begutachten Felder und Baumbewuchs, ermitteln die Abgabenlast für das nächste Jahr, empfangen die indischen Steuereintreiber, sprechen mit Dorfvorstehern und Polizisten.

Und halten Gericht.

Selbst angehende Beamte können Gefängnisstrafen bis zu einem Monat verhängen. Unterstützt von Schreibern und Übersetzern, empfangen die Briten indische Kläger und Beschuldigte. Hören etwa bei einem Elefantendiebstahl bis zu 150 Zeugen und fällen dann ihre Urteile. Rechtssprüche, die häufig willkürlich sind, weil die Beamten wenig von den Verhältnissen vor Ort begreifen.

Das Leben während der Inspektionstouren ist improvisiert und beschwerlich – auch wenn die Regierung dafür sorgt, dass jeder Beamte eine Zinkbadewanne, Tische, Stühle, eine Anrichte und einen gestreiften Baumwollteppich mit sich führt.

Der Tagesablauf in Kalkutta ist streng ritualisiert. Während die Beamten vormittags in ihren Büros arbeiten, treffen sich die Frauen zum Teetrinken. Im Garten dieses Hauses ist ein Stoffsegel installiert, mit dem Diener den Damen auf Verlangen Luft zufächeln

Für viele Neulinge ist das schon mehr Abenteuer, als sie je erwünscht haben. In Briefen an die Heimat sehnen sie sich nach einem Spaziergang über die Frühlingswiesen Englands, nach Kastanienbäumen und Weißdornhecken.

Stattdessen müssen sie nun beim Baden aufpassen, dass sich kein Skorpion im Schwamm eingenistet hat.

Einige Beamte werden bereits mit 24 Jahren zum Bezirksvorsteher befördert – und gebieten in manchen Fällen nun über eine Million Menschen.

Doch mit der Macht kommen auch Überforderung und Einsamkeit. So gering ist die Zahl der Briten in etlichen Gegenden, dass es viele unter den fast 300 Millionen Indern gibt, die ihr Leben lang keinem Mann des ICS begegnen.

Glücklich sind jene jungen Beamten, die in einer Bezirksstation leben, in der sich zumindest vier Landsleute für eine Partie Whist am Abend finden – oder vielleicht sogar einige Damen für ein Krocket-Spiel zweimal die Woche.

Und dennoch mag auch diese Neulinge Heimweh beschleichen. Der erste Heimaturlaub aber wird in der Regel erst nach acht Jahren gewährt.

Vertrautere Gesellschaft und gesellschaftliches Leben bieten nur die Metropolen, vor allem Kalkutta. Wer Dienstjahre sammelt und Leistung zeigt, steigt auf im Beamtenapparat – und erhält womöglich irgendwann einen Posten in der Zentrale, als Staatssekretär oder einer seiner Mitarbeiter.

Die Sekretäre sind die Minister des Vizekönigs, die obersten Beamten der Ressorts. Einmal pro Woche tagen sie mit dem Generalgouverneur in Kalkutta. Entscheidungen in diesem Gremium werden in die Provinzen übermittelt.

Eine echte Gewaltenteilung gibt es nicht in Indien. Zwar sind die obersten Gerichte unabhängig, doch im legislativen Rat, der ebenfalls in Kalkutta tagt, sitzen – neben ein paar indischen Honoratioren – wieder der Vizekönig und seine Sekretäre sowie weitere von ihm ernannte Beamte.

So kann sich die Regierung de facto selbst ihre Gesetze geben, ohne echte Mitbestimmung durch die lokalen Eliten und schon gar nicht durch die indische

Bevölkerung. Und da der Vizekönig in der Regel ja alle fünf Jahre abgelöst wird, ist es auf lange Sicht vor allem die Hautevolee des Indian Civil Service, die die Politik in Indien bestimmt.

Die Männer des ICS in ihren schwarzen Gehröcken sind die unangefochtene Elite der Kapitale. Sie prägen Kalkutta, geben der Stadt mit ihrem ritualisierten Lebensstil aus Luxus und Pflicht, Pomp, Müßiggang und Strenge den Rhythmus.

Ihr Tag beginnt gewöhnlich mit dem kleinen Frühstück – Tee, Weißbrot, Marmelade, Früchte – und einem morgendlichen Ausritt auf dem Maidan, der großen Parkanlage, die sich um das Fort William am Hugli erstreckt. Danach, zwischen neun und zehn Uhr, gibt es *haziri* – das eigentliche Frühstück: warme Currygerichte mit Fisch oder Hammel sowie geeisten Rotwein, aus Europa importiert. Zubereitet werden die Speisen zumeist von einem indischen Koch.

Die Kolonialherren unterhalten ganze Heere einheimischer Diener. Eine Familie, die sich daheim in Großbritannien vielleicht ein vierköpfiges Haushaltspersonal leisten würde, beschäftigt hier bis zu 40 Menschen: den Koch und seinen Spüljungen, persönliche Diener und Dienerinnen für die Herrschaften und die Kinder, zwei Aufwärter bei Tisch, einen Schneider, einen Kehrer, der den Fußboden reinigt, einen Wasserträger, einen Hirten für die hauseigenen Kühe und einen für die Hühner, einen Kutscher und mehrere Stallknechte, einen Grasschneider, der im Umland Futter fürs Vieh besorgt, einen Wäscher, einige Boten, mehrere Gärtner, einen Nachtwächter. Wer anderswo zu Besuch ist, bringt stets mindestens einen Diener mit, der seinem Herrn auch im fremden Haus das Essen serviert.

> 1000 Männer **gebieten** *über* 300 Millionen Inder

Nicht alle Beamten Kalkuttas wohnen in mehrgeschossigen Villen. Das typische Haus im kolonialen Indien, ob in der Stadt oder auf dem Land, ist der *bungalow*: eine Kombination aus britischer Architektur und einheimischem Hüttenbau, die Anglo-Inder bereits um 1800 entwickelt haben.

Überdachte Terrassen oder Galerien (nach einem Hindi-Wort *verandahs* genannt) umlaufen einen rechteckigen eingeschossigen Bau, der mit Stroh oder Schindeln gedeckt ist. Das Gebäude hat wenige Fenster, dafür zahlreiche Türen, die zumeist offen stehen, damit Luft durch das Gebäude zirkulieren kann.

Diese Hausform, die sich nach und nach im gesamten Empire verbreitet, soll das feucht-heiße Klima annehmbar machen. Zwischen den hohen Räumen im Inneren – meist ein Salon, ein Speiseraum sowie mehrere Schlaf- und Badezimmer – bremsen häufig nur Vorhänge den kühlenden Durchzug.

Oft halten sich die Bewohner dennoch auf der Veranda auf: Hier stehen Korbstühle, alte Sofas, manchmal ein Schreibtisch. Den Boden bedecken Teppiche, Matten, Topfblumen, Tigerfelle, an der Wand hängen Jagdtrophäen. Auf der rückseitigen Veranda empfängt die Hausherrin Händler, beaufsichtigt von dort das Personal. Manche Anglo-Inder bevorzugen es, auf der Veranda zu essen.

Nach dem Frühstück lassen sich Kalkuttas Beamte ins Büro bringen, mit der eigenen Kutsche oder in einer der mehr als 600 zu mietenden Sänften, die von vier oder sechs Indern geschultert werden.

Zu Fuß gehen Europäer selten. Auch nicht die Frauen, die vormittags bei Nachbarinnen oder Bekannten ihre Aufwartung machen, Tee oder Limonade trinken, plaudern.

Um 14 Uhr wird, wenn alle wieder daheim vereint sind, *tiffin* serviert, das Mittagsmahl aus Suppe, Fleisch, Curry, Reis, Käse und Dessert, dazu Wein oder Bier.

Anschließend ruhen die Herrschaften in den kühlsten Räumen des Hauses, bis etwa fünf Uhr. Danach trifft sich die britische Gesellschaft in ihren Pferdegespannen beim obligatorischen *taking the evening air* auf der breiten Uferstraße am Hugli, auf der Esplanade nördlich des Maidan oder auf den Wegen des Parks. Selbst Kinder paradieren auf Ponys über die Parkwiesen, begleitet von einer Entourage indischer Diener.

Erst nach dem Ausflug, gegen sieben Uhr oder später, wird das Abendessen serviert, die eigentliche Hauptmahlzeit des Tages mit zahlreichen schweren Gerichten, die die Diener wie stets barfuß und so gut wie geräuschlos auftragen.

Oft auch treffen sich die Hausherren mit anderen Briten zum Dinner. Doch sind diese Abendgesellschaften selten besonders ausgelassen. Denn streng sind Etikette und Protokoll im britischen Kalkutta, weitaus strenger als in London oder Oxford.

Die Entfernung zum Mutterland hat die Sitten nicht gelockert, sie hat sie verschärft: Wer neben wem am Tisch sitzt, das ist präzise geregelt; die Hausherrin muss bei der Platzierung der Gäste einem offiziellen Leitfaden für British India mit rund 100 Rangstufen folgen und auch noch den kleinsten Unterschied berücksichtigen.

Ein Skandal, wenn sich ein Beamter, der bereits 18 Jahre in Indien weilt, auf einem schlechteren Stuhl wiederfindet als sein Kollege, der erst seit zwölf Jahren auf dem Subkontinent arbeitet.

Die Gespräche erschöpfen sich an solchen Abenden meist in gestelzten Floskelkaskaden und lauwarmem Geplänkel – aus Furcht, Anstandsregeln oder die Rangordnung zu verletzen.

Selbst in abgelegenen Stationen auf dem Land gilt ein starrer Dresscode. Während das Personal nur leichte Lendentücher zu nackten Oberkörpern trägt, schwitzen die Gäste in Frack und gestärkten Hemden.

Hierarchisch, ja dünkelhaft ist die britische Gemeinde von Kalkutta: Die hohen Beamten blicken herab auf die niederen, die wiederum auf die Kaufleute und die auf die Ladenbesitzer und Handwerker.

Und erscheint am Abend ein einfacher Eisenwarenhändler zur Ausfahrt

Die Männer des Indian Civil Service sind die bestbezahlten Beamten der Welt. Doch ihre Karriere beginnt meist weitab der großen Städte in einem der 250 Bezirke von Britisch-Indien: Sie reisen durch entlegene Regionen, inspizieren Wege, ermitteln Steuerlasten, sprechen Recht. Dieses Foto zeigt vermutlich einen Beamten, der 1891 in Kaschmir mit indischen Schreibern einen Prozess führt

auf der Esplanade, muss er mit einem Naserümpfen rechnen.

Doch ist es nicht allein diese Hierarchie, die Kalkutta prägt: Ein Abgrund trennt die Stadt in zwei Teile, zwei zutiefst ungleiche.

Nur knapp zwei Prozent der Bewohner von Kalkutta sind britischer Abstammung – rund 11 000 Zivilisten und einige Tausend Armeeangehörige unter 850 000 Menschen. Die glanzvolle britische Kolonialmetropole ist in Wirklichkeit fast vollkommen indisch.

„Black Town" nennen die Briten die raumgreifenden Viertel nördlich des Zentrums und ganz im Süden Kalkuttas, wo die Inder wohnen: wegen der dunkleren Hautfarbe der Bewohner.

Bis zu zehnmal mehr Menschen pro Hektar leben in diesen Bezirken, in für Europäer schier undurchschaubaren Gassen, einem Gewirr aus Häusern, Lehmhütten und Verschlägen. Jedes Jahr gehen hier Hunderte an Cholera zugrunde, in „White Town", wo die Briten wohnen, stirbt kaum jemand daran.

Ihre eigenen Viertel, die großzügigen, sauberen, prachtvollen Areale, das offizielle Gesicht Kalkuttas, haben die Kolonialherren stetig modernisiert, bei fast jeder Sanierung der Stadt bevorzugt. Hier gibt es die bessere Kanalisation, die bessere Wasserversorgung, die ersten Stromleitungen. Hier fährt ab 1902 die erste elektrische Straßenbahn.

Eine Gruppe Europäer verfolgt um 1911 eine Leichenverbrennung in Benares. In der heiligen Stadt am Ganges zu sterben und seine Asche über dem Fluss verstreuen zu lassen, ist für viele Hindus eines der höchsten Ziele. Die meisten Briten halten die Inder dagegen für unzivilisiert – und sehen in deren Bräuchen bestenfalls ein exotisches Spektakel

In Black Town dagegen liegen die Slums und die Fabriken für Jute und Baumwolle, werden Inder zu niedrigsten Löhnen ausgebeutet, von ihren Vorarbeitern geschlagen, auf den Straßen von der Polizei misshandelt.

Kalkutta ist eine Zwei-Klassen-Stadt, ein Spiegelbild des Landes, das durch eine kleine Schicht Fremder beherrscht wird. Auch andere Metropolen wie Madras oder Bombay sowie fast alle Provinzhauptstädte zerfallen in Black und White Towns.

Und doch gibt es auch äußerst wohlhabende Inder in Kalkutta – etwa Kaufmannsfamilien, die meist durch Handel mit den Briten zu Reichtum gekommen sind, als Zulieferer der East India Company enormen Profit gemacht haben.

Ihre Anwesen, die ebenfalls nördlich der britischen Bezirke liegen, wirken nach außen oft weniger protzig als die der Kolonialherren, sind im Inneren aber mindestens ebenso luxuriös.

In Black Town leben zudem jene Inder, die der wachsenden einheimischen Mittelschicht angehören, die etwa die englischsprachige Universität von Kalkutta besucht haben und nun als Anwälte oder Lehrer arbeiten.

Die Briten machen mit Indern Geschäfte, laden gelegentlich indische Honoratioren zu offiziellen Empfängen ein, aber wo immer es geht, meiden die Europäer die Einheimischen, umgehen den direkten Kontakt. Das übliche Verhältnis zwischen einem Briten und einem Inder ist das zwischen Herr und Diener.

Die gesellschaftliche Distanz hat im Laufe des 19. Jahrhunderts zugenommen. Noch um 1800 ließen sich viele Briten auf die indische Kultur ein, zeigten ernsthaftes Interesse, ja Begeisterung an der für sie exotischen Welt und ihren Bewohnern.

Manche Kaufleute und Abenteurer konversierten fließend in der Sprache der Einheimischen, genossen den würzig-kühlen Rauch von Wasserpfeifen und Darbietungen indischer Tänzerinnen in wallenden Gewändern.

Doch mit der zunehmenden Macht auf dem Subkontinent – und mit einem in Europa immer weiter verbreiteten Denken, das die westliche Kultur und die eigene „Rasse" an den Gipfel der Menschheitsgeschichte imaginierte – kam die Überheblichkeit.

Inzwischen halten die meisten Briten die indische Zivilisation für barbarisch, die Religion der Hindus für primitiven Aberglauben, viele alte Rechtstraditionen für verachtenswert.

„Bringen Sie Ihren Untergebenen bei, dass wir alle britische Gentlemen sind, beschäftigt mit der großartigen Aufgabe, über eine minderwertige Rasse zu gebieten", erklärt der Vizekönig um 1870 führenden Beamten. Keinesfalls, so sehen es viele Briten, könnten die Inder politisch für sich selbst sorgen, sich eigenständig regieren. Nicht wie ebenbürtige Erwachsene müsse man sie behandeln, sondern wie Kinder.

Immer unnahbarer geben sich die Briten, vor allem seit dem Aufstand von 1857 – teils aus Wut über die „Undankbarkeit" der rebellischen Einheimischen, teils aus Angst vor erneuten Unruhen. Von ihren Untertanen erwarten die Kolonialherren nun vor allem Ehrerbietung. Besser noch: Unterwürfigkeit.

Größerer Widerstand der Einheimischen bleibt vorerst aus. Nur selten kommt es zu kleineren Rebellionen – und wenn, dann vor allem an den Rändern des Reiches.

Und so müssen die Briten kaum je um Leben und Leib fürchten – außer im äußersten Nordwesten, wo Beamte gelegentlich Anschlägen zum Opfer fallen und nur mit bewaffneten Wächtern Golf spielen gehen, sowie im entlegenen Osten, wo aufständische Banden übers Land ziehen und auch Männer des ICS töten. (Später aber nimmt die Gewalt zu. Anfang der 1930er Jahre töten politische Attentäter allein im Bezirk Midnapore in Bengalen drei District Officers.)

Viele Beamte sind davon überzeugt, dass es ihre zivilisatorische Pflicht ist, den Indern die vermeintlichen Segnungen der westlichen Kultur – westliche Bildung, westliche Institutionen, westliche Technik – zu bringen.

„White Man's Burden", die „Bürde des weißen Mannes", nennen die Briten nach einem Gedicht des britischen Kolonialdichters Rudyard Kipling von 1899 die Aufgabe, den angeblich Rückständigen zu helfen.

Doch vor allem geht es London darum, das Land möglichst effizient zu beherrschen. Immer wieder erheben die Beamten zu diesem Zweck Daten. Organisieren alle zehn Jahre Volkszählungen, in denen sie Zahl, Alter, Geschlecht, Religion, Beruf der Untertanen ermitteln – und deren Kastenzugehörigkeit.

In ihrer Freizeit spielen die Briten Polo, Tennis oder Cricket, doch der beliebteste Zeitvertreib ist die Jagd: 1902 lassen sich Vizekönig Lord George Curzon und seine Frau Mary Victoria im Fürstenstaat Hyderabad mit einem erlegten Tiger fotografieren

Denn die Briten sind geradezu besessen von den Kasten, die ihnen eine nachvollziehbare Ordnung Indiens, dieses so hochkomplexen Landes, zu geben scheinen: das Bild einer in einheitliche Gruppen unterteilten Gesellschaft, die streng hierarchisch zueinander stehen, ganz so wie die Untergruppen ihrer eigenen kolonialen Rangliste.

Doch die vermeintliche Klarheit ist trügerisch: Vielfach übertreiben die Kolonialherren unfreiwillig die Bedeutung der Kasten, schaffen überhaupt erst harte Unterscheidungen und Hierarchien zwischen Gruppen oder legen veraltete Vorstellungen wie das vierteilige Varna-System zugrunde und erfinden so mitunter völlig neue Sozialstrukturen, die Herrscher und Beherrschte gleichermaßen verwirren.

Um ihr Regime zu stabilisieren, setzen die Briten aber nicht allein auf Zahlen und die Effizienz ihrer Beamten – sondern auch auf immer üppigeren Pomp.

Zum Jahreswechsel 1902/1903 lässt Vizekönig Lord Curzon sämtliche Fürsten Indiens auf einem riesigen Areal nördlich von Delhi zusammenkommen, damit sie am Neujahrstag dem neuen Kaiser von Indien die Ehre erweisen: Im August ist Edward VII. gekrönt worden, als Nachfolger der verstorbenen Queen Victoria. Für das Ereignis hat Curzon eine Zeltstadt für 150 000 Menschen errichten lassen.

Wie die alten Mogulkaiser, Fremdherrscher einst auch sie, zelebriert Curzon die glanzvolle Zusammenkunft. Mit seiner Frau reitet er an der Spitze einer Prozession von Prunkelefanten, die die einheimischen Fürsten tragen. Das Tier des Vizekönigspaares, ein mit schillernden Decken geschmückter Elefant, ist das größte Nordindiens.

Auch in Kalkutta wollen die Briten ihrer Herrschaft so viel Glanz wie möglich verleihen. In den Wintermonaten, in denen die Temperaturen auf das Niveau eines mitteleuropäischen Sommers herabsinken und ein halbwegs normales Leben zulassen, folgt Galadinner auf Galadinner, Empfang auf Empfang.

Und bei aller umständlichen Etikette freut sich Kalkuttas High Society, dass die Monotonie aufgebrochen wird, die die Verwaltungsarbeit und das Leben in der Exilantengemeinde mit sich bringen.

Zudem gibt es im Winter noch eine Vielzahl anderer Amüsements. Im Süden des Maidan etwa liegt die Pferderennbahn. Auf einer Tribüne, prunkvoller als die traditionsreichen Anlagen von Ascot oder Epsom in England, können die Frauen ihre feinsten Kleider präsentieren, die Männer auf Platz oder Sieg wetten.

An freien Tagen, oft auch am Abend nach der Arbeit, treiben die Anglo-Inder Sport: Sie spielen Tennis in weißer Flanellkluft auf Plätzen aus festgestampfter Erde, die in den meisten größeren Anwesen liegen. Ihre indischen Diener teilen sie als Balljungen ein. Sie treffen sich auch zum Cricket, zum Badminton, Bogenschießen oder Polo.

Der beliebteste Zeitvertreib aber ist die Jagd. Wie überall in Indien ziehen die Kolonialherren regelmäßig in die Wälder und schießen Wachteln oder Kammhühner, Enten oder Hirsche, Schnepfen oder Antilopen. In manchen Gegenden ist auch die Schakal-Jagd mit Hundemeuten en vogue.

Sowie das wagemutige *pig-sticking*: Dabei hetzt eine kleine Reitergruppe Wildschweine durch unbekanntes Terrain und versucht, sie mit langen Spießen zu töten. Nicht selten geraten die Pferde dabei ins Straucheln, überschlagen sich, werfen ihre Reiter ab – die Gefahr ist Teil der Attraktion.

Aller **Pomp** *dient dem Machterhalt*

Denn bei der Jagd wollen die Briten ihre Männlichkeit, ihre Geschicklichkeit und Kampfeslust beweisen. Und kaum etwas scheint befriedigender als die Gelegenheit, seinen Fuß auf den Körper eines selbst geschossenen Tigers zu heben, jenes mächtigen indischen Raubtieres.

Auch Lord Curzon lässt sich so fotografieren. Ein Bild, das zu symbolisieren scheint: Ich habe Indien bezwungen.

Die Jagd, das Tennis und das Cricket helfen den Anglo-Indern, sich auch fern der Heimat als echte Briten fühlen zu können. Doch gibt es Orte in der Stadt, die die *Britishness* noch weitaus machtvoller beschwören: die Clubs.

Selbst viele der entlegensten Bezirksstationen in den Provinzen haben einen Club, zumeist einfache Etablissements mit Bierringen auf der Theke. Die elegantesten Treffpunkte aber liegen in den Metropolen. In Kalkutta gibt es davon gleich mehrere, darunter den India Club, den Tollygunge Club, den Turf Club, den Calcutta Club und – eines der ältesten und luxuriösesten Häuser in ganz Indien – den Bengal Club von 1827.

Die Inszenierung ist stets ähnlich: Hinter bewachten Toren, langen Auffahrten und Respekt gebietenden Namensplaketten erstrecken sich Speisesäle, Raucherräume, Bibliotheken, Billardzimmer, holzvertäfelte Lounges.

Gentlemen-Magazine aus England liegen auf Tischen vor Ledersofas, Ausgaben der „Times“ und das britische Sportblatt „The Field“.

Die Besucher lesen, reden, dinieren, trinken schottischen Whisky, umhüllt vom schweren Rauch ihrer Zigarren. Irgendwo spielen Leute Bridge. Irgendwo nippt jemand an einem Gin Tonic.

Als wirkungsvolles Mittel gegen Malaria ist das chininhaltige *tonic water* – „stärkendes Wasser“ – in Indien weit verbreitet. Um den äußerst bitteren Geschmack des Wirkstoffs zu überdecken, mischen manche Anglo-Inder den Trunk einfach mit Gin.

Das Grundprinzip der Clubs ist Exklusivität – in jeder Hinsicht: In den meisten Häusern haben nur „Weiße“ Zutritt. Und nur selten auch Frauen.

Die britischen Männer sind hier unter sich, atmen durch, weil die Außenwelt jenseits der Tore verbleibt.

Doch jedes Jahr kommt die Zeit, da sich Indien nicht mehr verdrängen lässt. Anfang März nehmen die Temperaturen am Gangesdelta zu: auf 30 Grad Celsius, 35 Grad, manchmal über 40 Grad.

Der tropische Sommer kommt, er kriecht heiß und feucht in die Clubs, Villen und Bungalows.

Spätestens jetzt lassen die Hausherren die *punkahs* installieren: Zimmerfächer, die aus einem oft mehrere Meter breiten und einen Meter hohen Stoffsegel bestehen, das senkrecht an einer Stange von der Decke hängt.

Ein Diener, der außerhalb des Raumes sitzt, versetzt den Fächer durch rhythmisches Ziehen an einer Schnur in Bewegung – über Stunden, und auch nachts, wenn der Hausherr versucht, unter der Apparatur sowie einem Moskitonetz zu schlafen.

Doch nicht nur, weil der Diener meist bei seiner monotonen Arbeit einschläft, finden die Briten kaum noch Nachtruhe. Auch nach Jahren gewöhnen sich nur die wenigsten an das extreme Klima.

Tagsüber sollen an Fenstern und Türen aufgehängte Grasmatten vor der Sonneneinstrahlung schützen und, regelmäßig benetzt, für Kühlung sorgen. Findige haben eine Apparatur entwickelt, bei der ein Ventilator, mitunter von Ochsen im Garten angetrieben, Luft durch angefeuchtete Stoffschirme presst. In besonders heißen Gegenden ziehen sich die Briten in einen eigens ausgehobenen fensterlosen Kellerraum zurück.

Die Hitze raubt nicht nur den Schlaf, sie macht auch krank – und sie tötet: Früher, bis etwa 1800, feierten die europäischen Einwohner Kalkuttas am 15. November, zum Ende der Wärmeperiode, dass sie ein weiteres Jahr überlebt hatten. Und auch jetzt noch schindet das Klima die Körper der Kolonialherren. Verursacht juckenden Hautausschlag, eitrige Pusteln und Ekzeme. Lässt plötzliches Fieber hochschnellen.

Die Anglo-Inder leiden fast permanent unter Kopfschmerzen, Magenkrämpfen und Durchfall. Hunderte gehen jedes Jahr an Typhus und Malaria zugrunde.

Selbst ein kleiner Schnitt in den Zeh kann in der feuchten Hitze rasch tödlich

Anlässlich der Krönung von Edward VII. versammelt Lord Curzon zum Jahreswechsel 1902/1903 sämtliche indische Fürsten und Würdenträger auf einem Areal nördlich von Delhi, damit sie dem neuen britischen Monarchen und Kaiser von Indien ihre Loyalität bezeugen. Das Vizekönigspaar reitet an der Spitze einer Prozession von Prunk-Elefanten, auf denen die Honoratioren sitzen

werden, wenn Tetanuserreger die Wunde infizieren. Nach 20 Jahren Dienst in Indien leben oft nur noch zwei Drittel der Beamten eines Jahrgangs, ihre Gesichter frühzeitig gealtert.

Jede Bewegung gerät in der anschwellenden Hitze des März für die Europäer zur Qual. Die Arbeit in den Büros der Regierung ist fast unmöglich.

In einigen Monaten wird zudem der Monsun in Europa ungekannte Wassermassen niedergehen lassen. Und so ist es Zeit für die Flucht, den Exodus in die Berge: Die Untergebenen packen die Aktenkisten und Koffer für die Reise nach Simla.

Die Luft ist mild und klar und trägt den Duft von Kiefern und Tannen über den Hügelkamm – entlang der Promenade, durch die Ansammlung von Cottages, Chalets und kleinen Villen, vorbei an den Fachwerkfassaden und Laubsägegiebeln, über die Rosenbeete und die Fuchsien in ihren geflochtenen Körben. Simla, die Kleinstadt im Vorderen Himalaya, wirkt wie ein britischer Luftkurort.

Es ist Ende März, Anfang April, und die Beamten aus Kalkutta treffen ein, erschöpft nach einer rund 60-stündigen Reise. Bereits seit den 1860er Jahren richtet die Regierung von British India in Simla ihre mehrmonatige Sommerresidenz ein.

Eine Absurdität, eigentlich: Von einem Ort im Nirgendwo, in gut 2000

Jedes Jahr im März, wenn die Temperaturen im Gangesdelta auf bis zu 40 Grad Celsius steigen, zieht die Kolonialregierung von Kalkutta in den fast 2000 Kilometer entfernten Ort Simla im Vorderen Himalaya. Für mehrere Monate wird das Refugium zur Residenz- und Ferienstadt, in der viele Briten ihren Jahresurlaub verbringen

Meter Höhe, rund 100 Kilometer von der nächsten Eisenbahnlinie entfernt (erst Ende 1903 wird eine Trasse nach Simla eröffnet), wollen die Briten ein Reich führen, in dem fast ein Fünftel der Menschheit lebt.

Doch die klimatischen Vorteile scheinen bestechend: An einem einzigen Tag in Simla, so verkündete ein früherer Vizekönig, könne er mehr Arbeit erledigen als an fünf Tagen in der Hitze Kalkuttas.

Und die Attraktivität Simlas ergibt sich eben gerade auch aus der Abgeschiedenheit: Nur so kann es das perfekte Refugium sein, das viele Briten suchen, um ihr Unbehagen an Indien zu lindern.

Simla ist Verwaltungsstadt und Feriendorf in einem. Zwar gehen die Beamten auch hier unbeirrt ihrer Arbeit nach, trifft sich, wie in Kalkutta, einmal wöchentlich der Rat des Vizekönigs in dessen Lodge.

Doch das öffentliche Leben wird bestimmt von leichtem Zeitvertreib. Zusätzlich zur Regierung kommen jedes Jahr einige Tausend Sommerfrischler in die Berge: britische Offiziere und Beamte, die ihren Jahresurlaub hier verbringen, Frauen von Anglo-Indern, die sich im moderaten Klima erholen wollen, während ihre Männer in den Bezirken im Tiefland weiter ihren Dienst verrichten müssen.

Die Gäste flanieren bei Tage über die Mall im Ortskern, vorbei an Juwelieren, Friseurläden, Kleidungs- und Lebensmittelgeschäften, die Waren aus Großbritannien anbieten und ebenso gut in Cambridge oder Liverpool liegen könnten.

Die Briten trinken, makellos gekleidet, Tee oder Kaffee bei Peliti's, dem ersten Haus am Platze. Und frohlocken, dass die Temperaturen nachts mitunter so frisch werden, dass sie den Kamin anfeuern und eine Decke mit ins Bett nehmen können.

Früh zum Schlafen kommen viele dennoch nicht. Denn es muss getanzt werden: bei Mondscheinfesten auf gestutztem Rasen, bei *fancy-dress balls*, bei Fackellicht unter Kiefern. Jung ist die Gesellschaft, wie überall unter den Briten im kolonialen Indien. Die meisten Beamten verlassen bereits mit rund 50 Jahren das Land.

Auch in Simla ist die Dynamik der Jugend zu spüren. Anfang der 1920er Jahre wird sich die Tochter eines hohen Beamten damit brüsten, an 26 aufeinanderfolgenden Abenden ausgegangen zu sein.

Regelmäßig bringt der Amateur Dramatic Club Burlesken und Musicals auf die Bühne, pro Saison bis zu 20 unterschiedliche Stücke, in denen mitunter stellvertretende Regierungssekretäre enttäuschte Liebhaber und Beamtengattinnen vergeblich Angebetete mimen.

In gewisser Weise ist ganz Simla wie ein großer Club, ein Ort exklusiven englischen Amüsements. Nur dass sich das Verhältnis von Männern und Frauen hier in etwa die Waage hält – wie sonst fast nirgendwo im britisch-indischen Kosmos.

Denn nur gut ein Drittel der insgesamt 150 000 Anglo-Inder ist weiblich. Viele Beamte sind Junggesellen. Sie kommen jung ins Land und heiraten frühestens während ihres ersten Heimaturlaubes.

Und oft bleiben die Ehefrauen nach der Hochzeit nur kurz in Indien, ziehen, weil sie das Leben auf dem Subkontinent als zu rau, zu ungesund empfinden, zurück nach England.

Selbst wenn die Eheleute gemeinsam in Indien leben, schicken sie ihre Kinder fast immer in der Heimat zur Schule.

Ein ganzes Lebensjahrzehnt, von sieben bis 17, verbringen die Sprösslinge fern von Vater und Mutter. Das extreme Klima und die fremde Kultur würden der Entwicklung des Nachwuchses ernsthaft schaden, heißt es.

Die vielen alleinstehenden Männer leben über lange Zeiten fast zölibatär. Einige besuchen heimlich die Bordelle in den Städten, wo auch europäische Prostituierte ihre Dienste anbieten.

Andere haben indische Geliebte, doch ist das – auch ein Zeichen der wachsenden Distanz zu den Einheimischen – unter Anglo-Indern inzwischen verpönt. Und so nutzen nicht wenige die Sommermonate in Simla.

Eifrig flirten dort junge Beamte und Offiziere mit den zahlreichen Strohwitwen, säuseln beim Picknick unter Himalaya-Zedern, schmeicheln beim Dinner mit „Alice in Wonderland"-Motto oder beim Sport auf einer nahe der Stadt gelegenen großen Lichtung.

Und obwohl der Archidiakon der anglikanischen Kirche bei fast allen gesellschaftlichen Anlässen zugegen ist, kann die Exilgemeinschaft immer wieder über gehörnte Gatten und den neuesten Ehebruch tratschen.

Simla, das Refugium in den Bergen, das Pendant zur Metropole Kalkutta, hat seine Kritiker. Journalisten beanstanden, dass die Regierung dort jegliche Berührung zu ihren Untertanen verliere; ältere Beamte geißeln den frivolen Müßiggang; dem staatsmännischen Lord Curzon ist Simla schlicht zu provinziell.

Die meisten Anglo-Inder aber lieben diesen britischen Mikrokosmos. Jenen Flecken Indien, der nicht Indien ist.

Oder richtiger: nicht Indien zu sein scheint.

Denn das britische Simla ist natürlich eine Lüge, ein bloßer Wunschtraum der Kolonialherren: Auch an diesem Ort sind sieben von acht Bewohnern Inder; ihre Viertel liegen dicht gedrängt an den steilen Hängen unterhalb des Stadtzentrums; viele der Häuser, die die britischen Honoratioren für die Sommermonate mieten, gehören wohlhabenden indischen Familien.

So ist Simla ein Symbol für das, was die Briten um 1900, auf dem Höhepunkt ihrer imperialen Macht, zu ersehnen scheinen: ein Indien ohne Indien. Und dafür, dass dieser Wunsch naturgemäß scheitern muss.

Stattdessen werden bereits in diesen Jahren jene Stimmen unter den Einheimischen lauter, die *mehr* Indien fordern: mehr politische Mitbestimmung, mehr eigene Macht, mehr nationales Selbstbewusstsein.

In den nun folgenden Jahrzehnten wird der Widerstand gegen die Kolonialherren, wird die Unabhängigkeitsbewegung wachsen. Bis sie so stark ist, dass die Briten die Frage, ob sie weiterhin auf dem Subkontinent bleiben wollen, mit einem einzigen Wort beantworten:

Nein. □

Den GEO*EPOCHE*-Redakteur **Jens-Rainer Berg**, 36, überraschte während seiner Recherche das oft unmittelbare Nebeneinander von Pracht und Mühsal, Arroganz und Unbehagen bei den britischen Kolonialherren in Indien.

Literaturtipps: *David Gilmour, „The Ruling Caste", Murray: akribisch recherchiertes Gruppenporträt der britischen Beamten in Indien. Sukanta Chaudhuri (Hrsg.), „Calcutta. The Living City", Oxford University Press: umfangreiche Aufsatzsammlung zur Geschichte der Kapitale. Pamela Kanwar, „Imperial Simla", Oxford University Press: interessante Studie über die Sommerresidenz der britischen Kolonialherren.*

Mit seinen von Cottages, Fachwerkhäusern und Villen gesäumten Straßen und Promenaden ähnelt Simla einem englischen Luftkurort. Das 1892 eröffnete Grand Hotel (links), die luxuriöseste Herberge der Stadt, verfügt über eine Eismaschine, Tennisplätze und Stallungen

Götter auf der Leinwand

Besessen von der Idee, die seit Jahrhunderten verehrten Gottheiten seiner Landsleute zum Leben zu erwecken, verfilmt der Fotograf Dadasaheb Phalke die Mythen des Mahabharata-Epos. Über die Kinoleinwände Bombays flirren im Jahre 1913 die ersten Bilder einer Kunst, die das Land für immer verändern wird

VON JONATHAN STOCK

Vorsichtig legt Dadasaheb Phalke eine Filmrolle in den Spulenkasten des Projektors im „Olympia"-Theater von Bombay – das Material ist feuergefährlicher als Schwarzpulver. Der Zelluloidfilm, aus England importiert, besteht aus feinen Baumwollfasern, versetzt mit Schwefel- und Salpetersäure. Es ist neun Uhr abends am 21. April 1913, und Dadasaheb Phalke steht kurz davor, seinen Traum zu verwirklichen: Indiens ersten Spielfilm auf der Leinwand zu präsentieren – und damit seinen Landsleuten die Götter vom Himmel zu holen.

Mit der Rücksichtslosigkeit eines Besessenen hat er seinen bisherigen Beruf hinter sich gelassen, den Schmuck seiner Frau versetzt und seine Lebensversicherung verpfändet. Nun liegt auch noch seine jüngste Tochter mit einer Lungenentzündung im Bett. Sein Bruder rät ihm, die Vorstellung zu verschieben, doch Phalke bleibt stur: „Die Einladungen sind verschickt. Ich muss den Film zeigen."

Zwei Zahnräder klicken, die 3000 Grad Celsius heiße Kohlebogenlampe springt fauchend an: In der Dunkelheit des Saales hebt im weißen Licht des Projektors der noble König Harishchandra stumm Pfeil und Bogen, beschwört der Weise Vishwamitra im Feuer geheimnisvolle Frauenwesen, erweckt Shiva, der tanzende Weltenzerstörer, die Toten zum Leben.

Es ist ein mythischer Stoff – und es sind die ersten Bilder einer Kunst, die Indien verändern wird.

Zwei Jahre zuvor schlendert Dadasaheb Phalke an einem Samstag durch Bombays Vergnügungsviertel. Der Sohn eines Sanskritlehrers ist 40 Jahre alt und arbeitslos – wieder einmal. Vieles hat er schon in seinem Leben ausprobiert: Er war Maler, Lithograph, Zauberkünstler, Schauspieler, Bauzeichner und Porträtfotograf für Theatertruppen.

Bombay ist eine der größten Metropolen des Empire. Ihr Hafen und der größte Baumwollmarkt Asiens haben Geschäftsleute aus aller Welt in die Stadt gebracht. Die Händler verbringen ihre Tage in den Büros und auf den Marktplätzen der Stadt – nachts aber wollen sie ihre Arbeit vergessen.

Viele zieht es zu einem neuen Vergnügen: dem Kino. Die Technik dafür gibt es in einigen Theatern Bombays, seit 1896 ein Mitarbeiter der französischen Brüder Lumière deren *cinématographe* in der Stadt vorgestellt hat, nur sechs Monate nach der Pariser Weltpremiere ihres ersten Films. Meist als Teil von Varieté-Programmen werden in den Sälen nun englische, amerikanische, französische Kurzfilme gezeigt.

Auch Phalke ziehen an diesem Samstagabend die Lichter eines Kinos an der Sandhurst Road an. Auf dem Programm: „The Life and Passion of Christ", ein Film über die Leiden Jesu. In dem dunklen Raum erlebt Phalke eine Erleuchtung.

„Während das Leben Christi schnell an meinen Augen vorbeirollte, sah ich innerlich unsere Götter vor mir", erinnert er sich später. „Ein merkwürdiger Zauber erfasste mich. Würden wir, die Söhne Indiens, jemals indische Bilder auf der Leinwand sehen können?" Phalke weiß jetzt, was er will: einen eigenen Film drehen. In Indien. Mit einem indischen Stoff. In den folgenden zwei Monaten schaut er sich alle Kinofilme an, die in Bombay gezeigt werden.

Er schläft nur noch drei Stunden am Tag, verbringt die Nächte mit Entwürfen, experimentiert mit einem Spielzeugprojektor, brütet über Filmausrüstungskatalogen aus England. Dann erkrankt er, ausgerechnet am grauen Star, erblindet sogar für kurze Zeit. Er hört nicht auf die Vorwürfe der Familie, die um seine finanzielle Existenz fürchtet, ignoriert die Sorgen seiner Freunde, von denen einer ihn gar ins Irrenhaus einweisen lassen will.

Um das Filmhandwerk zu lernen, reist er nach London; damit er sich die Überfahrt leisten kann, muss er seine Lebensversicherung verpfänden. Kein Empfehlungsschreiben führt er auf der Schiffsreise mit sich, nur ein „ABC of the Cinematograph", in einem Fotoladen gekauft.

In London begeistert er den Herausgeber einer Filmzeitschrift für sein Vorhaben und kommt in Kontakt mit einem berühmten Produ-

Dadasaheb Phalke produziert bis 1944 gut 100 Spielfilme – und stirbt doch verarmt und vergessen

Phalke dreht mit Darstellern, die noch nie einen Film gesehen haben. Die weibliche Hauptrolle in seinem Werk über den mythischen König Harishchandra muss er mit einem Mann besetzen: Denn vielen Inderinnen gelten Schauspiel und Tanz als niederes Vergnügen

zenten. Der hilft Phalke, eine Kamera für 50 Pfund zu kaufen sowie ausreichend Filmmaterial, eine Entwicklungs- und eine Perforiermaschine.

Zurück in Bombay beginnt Phalke 1912 mit den Dreharbeiten. Er wählt ein Stück aus dem längsten und ältesten Epos Indiens: die Geschichte des mythischen Königs Harishchandra und seines Strebens nach Wahrheit und Pflichterfüllung, das ihn so weit bringt, sein Königreich zu opfern und seine Frau und seinen Sohn in die Sklaverei zu verkaufen.

ENTNOMMEN HAT ER es dem Mahabharata-Epos, gedichtet vor mehr als 2000 Jahren. Schon immer war das gewaltige Werk eine Inspiration für weitere Kunst: in den Götterreliefs der Tempel, in der Malerei, im Volkstheater. Doch was die Künstler bislang nur andeuten konnten, wird im Film nun lebendig: Die Götter und Dämonen lösen sich in Luft auf, fliegen zu den Wolken, reiten im Feuerwagen, haben zehn Köpfe oder führen eine Armee von Affen an.

Eine der Hauptfiguren ist weiblich, doch keine respektable Frau aus der Mittelschicht ist bereit, bei dem Projekt mitzuwirken. Zu niedrig ist das Ansehen von Schauspiel und Tanz. Phalke wendet sich daraufhin an Prostituierte – denen reicht aber die Bezahlung nicht. Schließlich wirbt er in einem Restaurant einen Mann an und überredet ihn, sich für die Rolle den Schnurrbart abzurasieren.

Phalke probt mit Darstellern, die noch nie vor der Kamera gestanden, oft noch nie einen Film gesehen haben. Als die Schauspieler in Kostümen mit Schwert und Speer auf dem Weg zu einer Kampfszene sind, werden sie von der Polizei festgenommen, Phalke bekommt sie nur mit Mühe frei.

Er produziert, führt Regie, schreibt das Drehbuch, entwirft die Kulissen und das Make-up. Nachts entwickelt er den Film, schneidet ihn zusammen. Als sein Sohn am Set bei einem Unfall eine schwere Kopfverletzung erleidet, dreht er mit dem Bewusstlosen gleich eine geplante Todesszene.

Am Ende sind 57000 Bilder aneinandergereiht, zusammen fast eine Stunde Film. Und Phalke hat sich eine Sehnsucht erfüllt: sein Indien zum Leben zu erwecken, mit einer Geschichte, so alt wie das Land selbst.

Das Werk wird ein Erfolg. „Raja Harishchandra" läuft sechsmal so lang wie andere Filme in den Kinos; Zuschauer weinen, als sie die Gestalten auf der Leinwand sehen – und meinen sogar, sie im Stummfilm sprechen zu hören.

Phalke dreht weiter, verfilmt das Leben Krishnas und den Kampf des Affengottes Hanuman gegen den zehnköpfigen Dämonenkönig Ravana. Mancherorts stürmen die Zuschauer die Kinos, jede Stunde läuft eine Vorstellung, die Einnahmen müssen unter Polizeischutz abtransportiert werden.

Immer wieder bedient Phalke sich des unerschöpflichen Fundus indischer Mythologie; bis zu seinem Lebensende 1944 werden es mehr als 100 Spielfilme und 30 Kurzfilme sein. Und er hat viele Nachahmer, in Madras und Kalkutta, vor allem aber in Bombay.

Zusammen erfinden die Filmpioniere ihr Land neu, präsentieren vom Himalaya bis zum Indischen Ozean allen Menschen das gleiche Bild Indiens – und schaffen damit ein Gefühl der Einheit, das vorher kein Medium erreicht hat.

Als Werke mit politischen Anspielungen entstehen und 1921 der erste Film von den Briten verboten wird – weil sein Hauptdarsteller Mahatma Gandhi ähnelt –, entgehen die Regisseure der Zensur, indem sie indische Reformer und Politiker als Helden- und Götterfiguren darstellen, die Dämonen dagegen oft an die Kolonialherren erinnern lassen.

Phalke selbst hat daran nur noch wenig Anteil. Mit der Einführung des Tonfilms 1931 gerät er in Vergessenheit und verarmt – wieder einmal. Kurz vor seinem Tod schreibt er einem Journalisten: „Es ist das Wesen der Welt, zu vergessen. Sie sollten dasselbe tun."

Doch da irrt er sich. 65 Jahre später, im Sommer 2009, wird ein Kinofilm mit dem Titel „Harishchandrachi Factory" als Beitrag Indiens in das Rennen um den Oscar geschickt. Er handelt von einem Mann, den das Spiel des Lichts auf der Leinwand magisch anzieht. Von einem Pionier, der alles für seinen Traum aufgibt: die Geschichte eines Königs auf Film festzuhalten, der auf der Suche nach Wahrheit und Pflichterfüllung bereit war, sein Königreich zu opfern. □

Der Historiker **Jonathan Stock, 26,** besucht die Henri-Nannen-Journalistenschule in Hamburg.

G A N

Als »halb nackten Fakir« schmäht ihn Churchill. Doch Mahatma Gandhis gewaltloser Widerstand bedroht

Meist begleiten Bewohner seines Ashrams, einer asketischen Kommune, ihren Meister Gandhi. So auch bei dessen »Salzmarsch« an die Küste 1930, mit dem er gegen die Ungerechtigkeit des britischen Salzmonopols demonstriert

D H I

die britische Kolonialherrschaft stärker als jede bewaffnete Rebellion zuvor VON JOHANNES STREMPEL

Dies ist die Geschichte eines Feldzugs, wie es keinen zuvor gegeben hat. Nicht nur, dass am Ende der Schwächere den Starken besiegen wird, so wie David den Goliath in der biblischen Erzählung: In diesem Kampf verzichtet David auch noch auf seine Schleuder. Es ist ein Angriff ohne Waffen, eine Attacke der Gewaltlosigkeit.

Auf der einen Seite steht ein Weltreich, das britische Imperium. Auf der anderen ein dürrer, alter Mann im Lendentuch, bebrillt, zahnlos, kahl.

Viele halten den Mann für einen weltfremden Guru. Für einen verschrobenen Heiligen, der sich eine Gesellschaft fern der Wirklichkeit erträumt. „Theatralisch" und „kindisch" nennen englische Zeitungen seinen bevorstehenden Feldzug, und sein Kontrahent, Lord Irwin, der Vizekönig von Britisch-Indien, spricht von einer „albernen Nummer".

Aber jener merkwürdige Mann ist weit mehr als ein Utopist. Er ist ein kühl planender Stratege. Seine Kampagne, die anfangs wirkt wie die spontane Demonstration einer Handvoll Sektenjünger, ist sorgfältig vorbereitet. Kein Detail hat er übersehen bei dem Marsch von 25 Tagen, der am Ende das britische Imperium erschüttern wird.

Es ist früh am Morgen, als Mohandas Karamchand Gandhi – von seinen Anhängern Mahatma genannt, die „Große Seele" – am 12. März 1930 aus seinem Haus tritt und sich zu einer Gruppe von Männern gesellt, die bereits auf ihn warten. Alle sind in weißes Tuch aus handgesponnener Baumwolle gekleidet.

Um 6.30 Uhr setzt sich der Zug in Bewegung, der Mahatma an der Spitze. Eine große Menge hat sich versammelt, und jetzt brechen die Menschen in Jubel aus, lassen Gandhi hochleben, blasen auf großen Schneckenhäusern, singen Lieder. Auch Reporter haben sich eingefunden – Zeitungsjournalisten, Radiokorrespondenten und Filmteams, manche auf den Ladeflächen gemieteter Lastwagen: Gandhi ist es wichtig, dass Indien – und nach Möglichkeit die ganze Welt – von seinem Marsch erfährt. Er und seine Anhänger haben bereits etliche Artikel veröffentlicht, er hat Reden gehalten und sogar seinen Gegner, den britischen Vizekönig, in einem höflichen Brief von seinem Vorhaben informiert.

Das Ziel des Feldzugs ist klar: Indiens Unabhängigkeit. Das Mittel aber, mit dem Gandhi dieses Ziel erreichen will, scheint so unbedeutend, dass es Freunde wie Gegner überrascht: Salz.

Salzkristalle sollen das Imperium zu Fall bringen; sie sollen das indische Volk zu einer Kraft vereinen und der Welt die Ungerechtigkeit des Kolonialismus vor Augen führen. Ein paar Körner Salz stehen am Anfang der mächtigsten Massenbewegung in Indiens Geschichte.

„Neben Luft und Wasser ist Salz wahrscheinlich die größte Lebensnotwendigkeit", hat Gandhi vor seiner Kampagne geschrieben. Die Briten halten das Monopol auf diesen Stoff – Indern ist es verboten, Salz zu sammeln, zu sieden oder damit Handel zu treiben. Stattdessen müssen sie es, mit hohen Steuersätzen belegt, in staatlichen Depots kaufen. Unter anderem soll so der Import britischen Salzes gestärkt werden. 600 000 Tonnen werden jährlich nach Indien verschifft, obwohl der Kontinent über reiche Vorkommen verfügt. Wieder einmal nutzen die Briten den Subkontinent als Absatzmarkt ihrer Waren aus.

Die Last tragen die Inder. Die britische Salzsteuer sei die ungerechteste aller Abgaben, hat Gandhi geschrieben, weil sie die Ärmsten am härtesten treffe. Und „da die Unabhängigkeitsbewegung vor allem den Armen dient, werden wir mit diesem Übel beginnen".

Das also ist der Plan: Gandhi will mit Anhängern zur Küste wandern, dort Meersalz auflesen und so gegen das britische Monopol verstoßen. Eine kleine Geste, aber – und das erkennt zunächst nur Gandhi – ein mächtiges Symbol.

Die Briten sind verunsichert, lassen ihn gewähren. „Wenn ich nur wüsste, was ich mit ihm machen soll", klagt der Vizekönig. Denn wie der Mahatma muss auch er die möglichen Folgen seiner Aktionen bedenken: Jeder Fehler könnte einen Volksaufstand auslösen.

Zuvor schon hat Gandhi die Massen angeführt, zuletzt 1920 bei einer großen Kampagne des Widerstands, aber danach ist er in scheinbarer Bedeutungslosigkeit versunken. „Eine verbrauchte politische Kraft" hat ihn Lord Irwin

Indische Nationalisten stoppen um 1930 in Bombay einen Ochsenkarren, um ihn nach britischen Waren zu durchsuchen – ein Protest gegen den Import billiger, industriell gefertigter Produkte aus Großbritannien, der die indische Wirtschaft schädigt

22 Jahre lebt Gandhi (hier 1894) als Anwalt in Südafrika. Die rassistischen Demütigungen, die er dort durch die Weißen erleidet, vergisst er nie. Aus dem schüchternen Mann wird ein politischer Führer, der gegen die Diskriminierung seiner Landsleute kämpft

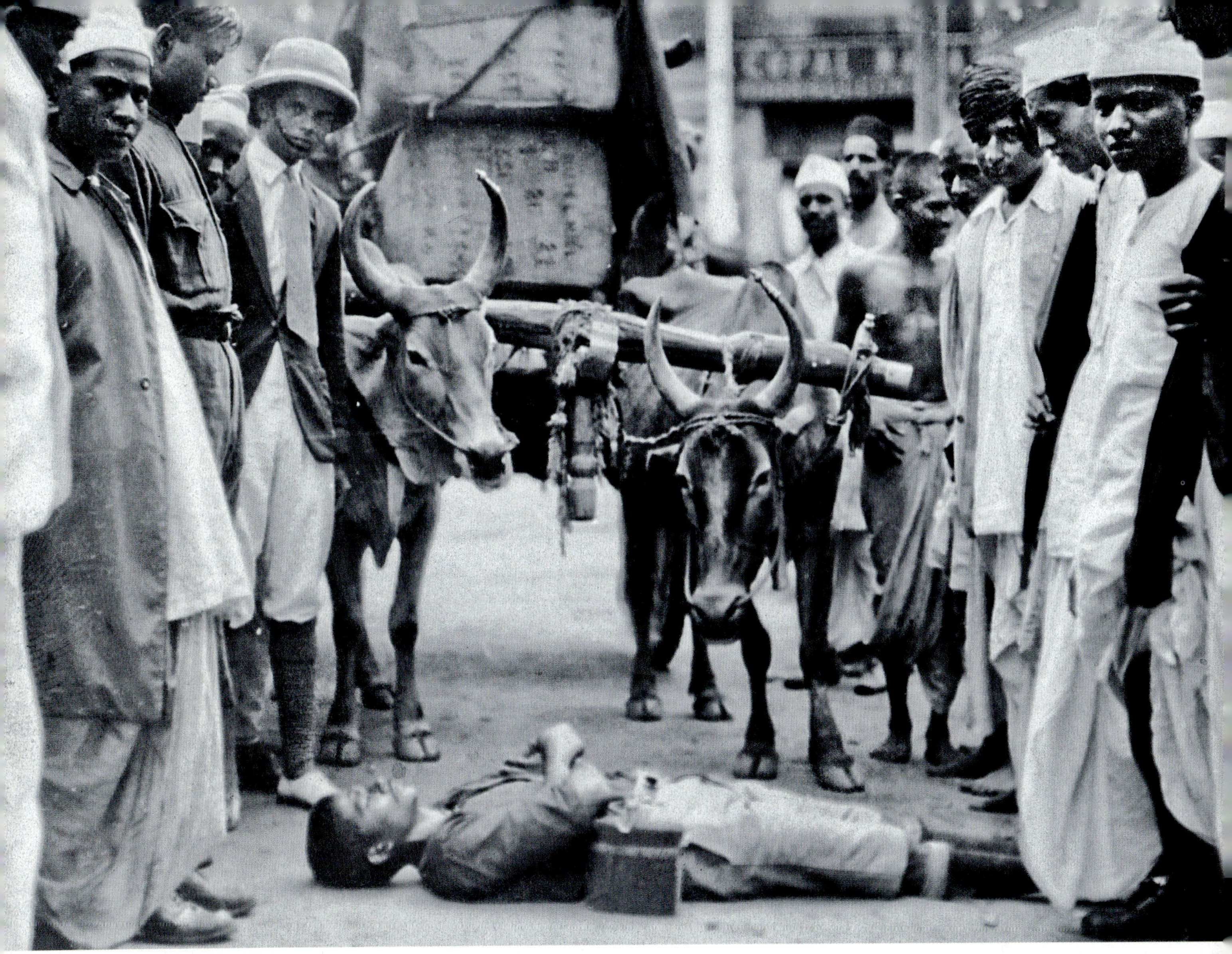

genannt, „ziemlich weltentrückt“ ein anderer britischer Funktionär.

Gandhi selbst spricht von seiner „letzten Chance“, einem „Kampf auf Leben und Tod“. Viele Niederlagen hat er hinnehmen müssen. Am Salzmarsch soll sich erweisen, ob man sich an ihn als Scharlatan oder als Befreier seines Volkes erinnern wird.

Der Marsch von 1930 ist ein Höhepunkt der Nationalbewegung – und *der* Höhepunkt in Gandhis Leben. Seit mehr als sieben Jahrzehnten kämpfen die Inder bereits um ihre Freiheit, mal mit Waffen, mal mit Worten, immer ohne Erfolg.

Gleichheit hat Queen Victoria den Indern 1858 versprochen, aber in ihrem Leben spüren die Einheimischen davon wenig. Ein Aufstieg im britischen Verwaltungsdienst bleibt den meisten verwehrt, und die wenigen, denen er doch gelingt, werden von ihren weißen Kollegen diskriminiert und missachtet. Politische Zeitungen in indischen Sprachen sind verboten, die Regierungsmacht liegt weiter allein bei den Kolonialherren.

Es ist aber vor allem Indiens Armut, die den Patriotismus seiner Bewohner weckt. Schon in den Schulbüchern lernen indische Kinder, dass Londons Herrschaft allein dem Wohl und Fortschritt ihres Landes diene. Viele Intellektuelle hoffen denn auch auf eine Industrialisierung des Subkontinents, den Bau von Fabriken, wachsenden Wohlstand – und fühlen sich bitter enttäuscht: Indien ist arm und wird immer ärmer.

Die Briten sehen den Subkontinent vor allem als Absatzmarkt ihrer Produkte. Importe überschwemmen den indischen Markt und ruinieren die Handwerker, so britische Textilien aus den Fabriken Manchesters die einheimischen Weber. Und der Reichtum des Landes fließt in Form von Steuern und Profiten nach England. Mehr als die Unterdrückung ist es dieser Gedanke, der die Opposition entfacht: dass das Land ausgebeutet wird; dass die Fremdherrschaft Indien mehr schadet als nützt.

1885 gründen 72 indische Patrioten den Nationalkongress. Von den Briten wird die neue Partei toleriert, sie ermutigen die Inder sogar, soziale und politische Fragen zu diskutieren – um so über die Gedanken der Opposition im Land informiert zu bleiben.

Wirkliche Macht besitzt der Kongress nicht, er bleibt Debattierclub einer privilegierten Oberschicht, mit wenigen Mitgliedern, ohne Kontakt zu den Massen. Indiens Unabhängigkeit ist noch kein Thema – den Politikern geht es um Reformen: größere Mitbestimmung, mehr Einheimische in der Verwaltung, Pressefreiheit, Schutzzölle auf Importe. Aber das Imperium bewegt sich nicht.

Das größte Problem des Nationalkongresses liegt anfangs darin, dass da gar keine Nation ist, für die er sprechen könnte: Britisch-Indien besteht aus unzähligen Völkern, Religionen und Kasten, die wenig miteinander zu tun haben. Deshalb treffen sich die Delegierten bei ihren jährlichen Parteitagen jedes Mal in einem anderen Landesteil, und in ihren Reden und Schriften bemühen sie sich, ein Gefühl von Einheit zu schaffen.

Als die Briten 1905 die Provinz Bengalen mit ihren 78 Millionen Einwohnern teilen – angeblich aus Verwaltungsgründen, in Wahrheit aber, um die gut organisierte antikoloniale Bewegung dort zu schwächen – entsteht tatsächlich eine Einheit: eine des Widerstands.

Zum ersten Mal seit dem Sepoy-Aufstand von 1857 (siehe Seite 84) gelingt es Nationalisten, weite Teile der Bevölkerung zu mobilisieren. Pamphlete kursieren in Bengalen, Hunderte Treffen werden einberufen, Zehntausende Inder strömen zu Demonstrationen. Bald greift der Aufruhr auf das ganze Land über: Arbeiter treten in den Streik, die Bürger boykottieren Salz aus Liverpool und verbrennen Kleidung aus Manchester. Es sind die bis dahin größten Demonstrationen in Indiens Geschichte. In Bengalen ermorden Terroristen britische Beamte und werfen Bomben.

Jetzt wird auch der Ruf nach *swaraj*, Selbstregierung, lauter. Und nur mit Gewalt, so glaubt ein zunehmender Teil der Patrioten, sei der Fremdherrschaft ein Ende zu bereiten. Die Briten gehen mit aller Härte vor, lassen Aufständische deportieren oder einsperren, lösen Versammlungen mit Knüppelschlägen auf.

WEIT ENTFERNT, auf einem anderen Kontinent, führt zur gleichen Zeit ein 40-jähriger Anwalt seinen eigenen Feldzug gegen die Briten. Mohandas Karamchand Gandhi ist 1893 in die Kolonie Natal in Südafrika gereist, um in einem Rechtsstreit zu vermitteln. Gut zwölf Monate wollte er bleiben, es werden – mit einigen Unterbrechungen in London und Indien – 22 Jahre. In dieser Zeit wandelt sich der gesetzestreue Anwalt zu einem radikalen Freiheitskämpfer.

Zur Welt kommt Gandhi am 2. Oktober 1869 in Porbandar, einem winzigen Fürstentum im äußersten Westen Indiens. Die Hauptstadt Kalkutta liegt 2000 Kilometer entfernt, die Eisenbahn ist bis in diesen Winkel noch nicht vorgedrungen. Gandhi wächst als Sohn eines Ministers in einer traditionellen Gesellschaft auf, Englisch lernt er erst mit zwölf Jahren auf der höheren Schule.

Er ist ein mittelmäßiger Schüler, dazu fast krankhaft gehemmt und furchtsam. „Ich war ein Feigling“, schreibt Gandhi in seiner Autobiografie. „Ich wurde geplagt von der Angst vor Dieben, Geistern

Als Anwalt in Südafrika kleidete sich Gandhi wie ein britischer Gentleman. Doch als Bürgerrechtler legt er den westlichen Anzug ab und hüllt sich in Stoffe aus handgesponnener Baumwolle – auch bei diesem Englandbesuch 1931

Immer wieder geht die Polizei mit Gewalt gegen friedliche Demonstranten vor, auch gegen Frauen. Solche Reaktionen der Kolonialmacht plant Gandhi bei seinen Aktionen mit ein – um der internationalen Öffentlichkeit die Brutalität des Regimes vorzuführen

und Schlangen. Ich traute mich nachts nicht vor die Tür. Dunkelheit war ein Horror für mich.“ Auf dem Weg zur Schule spricht er mit niemandem, aus Angst, man könnte sich über ihn lustig machen, und wenn ihn ein Lehrer tadelt, bricht Gandhi in Tränen aus. Schon mit 13 Jahren verheiraten ihn seine Eltern mit der gleichaltrigen Kasturba Nakanji.

Gandhi ist leidenschaftlich verliebt in seine junge Ehefrau und besessen von „tierischer Lust“, wie er den Geschlechtstrieb später nennen wird. Weil er mit Kasturba schläft, versäumt er die letzten Stunden am Sterbebett seines Vaters und kann sich das niemals verzeihen.

1888 schickt die Familie Gandhi zum Jurastudium nach London – er soll sich für die neuen, vom Westen bestimmten Zeiten wappnen. Aber der junge Mann erweist sich als schlechter Anwalt: Schon seinen ersten Prozess in Bombay muss er abbrechen und an einen Kollegen übergeben, weil er zu schüchtern für das Kreuzverhör ist. Dann bittet ihn eine indische Firma, einen Rechtsstreit in Südafrika zu übernehmen, und Gandhi reist mit dem Schiff nach Durban.

Zur Zeit seiner Ankunft leben gut 40 000 Inder in der britischen Kolonie Natal, viele arbeiten auf den Zuckerplantagen der Weißen: einfache Leute, die meist kaum Englisch sprechen.

Gandhi hebt sich schon in seiner Kleidung von den Landsleuten ab. In einem schicken, englischen Gehrock und mit einem Turban auf dem Kopf verlässt er das Schiff, ganz der westlich geprägte Inder der Oberschicht.

Das ist eine Neuheit in Südafrika: ein indischer Anwalt, dazu gebildet und aus gutem Haus. Völlig selbstverständlich nimmt Gandhi für sich die gleichen Rechte wie die Weißen in Anspruch und muss entdecken, „dass ich als Mensch keine Rechte hatte, weil ich Inder bin“.

Es ist seine erste Erfahrung mit Rassismus. Auf einer Reise wirft man Gandhi aus der 1. Klasse der Eisenbahn, und bei der Fahrt in einer Postkutsche muss er auf dem Bock Platz nehmen. In Pretoria wird er von einem Soldaten vom Bürgersteig gestoßen, weil den nur Weiße benutzen dürfen. Gandhi vergisst diese Demütigungen nie.

Dennoch bleibt er zunächst ein loyaler Bürger des Imperiums. „Ich war erstaunt und verwirrt“, erinnert sich Gandhi später. „Ich glaubte, dass die Behandlung der Inder nur ein böser Auswuchs eines im Übrigen guten Systems sei. Ich unterstützte die Regierung freiwillig und offenherzig, ich kritisierte sie, wenn ich sie im Irrtum glaubte, aber ich wünschte nicht ihren Fall herbei.“

Kritik an den Briten übt Gandhi, weil er unversehens zum Sprecher der indischen Minderheit geworden ist: Kurz vor der Abreise nach Hause haben seine Landsleute ihn gebeten zu bleiben. Die Regierung will den Indern das Wahlrecht entziehen, und Gandhi, der als Einziger mit den Kolonialherren auf Augenhöhe verhandeln kann, soll den Protest organisieren. So wird aus dem verschüchterten 25-Jährigen fast zufällig ein politischer Führer.

In den folgenden Jahren hält er seine ersten Reden vor einem großen Publikum, gründet eine Zeitung, schreibt Artikel gegen die Diskriminierung, vertritt als Anwalt die Rechte der Kulis. Um trotz aller Opposition seine Loyalität zu den Briten zu beweisen, dient er in Kriegen gegen die Buren und das Zulu-Volk im Sanitätskorps.

1906 kommt der Wendepunkt: Erschüttert von der Grausamkeit der Briten gegen die Afrikaner, begreift Gandhi, dass er auf der falschen Seite kämpft. Und beschließt, sein Leben zu ändern.

Er war schon immer fromm, hat unzählige Bücher gelesen über Mohammed und den Islam, Zarathustra, das Christentum und vor allem die hinduistischen Schriften studiert – jetzt will Gandhi selbst ein spirituelles Leben führen.

Seine Kanzlei in Johannesburg eröffnet er nicht wieder und zieht nach dem Krieg gegen die Zulus mit Freunden und Mitarbeitern aufs Land, um mit ihnen in einer Kommune zu leben. Er selbst isst nicht mehr, „um dem Gaumen zu schmeicheln, sondern nur, um den Körper zu erhalten“, und verzichtet auf Tee, Salz, Hülsenfrüchte, Milch. Seine Nahrung ist gewürzlos und möglichst ungekocht, zeitweise nimmt er nichts als Obst und Nüsse zu sich. Und er entdeckt das Fasten als Form der „Selbstzucht“ – später wird er es auch anwenden, um andere moralisch unter Druck zu setzen.

Gandhi geht es darum, den Körper zu kontrollieren, möglicherweise leidet er unter seinen Trieben. Für seine zukünftigen Aufgaben, schreibt er, könne er nicht „zugleich nach dem Fleisch und nach dem Geist leben". Wie ein hinduistischer Heiliger entscheidet er sich für die Keuschheit.

Gandhi bespricht das Thema lange mit seinen Freunden – seine Frau fragt er nicht. Kasturba bleibt nur übrig, das Gelübde zu akzeptieren. Sie darf ihn nicht einmal mehr berühren. In der Kommune macht er fortan keinen Unterschied mehr zwischen seiner Familie – das Paar hat vier Söhne – und den übrigen Bewohnern.

Sein Ringen mit seinen Leidenschaften ist kein Selbstzweck, er will ein reines Leben führen, um seine Kräfte zu bündeln im Kampf für die Freiheit. Zur äußeren Freiheit aber ist nach seiner Überzeugung nur fähig, wer über sich selbst Herr geworden ist.

So ändern sich auch seine Mittel in der Auseinandersetzung mit den Briten. Als die wieder einmal Repressalien gegen die indische Minderheit planen, erhebt sich auf einer Versammlung Gandhis ein Mann im Publikum und sagt, er schwöre bei Gott, dass er sich diesem neuen Gesetz nicht fügen werde.

Gandhi erkennt die Entschlossenheit des Mannes und fordert alle Anwesenden auf, den gleichen Eid zu leisten, sofern sie dazu die innere Stärke spüren. Dann sagt er: „Ich kann mit Gewissheit erklären, dass, solange auch nur eine Handvoll Menschen treu zu ihrem Gelübde stehen, der Kampf kein anderes Ende haben kann als den Sieg."

Die Zeit der Bittschriften und Petitionen ist vorbei – Gandhi hat eine neue Form des Protests entdeckt. Er nennt diesen Weg *satyagraha*: das Festhalten an der Wahrheit. Es ist eine Wahrheit, die man unter Beweis stellen muss – nicht mittels Gewalt, sondern durch die Bereitschaft, selbst Leid und Schmerz auf sich zu nehmen.

Das sei nicht zu verwechseln mit passivem Widerstand – jenem verzweifelten Mittel der Schwachen, die Gewalt ausüben würden, wenn sie nur könnten.

Satyagraha sei die Waffe der Starken, „die frei sind von Angst, sei es bezüglich ihres Besitzes, falscher Ehre, ihrer Angehörigen, der Regierung oder von körperlichen Verletzungen und dem Tod".

Absolute Gewaltlosigkeit, bürgerlicher Ungehorsam, später auch Nicht-Zusammenarbeit mit den kolonialen Herrschern – das sind die Waffen, mit denen Gandhi vor seine Gegner tritt. In den folgenden Jahren in Südafrika erprobt er jene Methoden, die beim indischen Salzmarsch schließlich die ganze Welt aufhorchen lassen werden.

Als Gandhi im Januar 1915 heimkehrt, wird er herzlich empfangen. Unter dem Druck seiner Kampagnen und Boykotte haben die Herrscher Südafrikas eingelenkt und einige diskriminierende Bestimmungen zurückgenommen. Das hat ihn berühmt gemacht.

Er trifft sich mit führenden Nationalisten und besucht Sitzungen der Kongresspartei, aber von der großen Bühne der Politik hält sich der 46-Jährige zunächst fern. Die geschliffenen Reden der Intellektuellen im Kongress öden ihn an. Er hält sie für Theoretiker, die viel zu sehr dem britischen Parlamentarismus nacheifern. Lieber reist Gandhi durch die Dörfer und hört denen zu, für die sich die Nationalisten bisher kaum interessiert haben – den unterdrückten Massen. Gandhis Aufstieg in Indien beginnt auf dem Land.

In drei lokalen Kampagnen in verschiedenen Provinzen lehrt er Bauern und Arbeiter seinen Weg des Satyagraha und führt sie mit den Mitteln des Streiks oder der Steuerverweigerung zum Sieg. Das macht ihn noch bekannter.

Das einfache Volk verehrt diesen Mann, der nicht davor zurückschreckt, sich für ihre Interessen in Gefahr zu begeben. Auf seinen Fahrten durch das Land stoppen Bauern nachts den Zug und leuchten mit Taschenlampen in die Fenster, um einen Blick auf den Mahatma zu werfen. Gandhi rekrutiert bei jeder Gelegenheit Anhänger, und er wird Herausgeber zweier Wochenzeitungen, um seine Methode zu verbreiten.

Schon 1909 hat sich Gandhi in dem Manifest „Hind Swaraj" („Indiens Selbstregierung") mit dem indischen Freiheitskampf befasst, und es macht deutlich, wie sehr sein privates Leben als Asket und die Zukunft seines Landes für ihn eins geworden sind: Vor der Selbstherrschaft müsse die Selbstbeherrschung jedes Einzelnen stehen, schreibt er, vor dem Regierungswechsel der Gesinnungswandel.

„Die Engländer haben Indien nicht genommen, wir haben es ihnen gegeben." Das Land sei korrumpiert vom Westen, es müsse vergessen, was es in

Jede Etappe des 385 Kilometer langen Salzmarsches im Frühjahr 1930 ist gesäumt von Menschenmengen, die Gandhi und seinen 78 Gefährten zujubeln und den Weg mit Girlanden und Blüten schmücken. Und überall im Land protestieren Aktivisten – etwa durch illegales Salzsieden wie hier in der Region Gujarat. Um möglichst viel Aufmerksamkeit zu erreichen, sind solche Protestaktionen oft bis ins Detail vorgeplant

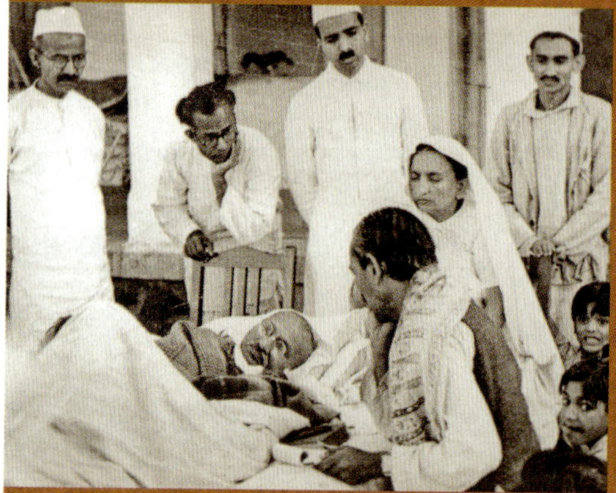

Der eigene Körper ist eine der Waffen in Gandhis friedlichem Kampf für die Freiheit: Notfalls bis zum eigenen Tod will der spirituelle Führer der indischen Nationalbewegung fasten, sollten seine politischen Gegner nicht nachgeben – sei es die Besatzungsmacht oder, wie hier im März 1939, ein Maharadscha

den vorangegangenen Jahrzehnten gelernt habe: Weg mit den britischen Gesetzen, der Eisenbahn, dem Telegraphen! Weg mit der modernen Medizin, der Industrie, den Großstädten und westlichen Schulen! Sein Glück werde Indien allein im Leben auf dem Dorfe finden.

Viel wichtiger als die Frage, wie das Land regiert wird, ist Gandhi, wie Indien lebt, sich ernährt und kleidet. Im *charkha,* dem traditionellen Spinnrad, findet er das Symbol dieses Wandels: Statt englische Textilien zu kaufen, sollen die Bürger Kleidung aus in Heimarbeit hergestelltem Garn tragen und es so den Armen ermöglichen, mit Spinnen ihren Lebensunterhalt zu verdienen. Diese „Heimindustrie" werde wirtschaftliche Autonomie ermöglichen und die schließlich zur Freiheit führen.

Gandhi spinnt selbst täglich eine halbe Stunde – gleichgültig, ob er gerade Gäste empfängt oder auf einer Rednertribüne sitzt – und trägt nur noch Stoff aus handgesponnener Baumwolle. Als ihm entgegengehalten wird, so ein Stoff sei für die Armen viel zu teuer, reduziert er seine Kleidung auf ein Lendentuch und gelegentlich einen Umhang.

Viele Politiker der Kongresspartei misstrauen dem seltsamen Sozialreformer und dessen Lobgesang auf das Dorfleben. Selbst seine Bewunderer treibt Gandhis Fortschrittsfeindlichkeit und Selbstgewissheit mitunter zur Verzweiflung. Ein Freund muss feststellen, dass ein Gespräch mit ihm, trotz aller Wärme und Herzlichkeit, das Gleiche sei, „wie gegen eine Wand zu reden".

Fremde Meinungen lässt Gandhi selten gelten, seine eigene dagegen ist immer im Fluss. „Ich verstehe Sie nicht", ruft ein Anhänger einmal aus. „Wie konnten sie letzte Woche das eine sagen und diese Woche etwas ganz anderes?"

Ach, antwortet Gandhi, er habe seit letzter Woche eben etwas dazugelernt.

Es gehört zu den Merkwürdigkeiten dieses Mannes, dass er einerseits alle Politik und vor allem die ständigen Flügelkämpfe der Kongresspartei ablehnt, andererseits aber beteiligt ist – offiziell, manchmal auch im Hintergrund. „Meine Neigung ist nicht politisch, sondern religiös", verkündet Gandhi.

Dabei ist er ein geschickter Strippenzieher. Ein ganzes Jahr lang arbeitet er an einer Reform der Kongresspartei, die aus der trägen Honoratiorenversammlung eine effektive Massenorganisation macht: Er ordnet die Landesverbände und die jeweilige Zahl der Delegierten neu und weitet die Strukturen bis auf Bezirksebene aus.

Zudem gründet er einen ständigen Arbeitsausschuss, dessen Mitglieder vor allem treue Gandhi-Anhänger sind. So hat er Einfluss auf den Kongress, ohne selbst ein Amt auszuüben.

Gandhi scheut sich auch nicht, kritische Bemerkungen an seinem Programm aus den Protokollen zu tilgen, bevor diese an die Presse gehen. Und als man ihm auf einer Sitzung widerspricht, bricht er am Rednerpult in Tränen aus.

DER KONGRESS wechselt häufig seinen Kurs, mal setzt er auf Konfrontation, mal auf Kooperation. Entsprechend spielt Gandhi mit seinen radikalen Positionen mal eine größere, mal eine kleinere Rolle in der Politik. Den ersten Triumph erlebt er zwischen 1920 und 1922, als er zu einer Kampagne der Nicht-Zusammenarbeit aufruft.

Die Idee ist simpel: Weigert sich der Beherrschte, den Herrscher anzuerkennen und für ihn zu arbeiten, bleibt diesem irgendwann nichts anderes übrig, als seine Herrschaft aufzugeben. Solange sich nur jeder an seinen Weg des Satyagraha halte, verspricht Gandhi, werde Indien die Selbstherrschaft innerhalb eines Jahres erreichen.

Jetzt zahlt sich aus, dass der Mahatma inzwischen im ganzen Land verehrt wird und über eine breitere Basis verfügt als jeder andere indische Politiker: Hunderttausende beteiligen sich an den Aktionen, legen Arbeit und Ämter nieder, verbrennen englisches Tuch.

Doch auf dem Höhepunkt der Kampagne bricht Gandhi sie plötzlich ab: In einem Dorf hat eine aufgebrachte Menge 21 Polizisten in ihrer Wache eingeschlossen und lebendig verbrannt. Der Mahatma glaubt, das Volk sei noch nicht bereit für seinen Weg. Zur Sühne verordnet er sich eine Woche Fasten.

Viele Inder sind enttäuscht und nehmen ihm den Abbruch der Kampagne übel. Kurz darauf wird Gandhi verhaftet und zu einer sechsjährigen Haftstrafe verurteilt, weil er in einer seiner Zeitungen Hass gegen die Briten geschürt habe.

Er scheint gescheitert, sein Aufstieg zu Ende. Doch nach der Haft (er wird wegen einer Blinddarmentzündung vorzeitig entlassen) wählt ihn der Kongress für ein Jahr zum Vorsitzenden. Gandhi aber ist erschöpft, geschwächt durch den Gefängnisaufenthalt – und deshalb erleichtert, als er sich nach seiner Amtszeit aus der Politik zurückziehen kann.

Sein Arbeitspensum nimmt er dennoch bald wieder auf: reist von Dorf zu Dorf, propagiert das Spinnen, korrespondiert, schreibt eine Autobiografie und zahllose Artikel (seine gesammelten Werke werden 90 Bände umfassen), tritt ein für ein besseres Verhältnis zwischen Muslimen und Hindus sowie für ein Abschaffen der Unberührbarkeit, dieses „Schandflecks des Hinduismus".

Die Briten glauben, dass sie von dem Revolutionär nichts mehr zu befürchten haben. Gandhi sei „nicht gewillt, die

Gandhi predigt die Askese, frei von westlichen Einflüssen – und lebt sie selbst vor: Er nimmt nur noch schwach gewürzte Nahrung zu sich und gelobt sexuelle Enthaltsamkeit. Denn vor der Selbstherrschaft Indiens, lehrt er, müsse die Selbstbeherrschung seiner Bewohner stehen

Arena der Politik noch einmal zu betreten", berichtet der Vizekönig Lord Irwin 1927 beruhigt nach einem Treffen.

Im selben Jahr beauftragt London eine Kommission, Indiens Verfassung zu überprüfen – doch das siebenköpfige Gremium besteht nur aus britischen Abgeordneten. Die Kongresspartei ist empört und stellt den Kolonialherren ein Ultimatum: Sollten sie Indien nicht bis Dezember 1929 als vollwertigen Staat unter der Krone behandeln, werde die Partei eine neue Kampagne führen – mit dem Ziel der völligen Unabhängigkeit.

Gandhi grübelt bereits über eine Strategie. Damit die Kampagne nicht wieder außer Kontrolle gerät, will er den Widerstand mit einer kleinen Gruppe beginnen – und einer symbolischen Tat: dem Bruch des Salzmonopols.

Als Begleiter wählt er Bewohner seines Ashrams. Wie schon in Südafrika hat Gandhi in Indien eine Kommune gegründet, in seiner Heimat Gujarat. Gut 200 Menschen leben um 1930 auf dem 70 Hektar großen Land – darunter fanatische Asketen, aber auch skeptische Ehefrauen, die nur bei ihren Männern sein wollen und wenig Disziplin zeigen.

Denn das Leben an Gandhis Seite ist hart: Er erwartet sexuelle Enthaltsamkeit und Diät, der Tag beginnt mit einem Gebet um vier Uhr morgens und besteht aus einem strengen Wechsel zwischen Studien und körperlicher Arbeit. Jeder muss mit anfassen, ob in der Gerberei oder dem Speisesaal, den Baumwollfeldern, der Weberei oder dem Obstgarten.

Wenn Gandhi nicht auf Reisen ist, unterrichtet er die Kinder und schneidet Gemüse in der Küche. Wer sich dreimal eine Verfehlung leistet, etwa weil er zu spät zum Gebet erschienen ist oder zu wenig Garn am Charkha gesponnen hat, muss die Gemeinschaft verlassen.

Der Ashram dient aber nicht nur als Kommune des einfachen Lebens, sondern auch als eine Kaderschmiede: Seine Bewohner sind Soldaten der Gewaltlosigkeit, unterwiesen in Gandhis Methoden und entschlossen, nicht von dessen Weg abzuweichen.

Gandhi weiß jetzt, dass er das Salzmonopol brechen wird – aber er weiß noch nicht, wie. Dann kommt ihm die entscheidende Idee: ein Fußmarsch über viele Tage, vom Ashram an die Küste.

Die Reise eines Pilgers auf der Suche nach Erlösung. Jeder zurückgelegte Kilometer wird die Spannung erhöhen, mit jeder Stunde die Anteilnahme der Welt wachsen.

Wie ein erfahrener General plant Gandhi jedes Detail: Eine erste Route ans Meer wird verworfen, weil sie nur acht Tage in Anspruch nehmen würde – zu kurz, um die Aufmerksamkeit zu steigern. Die Wahl fällt stattdessen auf das entferntere Küstendorf Dandi, wo der Strand flach ist, geeignet zum Auflesen von Meersalz, und das zudem eine gute Kulisse bietet für Fotos und Filmaufnahmen. Der Weg führt durch Bezirke, in denen Gandhi schon Kampagnen geleitet hat und ihm viele Anhänger folgen.

Zu seinen Begleitern bestimmt er 78 Männer aus unterschiedlichen Provinzen: Hindus, Muslime, Christen. Obwohl sich auch viele weibliche Anhänger gemeldet haben, dürfen sie nicht teilnehmen. Ihre Gegenwart könnte wie ein Schutzschild wirken, und das würde Gandhis Prinzipien widersprechen.

Den Dörfern, die der Zug passieren wird, schickt der Mahatma genaue Instruktionen: Die Bewohner mögen für einen sauberen Lagerplatz und einfaches Essen sorgen. „Das Gemüse soll schwach gekocht sein, ohne Öl, Gewürz oder Chilis." Jeder Luxus sei zu vermeiden.

Und: „Falls die Bewohner bisher noch kein handgesponnenes Tuch tragen, ist es selbstverständlich, dass sie jetzt damit beginnen sollten."

Als Gandhi die Idee mit dem Salzmarsch öffentlich macht, erreichen ihn Telegramme und Briefe von vielen Freiwilligen, die sich anschließen wollen. Das ganze Land gerät in Erregung, zwei Tage vor dem Stichdatum pilgern Tausende Besucher zum Abendgebet im Ashram. Am Morgen des 12. März setzt der Zug sich in Bewegung.

385 Kilometer liegen zwischen dem Ashram und Dandi an der Küste, 40 Dörfer und Städte. Überall hält Gandhi Reden und ruft gemäß dem Credo der Nicht-Zusammenarbeit die Bürgermeister und Steuerschreiber dazu auf, ihre Ämter niederzulegen.

Der Mahatma wird begeistert empfangen, die Bürger streuen Blütenblätter auf seinen Weg, säumen die Straßen mit Girlanden, schließen sich für ein Stück dem Marsch an.

Als die Briten Gandhi nach der Salzkampagne verhaften, kommt es wie hier in Bombay (ganz oben) in allen Provinzen zu Ausschreitungen. Das britische Salzmonopol, gegen das indische Nationalisten verstoßen, in dem sie das Mineral aus Meerwasser gewinnen (darunter), ist ein Symbol für die Ungerechtigkeit der Kolonialherrschaft: Die hohe Steuer auf das lebensnotwendige Gut belastet vor allem die Armen

Und ein Bild geht um die Welt: Gandhi im Lendentuch, der mit weit ausgreifenden Schritten, den Wanderstab in der Hand, seinen Anhängern vorauseilt, so schnell, dass die jungen Männer Mühe haben, ihm zu folgen.

Jawaharlal Nehru, erster Ministerpräsident des unabhängigen Indien, wird später sagen, es sei dieser Anblick, der ihm am deutlichsten vor Augen stehe, wenn er an den Mahatma denke.

Nach 25 Tagen erreicht Gandhi die Küste. Am Morgen darauf liest er eine Handvoll Meersalz vom Strand auf und ruft unter dem Jubel der Menge aus: „Mit diesem Salz erschüttere ich die Fundamente des Imperiums!“

Die Briten haben sich bis dahin zurückgehalten. Gandhi sei offenbar darauf aus, verhaftet zu werden, und wolle sich mit dem „Glorienschein des Martyriums“ schmücken, fürchtet der Vizekönig. „Ich hoffe, wir können das vermeiden.“

Lokale Polizeichefs dagegen haben bereits Vorbereitungen getroffen, etwa eine sichere Autoroute zum Gefängnis ausgewählt. Einer macht sich sogar Gedanken über den Reiseproviant, den man für den ungewöhnlichen Gefangenen bereithalten müsse: „Er wird ein paar Orangen brauchen, etwas Ziegenmilch und Rosinen – er mag die der Firma Morton am liebsten.“

Als die Briten schließlich Gandhi festnehmen, ist schon das ganze Land in Aufruhr: Jede Provinz meldet Demonstrationen und Generalstreiks, insgesamt kommen fünf Millionen Menschen auf 5000 Versammlungen zusammen. Die Landesverbände der Kongresspartei werben unermüdlich Freiwillige und rufen sogar in fahrenden Zügen zum bürgerlichen Ungehorsam auf.

An den Küsten lesen Menschenmassen Salzkrusten auf, Männer und Frauen verschenken illegales Salz auf den Straßen der Städte. In einem Vorort von Bombay dringen Tausende in ein Salzdepot ein, füllen ihre Säcke und lassen sich dann widerstandslos festnehmen.

Textilarbeiter legen ihre Arbeit nieder, in den Weizengebieten Nordindiens verweigern Bauern die Steuerzahlungen. Studenten lassen sich lieber bewusstlos prügeln, als die indische Nationalfahne einzuholen, und Frauen postieren sich vor Alkoholgeschäften, um zum Boykott aufzurufen.

Erneut brennen überall Berge britischer Textilien, der Import bricht um die Hälfte ein. Das aufsehenerregendste Beispiel für Gandhis Weg der Gewaltlosigkeit liefern mehr als 2000 Aktivisten, die das Salzwerk von Dharasana besetzen wollen und sich, ohne Gegenwehr zu leisten, Reihe um Reihe von den eisenbewehrten Knüppeln der Polizei zu Boden prügeln lassen.

„Während 18 Jahren Berichterstattung in 20 Ländern habe ich nie so erschütternde Szenen erlebt“, notiert ein amerikanischer Reporter.

Die Gewaltexzesse von Dharasana schockieren die Welt, es ist die wohl größte moralische Niederlage der Briten in diesem ungleichen Kampf.

Als die Unruhen nicht enden, wird Gandhi Anfang 1931 aus dem Gefängnis entlassen und zu Friedensgesprächen beim Vizekönig eingeladen. Gandhis Landsleute sind beeindruckt, die Briten konsterniert. „Beunruhigend und widerwärtig“, findet der konservative Abgeordnete Winston Churchill den Anblick „dieses aufrührerischen und sich als Fakir aufspielenden Anwalts, wie er halb nackt die Stufen des Palasts hinaufschreitet“.

Der Salzmarsch hat Gandhi berühmt gemacht, Indiens Freiheitskampf tief in das Bewusstsein der Welt gerückt.

Vor allem die US-Presse berichtet voller Anteilnahme von dem Widerstand des Volks und den brutalen Repressalien der Kolonialherren. Und die englische Arbeiterklasse verehrt Gandhi als Helden.

Der Mahatma hat der Welt bewiesen, dass man einen Staat, der auf die Kooperation der Untertanen und seinen internationalen Ruf angewiesen ist, auch ohne Waffen empfindlich treffen kann.

Viele künftige Bürgerrechtler und Widerstandskämpfer nehmen sich den gewaltlosen Weg zur Wahrheit zum Vorbild. Der US-Bürgerrechtler Martin Luther King wird später sagen, Gandhis Methode sei das einzig moralische Mittel, wie unterdrückte Völker die Freiheit erringen können.

Der dürre alte Mann im Lendentuch (dieses Foto von 1947 zeigt Gandhi als 78-Jährigen) wirkt wie ein Relikt aus einer anderen Zeit. Und doch ist es Mahatma Gandhis Kampf, der Indien zu einem modernen Nationalstaat werden lässt

Seinen Landsleuten schenkt Gandhi ein Gefühl von Einheit und Stärke. Wessen Geist sich von der Angst befreit habe, schreibt er, der werde sich „nie wieder darin fügen, eines anderen Sklave“ zu sein. Das eigentliche Ziel jedoch, die Unabhängigkeit, erreicht der Salzmarsch nicht. Noch nicht.

Denn die Briten wollen nicht aufgeben und holen zum Gegenschlag aus: Sie verhaften 80 000 Aktivisten, darunter erneut Gandhi, besetzen dessen Ashram und verbieten die Kongresspartei. Die verhasste Salzsteuer wird sogar noch erhöht. Innerhalb weniger Monate ist aller Widerstand gebrochen.

Es scheint, als habe man nichts erreicht. Auf dem Tiefpunkt der Bewegung schreibt Gandhi an einen Freund: „Ich trage kein Gefühl von Niederlage in mir. Die Flamme meiner Zuversicht, dass unser Land seinem Ziel entgegeneilt, brennt noch so hell wie 1920. Die Nation besitzt jetzt eine Energie, von der du keine Vorstellung hast.“ □

__Literaturtipps:__ Dietmar Rothermund, „Mahatma Gandhi – eine politische Biographie“, Beck: detaillierte Lebensbeschreibung des Politikers Gandhi, geschrieben von einem der renommiertesten Indienforscher. Anil Dharker, „The Romance of Salt“, Roli Books: Die Darstellung des Salzmarsches zeigt, wie genau Gandhi diese Protestaktion von 1930 geplant hat.

Vor seiner Recherche hatte **Johannes Strempel**, 38, den zum Mythos verklärten Gandhi vor Augen, wie er etwa in dem 1982 entstandenen biografischen Film von Richard Attenborough dargestellt wird. Dass Gandhi jedoch auch ein sehr handfester und starrköpfiger Realpolitiker war, der geschickt um Mehrheiten kämpfte und viele Gegner unter den indischen Politikern hatte – das hat den Berliner Journalisten überrascht.

FÜR KINDER AB
8 JAHREN
GEOlino
Das Erlebnisheft
AUF INS ALL
WETTBEWERB
Die besten Ideen für ein Zuhause im Weltall
EINSAME HEULER
Unterwegs mit den seltensten Wölfen der Welt
VERRÜCKTE RASER
Speedbiking – Rekordjagd über Schnee und Eis
SPASSMACHER
Warum wir über Witze lachen müssen
LEBEN AUF DEM MARS
Wann besiedeln wir den roten Planeten?
unicef
Warum ist Glas durchsichtig?
Alles, was Kinder wissen wollen. Jeden Monat in GEOlino.
www.geolino.de
GEOlino. Wissen macht Spaß

Mit Schwert und Schild demonstriert der Maharadscha Takht Singh von Jodhpur (1843–1873; alle Daten zu den Fürsten beziehen sich auf ihre Regierungszeiten) Kraft und Männlichkeit. Kunstvolle Arbeiten aus Gold und Edelsteinen zieren, wie dieses Schmuckstück aus Bengalen (rechts), die Turbane vieler indischer Herrscher

Die Fürsten der VERSCHWENDUNG

In der Märchenwelt der Maharadschas

Rund 600 Adelsreiche bewahren unter britischer Kolonialherrschaft formal ihre Unabhängigkeit. Die Maharadschas, Radschas und Nawabs dürfen in ihren Reichen Recht sprechen und Steuern einziehen. Doch viele widmen sich lieber der Tigerjagd – oder skurrilen Leidenschaften wie etwa Tierhochzeiten

VON HARALD MARTENSTEIN

K

Khande Rao, Herrscher von Baroda, der bis 1870 regierte, galt als originell, grausam und extrem unberechenbar. Einmal ließ er seine Priester ein Paar seiner Tauben trauen – er hatte etwa 60 000 davon – und veranstaltete dazu ein Hochzeitsbankett mit exorbitantem Feuerwerk. Leider fraß anschließend eine Katze den Bräutigam.

In Khande Raos Arena kämpften brünstige Elefanten, die zuvor durch eine dreimonatige Spezialdiät aus Butter und Zucker in Stimmung gebracht worden waren, und Nashörner, von denen eines rot, das andere schwarz angestrichen war. Rao hatte folgendes Gesetz erlassen: Wenn er gähnte, mussten alle Anwesenden unverzüglich mit ihren Fingern schnippen, um die Fliegen zu verscheuchen, von denen es immer einige gab, denn Baroda war wegen seines ungesunden Klimas gefürchtet.

Sir Usman Ali Khan Bahadur, der Herr von Hyderabad, genannt „Aristoteles seines Zeitalters" und „der Schatten Gottes", galt als reichster Mann der Welt, obwohl in seinem Palast einmal Ratten Banknoten im Wert von acht Millionen Dollar fraßen. Er kam 1911 auf den Thron, nachdem er in einem Harem aufgewachsen war, und blieb Zeit seines Lebens ein passionierter Sammler von erotischen oder zumindest intimen Fotografien, die er sich zum Teil mithilfe jener Kameras beschaffte, die er in den fürstlichen Gästebädern versteckt anbringen ließ.

Als er 1920 Reiselust verspürte und für einige Tage Neu-Delhi besuchte, war dies eine große Sache, da er ungern ohne die – auf dem Höhepunkt seiner Manneskraft – 200 fürstlichen Konkubinen aus dem Haus ging. Ohne einen sehr großen Sonderzug ließ sich so etwas nicht bewerkstelligen.

Zugleich war Usman Ali ein bemerkenswert frommer Mensch. Deshalb erließ er auch ein Gesetz neuen Typs: Es war verboten, auch nur eine einzige Zeitung zu verbrennen, zu zerreißen oder sonstwie zu zerstören, in der der Name des Propheten geschrieben stand. Weil nun aber Mohammed einer der häufigsten Vornamen seines Reiches war, konnte das Gesetz nur durch die Arbeit einer gewaltigen Behörde und die Anlegung eines Archivs umgesetzt werden, das seinesgleichen suchte.

Saiyyid Mohammed Hamid Ali Khan Bahadur, Nawab von Rampur, dessen Lebensspanne von 1877 bis 1930 währte, ein Mann von starkem Willen und starker Verdauung, ließ sich seine Toilette zum Thron umbauen, oder vielleicht umgekehrt, man kann es wohl so oder so sehen. Dort regierte er und sprach Recht über seine Untertanen, ob mit oder ohne Wasserspülung, ist historisch nicht überliefert. Von dem gleichen Herrscher heißt es, dass er, wenn man ihn reizte, zwei Stunden lang in drei Sprachen – Punjabi, Urdu und Persisch – zu fluchen wusste, ohne sich ein einziges Mal zu wiederholen.

Nicht alle Maharadschas besaßen so skurrile, tyrannische oder exzentrische Persönlichkeiten, es gab unter ihnen aufgeklärte Reformer, unauffällige Verwalter, skrupulöse Intellektuelle, Hindus, Muslime, eigentlich fast alles. Aber bei einem nicht geringen Prozentsatz von ihnen fügten sich das heiße Klima, der britische Einfluss, die Macht und der Reichtum zu einer höchst bemerkenswerten Mischung.

Im britischen Indien gab es rund 600 nominell eigenständige „Fürstenstaaten", wie die Briten sie nannten. Die größten von ihnen konnten sich an Fläche und Bevölkerungszahl mit europäischen Ländern messen, während der kleinste, Vejanoness, nur über rund 200 Einwohner und ein Jahreseinkommen von 500 Rupien verfügte.

Diese Fürstentümer bedeckten mehr als ein Drittel der Fläche Indiens, ihre Herrscher trugen verschiedene Titel, nur sehr mächtige durften sich Maharadscha („Großkönig") nennen – oder Nizam, wie der muslimische Landesherr von Hyderabad. Ihr Rang bemaß sich an den Salutschüssen, auf die sie bei offiziellen Anlässen Anspruch hatten, 21 Schüsse für den Maharadscha von Baroda, 15 Schüsse für den Nawab von Rampur, neun für den Radscha von Maihar.

Die Maharadschas, Radschas und Nawabs waren den deutschen Duodezfürsten des 18. und 19. Jahrhunderts, all den illustren Herren von Mecklenburg-Strelitz, Schwarzburg-Rudolstadt oder Reuß jüngere Linie, gar nicht so unähnlich. Sie durften in ihren Reichen Recht sprechen, die Schulen und das lokale Verkehrswesen verwalten, sich um die Kultur kümmern, Steuern einziehen, einige hatten gar Armeen, mit denen sie in den Weltkriegen die Briten unterstützten.

Solange sie die britische Oberhoheit nicht infrage stellten und pünktlich ihre Abgaben an die Krone zahlten, wurden

Sir Bhupinder Singh von Patiala (1909–1938) verfügt über mehr als 500 Pferde, 350 Frauen und 27 Rolls-Royce-Limousinen

Zum 50. Regierungsjubiläum lässt sich Ganga Singh von Bikaner (1887–1943) in Gold aufwiegen, das er im Volk verteilt

Viele Fürsten entstammen Familien, die seit dem Mittelalter die Throne Indiens besetzen. Tukoji Rao II. Holkar (1844–1886) dagegen ist Abkömmling einer jener Heerführer, die erst im 18. Jahrhundert Reiche wie Indore und Gwalior nördlich der Dekkan-Hochebene schufen und sich selbst Maharadschas nannten.

Die Adeligen tragen je nach Region und Rang unterschiedliche Titel, etwa muslimischen oder indischen Ursprungs. Die mächtigsten Monarchen haben bei öffentlichen Anlässen ein Anrecht auf 21 Salutschüsse, dem Radscha von Bansda (hier mit einem Sohn) stehen dagegen nur neun zu

Nur sehr mächtige Fürsten dürfen sich »MAHARADSCHA« nennen

sie meist in Ruhe gelassen. Als ständige Mahnung stand in den wichtigeren Hauptstädten, nicht weit vom Palast des Maharadschas, der etwas kleinere Palast des britischen Gesandten.

Dieses System der „indirekten Herrschaft" über ein Kolonialreich besaß für die Briten den großen Vorzug, dass es Verwaltungspersonal und Besatzungstruppen sparte. Die Fürsten profitierten umgekehrt davon, dass die Kolonialherren ihnen den Bestand ihrer Dynastie und die Sicherheit ihres Landes vor militärischen Überfällen garantierten.

Der Reichtum der Maharadschas, unter denen es hin und wieder auch vereinzelte weibliche Maharanis gab, beruhte nicht nur auf den natürlichen Bodenschätzen ihrer Reiche, sondern auch auf einer bis ins Äußerste verfeinerten Kultur der Steuererhebung. In Kaschmir wurden die Steuerpflichtigen bisweilen mithilfe von Daumenschrauben an ihre Abgaben erinnert und zur Ehrlichkeit ermahnt, dort gab es sogar eine Steuer auf das Ausheben von Gräbern.

Das Geld, das auf diese oder ähnliche Weise hereinkam, ging meistens für die Kosten des Hofes, die Lebensführung des Herrschers und eine, wie wir heute sagen würden, ausgeprägte Partyszene drauf: Es war durchaus denkbar, dass für die Hochzeit eines der zahlreichen Fürstenkinder der halbe Jahresetat eines Staates ausgegeben wurde.

Der Gerechtigkeit halber muss gesagt werden, dass die meisten Fürsten ihr Geld nicht ausschließlich für privaten Luxus verwendeten. Der bereits erwähnte Usman Ali, der 1911 den Thron von Hyderabad bestieg, unterstützte die indische Zentralverwaltung einmal mit einem Kredit, der aus zwei mit Goldmünzen und Silberbarren restlos gefüllten Eisenbahnwaggons bestand.

Es war auch üblich, dass ein Herrscher sich von Zeit zu Zeit mit Gold- oder Silbermünzen öffentlich aufwiegen und das Edelmetall anschließend an sein Volk verteilen ließ, das auf diese Weise zumindest indirekt vom guten Ernährungszustand seines Monarchen profitierte.

Die Maharadscha-Söhne wurden in von den Briten gegründeten Internaten erzogen, wo sie mit, pro Kind, bis zu 100 Bediensteten und eigenen Autos recht standesgemäß lebten, Cricket und Polo lernten und ihr Dinner im Smoking einzunehmen pflegten. Folglich standen sie später, als Fürsten, auch unter dem Einfluss des britischen Lebensstils.

Ihre Mittel gaben sie dementsprechend besonders gern für Automobile der Marke Rolls-Royce aus, aber natürlich kamen auch die eher traditionellen Vergnügungen wie Tigerjagd, das Sammeln von Diamanten oder der Aufbau und die systematische Pflege eines umfangreichen Harems nicht zur kurz.

In den 1930er Jahren war der Maharadscha von Jaipur für Spazierfahrten bekannt, die er in seinem grünen Rolls-Royce unternahm und bei denen ihn etwa 60 Polo-Ponys und die entsprechende Zahl Reitknechte in bunten Turbanen begleiteten.

Ihre Ausfahrten nutzten die meisten Maharadschas auch zum Verteilen von Geld an ihre Untertanen sowie zur Entgegennahme von Petitionen. Bhopal Singh von Udaipur bevorzugte die Wagenfarbe Scharlachrot; er saß stets allein auf der Rückbank. Ihm folgten keine Ponys, sondern drei Busse mit den wichtigsten Vertretern des Adels.

Vom Maharadscha in Bharatpur wird berichtet, dass er einige Exemplare aus seiner Rolls-Royce-Flotte bei der Müllabfuhr der Hauptstadt Dienst tun ließ, was aber möglicherweise nur eine erzieherische Maßnahme war, um den seiner Ansicht nach arroganten britischen Verkäufer zu demütigen, von dem er die Fahrzeuge in London erworben hatte.

Sir Bhupinder Singh von Patiala, ein 125 Kilo schwerer Mann mit gewaltigem Schnurrbart, verfügte für seine privaten Bedürfnisse über etwa 500 Reitpferde, etwa 350 Lebenspartnerinnen und genau 27 Rolls-Royce-Limousinen.

In seinem Harem gingen europäische Fachärzte ein und aus, die den Bedarf an plastischer Chirurgie deckten, vor allem Vergrößerungen oder Verkleinerungen von Körperteilen – Schönheitsoperationen, die der Maharadscha gern persönlich überwachte.

Es stand dort auch eine französische Maschine, die mithilfe von Radium die männliche Potenz zu steigern versprach. Seine Wagenflotte aber ließ Sir Bhupinder Singh selbstverständlich von einem englischen Mechaniker pflegen.

Sir Jai Singh von Alwar schlug insofern aus der Art, als er ein Automobil der Marke Lancaster favorisierte. Allerdings war die Karosserie innen und außen vergoldet, das Lenkrad bestand aus Elfenbein, und der hintere Teil des Wagens stellte eine angeblich recht akzeptable Kopie der britischen Krönungskutsche dar, einschließlich des Sitzes für die Lakaien.

Wie ein riesiges Schiff scheint der schimmernde Marmorpalast im See zu schwimmen: Jagat Singh II. (1734–1751), 62. Abkömmling der Mewar-Dynastie, lässt ihn 1746 in Udaipur errichten

Neben den britischen Autos und den typisch britischen Sportarten gab es noch einen dritten Bestandteil der britischen Kultur, der beim indischen Adel überdurchschnittliche Wertschätzung genoss: der Dudelsack.

Von einem Angehörigen des Sikh-Adels ist der Satz überliefert, Dudelsackmusik sei „so schön, dass diejenigen, die sie hörten, den Verstand verloren".

Dennoch ist die Musik, vor allem die konzertante, wohl einer der ganz wenigen Bereiche, in denen die indischen Fürsten bei ihrem Bemühen um raffinierte, bis in Detail perfekte britische Lebenskunst scheiterten. Als der Prinz von Wales 1875 Indien besuchte, wurden eigens für ihn in Gwalior goldene Betten und Bäder aus massivem Silber angefertigt. In Kaschmir aber wollte man den Gast dadurch ehren, dass für ihn 30 verschiedene Kapellen 30 verschiedene Willkommensmelodien spielten – doch sämtliche 30 Kapellen haben angeblich auf die peinlichste Weise falsch musiziert.

Mindestens ein Maharadscha ließ seinen Rolls-Royce zum Schießstand für die Tigerjagd umbauen. Als ein anderer Prinz von Wales im Jahre 1922 Indien bereiste, machte auch er wieder in Gwalior Station – einem Land, das für Tiger wohl ungefähr das bedeutet, was Schottland für Rebhühner darstellt. Tatsächlich gilt der damalige Maharadscha von Gwalior, Madhav Rao Sindia, als größter Tigerjäger aller Zeiten – zumindest der Zahl der Jagdveranstaltungen nach. Die unter seiner Regie getöteten Tiger hätten angeblich eine Kette von zweieinhalb Meilen Länge ergeben.

20 Prozent aller weltweit fahrenden Rolls-Royce-Limousinen gehören vor dem Ersten Weltkrieg indischen Prinzen

Nicht nur um Natur- und Tierschutz machte man sich wenig Gedanken, auch der Menschenschutz ließ bei den Maharadschas gelegentlich zu wünschen übrig. So pflegte ein Herrscher als Köder zum Anlocken der Tiger nicht, wie üblich, angepflockte Ziegen oder Büffel zu verwenden, sondern Kleinkinder. Kritikern antwortete er mit der Bemerkung, dass er noch niemals einen Tiger verfehlt habe, deshalb sei auch nie ein Kind zu Schaden gekommen.

Der Maharadscha von Datia hielt an der Grenze seines Reiches Tigerinnen in Käfigen, um männliche Tiere aus dem Nachbarland Gwalior anzulocken, die der Herrscher dann aus seinem sicheren Versteck heraus abschoss.

Die Tigerjagd, die als eine besonders edle und männliche Freizeitbeschäftigung galt, war eben auch immer ein Feld für schmutzige Tricks. Weil der Erfolg einer Jagd auch nach der Größe des erlegten Tiers bemessen wurde, ließen schwarze Schafe unter den Schützen ihre Trophäen künstlich vergrößern – etwa, indem das Tigerfell mithilfe versteckter Stöcke bis zum Zerreißen gedehnt wurde.

Lokendra Govind Singh von Datia (1907–1951) pflegt ein kostspieliges Hobby: Er sammelt Diamanten

Staats- und andere Ehrengäste hatten selbstverständlich ein Anrecht auf eine besonders erfolgreiche Jagd. Auf diese Weise gelang es dem jugoslawischen Präsidenten und Marschall Tito, der diese prächtigen Tiere eigentlich nur filmen wollte, bei seinem Indienbesuch mit einem einzigen Schuss vier Tiger zu erlegen, so jedenfalls die offizielle Lesart.

Das Verhältnis der meisten Maharadschas zur Fauna ihrer Länder war, vorsichtig gesagt, ambivalent. Einerseits waren sie passionierte Jäger und veranstalteten in ihren Arenen Kämpfe, die an das Römische Reich erinnerten – Schafböcke, Büffel und Elefanten mussten gegeneinander antreten, wobei in Baroda die Elefanten zuvor mit alkohol-

Als der Prinz von Wales 1875 Indien besucht, lässt der Maharadscha von Gwalior in seinem Palast diesen prächtigen Versammlungssaal fertigstellen. Auch goldene Betten und Bäder aus Silber beschafft der Regent zu diesem Anlass

Einigen indischen Fürsten gestattet London, eine eigene Armee zu unterhalten. Maharao Radscha von Bundi Raghubir Singh (1889–1927), gehört zu den als besonders kriegerisch geltenden Rajputen. Der Monarch, der die traditionelle Barttracht seiner Familie trägt, kommandiert 446 Reitersoldaten und 1835 Infanteristen.

Anders als die meisten indischen Fürsten wagt der Maharana Fateh Singh von Udaipur (1885–1930) es immer wieder, der britischen Obrigkeit die Stirn zu bieten: Als die Kolonialherren ihm den höchsten militärischen Orden verleihen, lässt er das Ehrenzeichen einem seiner Rennpferde umhängen

getränktem Futter betrunken gemacht wurden, um ihre Darbietung interessanter zu gestalten.

Auf der anderen Seite waren die indischen Fürsten zu einer Vergötterung ihrer vierbeinigen Freunde fähig, die uns heute übertrieben vorkommt. Unvergessen der große Hundefreund Mahabat Khan Babi Pathan, Herr von Junagadh, der mit seiner gut 800 Tiere umfassenden Meute als führender Züchter des Orients galt und jedem Exemplar einen eigenen Raum mit Licht und Telefon sowie einen Leibdiener zur Verfügung stellte, der sich auch um das An- und Auskleiden zu kümmern hatte – die vierbeinigen Freunde des Herrschers trugen nämlich kostbare Gewänder.

Das Hundehospital unterstand einem englischen Tierarzt. Bei Beerdigungen wurde Chopins Trauermarsch gespielt. Dieses Hobby ließ Mahabat Khan sich elf Prozent der monatlichen Staatseinkünfte kosten. Und die Hochzeit seiner Lieblingshündin Roshana mit einem Retriever-Rüden gehört zu den größeren Ereignissen der indischen Feudalgeschichte, auch wenn der britische Vizekönig, vermutlich peinlich berührt, seine Anwesenheit verweigerte.

Historiker sprechen von 50 000 – menschlichen – Ehrengästen, der Bräutigam wurde von einer Ehrengarde, die aus 250 auf reich geschmückten Elefanten sitzenden Artgenossen bestand, am Bahnhof abgeholt. Gemeinsam mit seiner parfümierten und mit Juwelen behängten Braut nahm er zur Rechten des Fürsten an der Hochzeitstafel Platz.

Mancher Regent beschäftigt in seinem PALAST *mehrere Hundert Köche*

Diese übergroße Leidenschaft für eine einzige, bestimmte Sache ist ein Kennzeichen vieler indischer Herrscher – bei Mahabat Khan war es die Hundezucht, bei anderen Automobile, bei dem Nawab von Rampur dagegen die Kochkunst. Er soll mehr als 300 hauptberufliche Köche beschäftigt haben, von denen die meisten auf ein einziges Gericht spezialisiert waren.

Andere Maharadschas liebten einfach die Liebe als solche. An einem ganz bestimmten Hof bestand das abendliche Ritual darin, dass sich auf den Stufen des Palastschwimmbeckens 40 nackte Damen aus dem Harem des Maharadschas versammelten. In ihren Händen hielten sie Kerzen, die eine zugleich naturalisti-

Mit pompösen Prunkbauten versuchen die indischen Fürsten, einander zu überbieten: Der Palast von Mysore vereint islamische und indische Stilelemente und zählt zu den größten Schlössern der Welt

bei dem erwähnten Jacob-Diamanten eine Ausnahme. Der Händler erhielt bei der Übergabe die Hälfte des Preises, den Rest wohl nie – der Mann war ruiniert.

Der Diamant aber blieb verschollen, bis ihn der Sohn und Erbe des Maharadschas nach dessen Tod in einem der Hausschuhe seines Vaters entdeckte, in der Gegend des großen Zehs.

Das goldene Zeitalter der Maharadschas begann 1858, nachdem die britische Krone Indien offiziell von der East India Company übernommen hatte; es neigte sich in den 1930er Jahren, als das demonstrative Herzeigen von Reichtum in der Welt zunehmend als problematisch empfunden wurde; es endete offiziell 1947 mit der Selbst-

sche und frivole Form besaßen und möglicherweise eine gewisse Ähnlichkeit mit dem Maharadscha aufwiesen.

Sie gingen nun ins Wasser, das ihnen etwa an die Mitte der Schenkel reichte, und steckten die Kerzen dorthin, wo sie, nach dem Willen des Maharadschas, hingehörten. Anschließend begannen sie, im Wasser stehend, zu tanzen. Diejenige, deren Kerze als letzte verlosch, war in der Nacht die Gefährtin des Fürsten.

Literaturtipps: *John Lord, „Die Maharadschas", Ullstein: ein schon älteres, aber anekdotenreiches Werk. Pramod Kapoor (Hrsg.), „The Unforgettable Maharajas", Roli Books: Bildband mit umfangreicher Hintergrundinformation. Anna Jackson u. a. (Hrsg.), „Maharaja: Pracht der indischen Fürstenhöfe", Kunsthalle der Hypo-Kulturstiftung: opulent gestalteter Ausstellungskatalog.*

Der Reichtum der Maharadschas brachte es, nahezu zwingend, mit sich, dass sich in ihren Haushalten Diamanten und andere Edelsteine ansammelten, auch wenn die Fürsten diese im Grunde unpraktischen Steine manchmal nur als Briefbeschwerer verwendeten, wie es in Hyderabad mit dem berühmten, 162-karätigen Jacob-Diamanten geschah, einem der größten der Welt.

In Baroda wusste man mit dem kaum weniger berühmten „Stern des Südens" nichts Besseres anzufangen, als ihn einer geschirrten und gesattelten Giraffe als Halsschmuck umzuhängen. Das solcherart geschmückte Tier führte, zur Volksunterhaltung, in den Straßen eine Parade an.

Obwohl die Maharadschas ihre Lieferantenrechnungen in der Regel großzügig und pünktlich bezahlten, machte Mahbub Ali Pascha von Hyderabad

ständigkeit Indiens und endgültig Anfang der 1970er Jahre, als unter der Premierministerin Indira Gandhi die letzten Privilegien der Fürsten abgeschafft wurden.

Einige Nachfahren der Maharadschas werden in ihren ehemaligen Ländern immer noch verehrt, einige haben in der Politik oder in der Wirtschaft Karrieren gemacht.

Man kann vielleicht, rückblickend, die Epoche der Maharadschas als eines der großen Experimente der vergangenen Jahrhunderte lesen: Was geschieht, wenn Menschen nahezu unbegrenzte finanzielle Mittel besitzen und dabei relativ wenig zu tun haben?

Antwort: Sie werden sonderbar. □

Harald Martenstein, 56, lebt als Journalist und Buchautor in Berlin.

DER PREIS DER FREIHEIT

1947 geben die Briten zermürbt auf – und zerreißen den Subkontinent in die Staaten Indien und Pakistan. Im auflodernden religiösen Fanatismus werden unzählige Hindus, Muslime und Sikhs erschlagen oder vertrieben. Auch der Apostel der Gewaltlosigkeit wird ein Opfer des Hasses

VON CAY RADEMACHER

Sikh-Flüchtlinge auf dem Weg zum indischen Teil des Punjab. In der nordwestlichen, zwischen Pakistan und Indien geteilten Provinz spielen sich 1947 apokalyptische Szenen ab: Sikhs, Hindus und Muslime fallen übereinander her, bis dort nahezu alle Muslime nach Pakistan, Hindus und Sikhs nach Indien getrieben worden sind

Nie zuvor haben so viele Menschen die Freiheit errungen wie um Mitternacht vom 14. auf den 15. August 1947: Der indische Subkontinent schüttelt eine jahrhundertealte Kolonialherrschaft ab, die Staaten Indien und Pakistan erscheinen auf der Weltbühne. 280 Millionen Hindus, 115 Millionen Muslime, sieben Millionen Christen, sechs Millionen Sikhs, 100 000 Parsen (Nachkommen persischer Feueranbeter) sowie 24 000 Juden sind nicht mehr Teil des Empire.

Doch was bedeutet Freiheit für ein zerrissenes, armes, gewalttätiges, rückständiges Land? 70 Millionen Inder leben als verachtete „Unberührbare“ am Rande der Gesellschaft, zehn Millionen haben keinen festen Wohnsitz, ziehen als Schlangenbeschwörer oder Brunnenbauer von Weiler zu Weiler.

In Indien leben so viele Leprakranke, wie die Schweiz Einwohner hat, und so viele Bettler, wie die Niederlande Menschen zählt – zugleich aber auch einige der reichsten Männer des Planeten: Maharadschas, die ihr Körpergewicht in Geschmeide aufwiegen lassen, während 300 Millionen Bauern kaum genug Essen für die tägliche Mahlzeit auftreiben können, es aber niemals wagen würden, eine der 200 Millionen heiligen Kühe anzurühren, die unbehelligt über die kargen Felder und staubigen Straßen ziehen.

In 15 Sprachen und 845 Dialekten reden die Inder, niedergeschrieben in Dutzenden Schriften, von links nach rechts oder rechts nach links verfasst, in Buchstaben oder Bildzeichen – Schriften, von denen neun Zehntel aller Inder freilich nie auch nur eine einzige zu lesen gelernt haben.

Vier Männer führen diese Abermillionen in die Unabhängigkeit. Drei ältere Herren, die ihr Leben dem Kampf für die Freiheit gewidmet haben. Und ein vierter, jüngerer, der aus London entsandt wurde, ihnen diese Freiheit zu gewähren.

In manischer Eile – im Verlauf von nicht einmal sechs Monaten – beenden diese vier Politiker die 300-jährige Kolonialgeschichte Indiens. Sie inszenieren ein Kammerspiel der Macht, bei dem am Teetisch über Grenzziehungen und Staatsschätze gesprochen wird und sich die Schicksale von Völkern in Vermerken zwischen Aktendeckeln entscheiden.

Ein Kammerspiel, das mehr als 17 Millionen Menschen die Heimat und Zehntausende das Leben kosten wird.

Die Geschichte der Geburt des modernen Indien ist ein Lehrstück von großen Hoffnungen, die einen uralten Hass doch nicht besiegen können, und von Politikern, welche die Geister, die sie riefen, nicht bändigen können.

Nationalist, Demokrat, Sozialist: Nehru führt die Kongresspartei, die wichtigste politische Organisation Indiens. Als Agnostiker sind ihm religiöse Fragen unwichtig – und so unterschätzt er die fromme Gewalt

JAWAHARLAL NEHRU

DIE VORGESCHICHTE

Um 1900 ist das British Empire das größte Weltreich der Geschichte: Ein Fünftel der Landmasse der Erde wird von London aus beherrscht, rund 300 Besitzungen – von denen Indien die größte, die reichste ist. Ein Vizekönig regiert den Subkontinent. Ihm unterstehen 2000 Beamte, 10 000 Offiziere, 60 000 britische und 200 000 einheimische Soldaten.

Der Erste Weltkrieg jedoch erschüttert das Empire. Zwar gehört es zu den Siegermächten, gewinnt sogar noch Gebiete hinzu, etwa im Nahen Osten. Doch die Wirtschaft leidet unter den Schulden, die im Konflikt aufgenommen wurden – und etwa 750 000 Briten sind auf den Schlachtfeldern gefallen.

Zugleich erstarken Londons Gegner auf dem Subkontinent: Die Kongresspartei, die wichtigste Organisation jener Inder, die nach nationaler Unabhängigkeit streben, wird von einem Mann ab 1920 revolutionär umgeformt – Mohandas Karamchand Gandhi.

Gandhi ist ein Gegner, wie ihn die Briten noch nie gesehen haben: ein Asket einerseits, ein charismatischer Prediger und geschickter Menschenfischer, der ergebene Jünger im Ashram um sich schart, ein im 20. Jahrhundert leibhaftig gewordener heiliger Mann wie aus einem alten indischen Mythos.

Andererseits ist er ein in England ausgebildeter Rechtsanwalt; ein politischer Organisator, Kampagnenplaner und Medienprofi, der ein Gespür hat für Parolen, mit denen er Massen mobilisiert. Mit dem richtigen Timing, um Journalisten gute Geschichten und spektakuläre Bilder zu liefern.

Gandhi zieht durch unzählige Dörfer: eine messiasgleiche Gestalt, die viele Inder bald mit dem Ehrennamen „Mahatma“ anreden, „Große Seele“, die Anhänger findet in jedem Weiler – und damit eine Gemeinschaft bildet, die Indien stärker durchdringt, als es die britische Verwaltung je könnte.

Und Gandhi bleibt nicht der einzige Gegner der Briten.

Nach dem Ersten Weltkrieg erstarkt auch die bereits 1906 gegründete Muslimliga, die für die Minderheit der Korangläubigen kämpft. Aber was heißt schon Minderheit? In den nordwestlichen und nordöstlichen Provinzen des Subkontinents ist der Islam die Religion der Bevölkerungsmehrheit.

1933 verfasst der 35-jährige, in Cambridge lebende indisch-muslimische Jurastudent Chaudhuri Rahmat Ali ein viereinhalb Schreibmaschinenseiten langes Manifest, in dem er einen eigenen Muslimstaat auf dem Subkontinent fordert. Einen Namen hat er für diese Utopie auch schon, gebildet aus Bestandteilen jener fünf nordwestlichen Gebiete, in denen der Islam dominiert: Punjab, Afghanistan (eine Grenzprovinz

Louis Mountbatten wird 1947 zum letzten Vizekönig Indiens ernannt. Sein Auftrag: die Briten so rasch wie möglich aus dem Subkontinent zu führen und einen Religionskrieg zu verhindern. Deshalb verhandelt er mit den wichtigsten Führern der Unabhängigkeitsbewegung – so auch mit Mahatma Gandhi. Ein Ausgleich der verfeindeten Gruppen gelingt ihm jedoch nicht

zum heutigen Afghanistan), **K**aschmir, **S**indh, Baluchis**tan** – „Pakistan", das „Land der Reinen".

Die Idee des Studenten, zunächst als Chimäre abgetan, wird erst 1940 zum Programm der Muslimliga – und macht aus dieser Organisation nicht nur einen Gegner der Briten.

Sondern auch der Hindus.

Die Geschichte der Konflikte zwischen Hindus und Muslimen ist so alt wie die Geschichte des Islam in Indien, denn er kam als Religion der Eroberer ins Land (siehe Seite 48). Doch bei allen latenten Spannungen war das Zusammenleben über lange Perioden hinweg friedlich, viele Hindus nahmen ohne Zwang den Glauben der Herrscher an.

Gerade für die Ärmsten war er durchaus attraktiv: In der Gemeinschaft der Gläubigen, die sich zu Allah bekennen, gibt es theoretisch keine Kasten – und so war in der Zeit der Mogulkaiser der Übertritt zum Islam für unzählige „Unberührbare" ein Schritt aus der Verachtung heraus gewesen.

Viele Hindus aber haben die islamische Fremdherrschaft nie vergessen. Unter britischer Oberhoheit leben sie und die Muslime zumeist ruhig miteinander, doch es ist ein unsicherer Frieden. Den Hindus gelten Muslime als unrein, sie schöpfen nicht einmal aus den gleichen Brunnen wie die Korangläubigen. In den Städten und Dörfern sind die Wohnviertel nach Religionen geschieden.

Nicht nur Traditionen und religiöse Vorstellungen trennen beide Gruppen, sondern auch Geld und Macht: Unter britischer Herrschaft haben viele Hindus Karrieren gemacht als Geldverleiher, Händler, Beamte und Bankiers. Solche Chancen bieten sich nur wenigen Muslimen – zum einen, weil ihnen religiöse Vorschriften manches verbieten (Geldverleih gilt ihnen als untersagter Wucher), zum anderen, weil die ehemaligen Schreiber und Beamten der islamischen Herrschaftselite sich in Sprache und Denkweise nur schwer in den britischen Apparat eingliedern ließen. Und vor allem, weil die früheren „Unberührbaren" zwar den Glauben wechseln konnten, nicht aber ihre Tätigkeit. Sie sind arme, ungebildete Bauern und Tagelöhner geblieben.

Anfangs agitierten Muslime und Hindus gemeinsam. Doch je näher die ersehnte Unabhängigkeit rückt, desto größer wird die Furcht der Muslime, von der Hindu-Mehrheit diskriminiert zu werden. Deshalb lautet die Forderung der Muslimliga ab 1940: Unabhängigkeit ja – aber auch von den Hindus.

Das wiederum ist für die Kongresspartei inakzeptabel. Die Partei ist seit der Abspaltung der Muslimliga und einer radikal religiösen Hindupartei die führende politische Organisation der gemäßigten Hindus. Aber sie will den ganzen Subkontinent. „Ehe ihr Indien teilt, müsst ihr meinen Leib zerteilen“, verkündet Gandhi.

In den Jahren nach dem Ersten Weltkrieg ist Großbritanniens Macht nach und nach erodiert. Protestaktionen Gandhis wie der „Salzmarsch“ von 1930 haben die Kolonialherren düpiert (siehe Seite 108). Doch mehr noch als die gewaltfreien Demonstrationen des Mahatma zermürbt die Briten vielleicht die aufziehende Drohung zukünftiger Gewalt.

Nicht Gandhis Kampf macht London Sorgen – sondern die Aussicht, dass Inder auf Inder schießen könnten: die Schreckensvision von einigen Hundert Millionen Menschen, die in einem Bruderkrieg übereinander herfallen. Keine Armee der Welt könnte ein Massaker auf dem Subkontinent verhindern.

Immer mehr Briten ängstigt nicht die Vorstellung, von Gandhi verjagt zu werden. Sondern der Gedanke, in einem brennenden Land zwischen religiösen Fanatikern in der Falle zu sitzen. „Indien ist ein Schiff mit Munition im Laderaum, das mitten auf dem Ozean in Brand geraten ist“, wird es später ein hoher Offizier formulieren.

Deshalb bewerben sich immer weniger Briten für die Laufbahn im Indian Civil Service: Was früher eine lange, erfolgreiche Karriere in Übersee versprach, scheint in den 1920er und 1930er Jahren zur Sackgasse zu werden. Wer mag noch in einer Kolonie dienen, die womöglich bald aufgegeben wird?

Und so halbiert sich mangels Kandidaten die Zahl der britischen Beamten binnen zweier Jahrzehnte. Ihre Stellen werden zunehmend mit Indern besetzt – was wiederum das Land unabhängiger macht, denn so wächst eine Generation einheimischer Verwaltungsfachleute heran.

Flüchtlinge, wie diese Muslime bei Neu-Delhi, stürmen die Züge, um Mörderbanden zu entfliehen, die in ihrer bisherigen Heimat zu Menschenjagden aufrufen

Nach Unruhen in der Provinz Rawalpindi schildern Dorfbewohner Vizekönig Mountbatten, dass sie alles verloren haben

Der Zweite Weltkrieg schließlich versetzt Britisch-Indien den Todesstoß. Zwar ist Großbritanniens Blutzoll diesmal nicht ganz so fürchterlich wie im ersten globalen Konflikt, doch wird das Empire endgültig zur zweitrangigen Macht. Ohne die Hilfe der USA wären wohl praktisch alle Besitzungen in Asien an die angreifenden Japaner gefallen.

Noch während der Kämpfe jedenfalls wird klar, dass sich die Briten aus eigener Kraft kaum noch auf dem Subkontinent halten können. „Gebt Indien auf!“, fordert Gandhi. Die Kolonialherren sollten das Land „Gott oder sogar der Anarchie überlassen“. Am 8. August 1942 verkündet er auf einer Versammlung der Kongresspartei: „Ich will die sofortige Freiheit, noch heute Nacht – vor Tagesanbruch, wenn möglich.“

Ein fataler Fehler.

Denn ganz Indien folgt ihm diesmal eben nicht: Die Muslimliga unterstützt vielmehr Londons Krieg gegen die Japaner und verzichtet für die Dauer des Zweiten Weltkrieges auf Aktionen gegen die Briten.

Und so schwach die Kolonialherren auch schon sind – dafür sind sie noch stark genug: Gandhi und die führenden Kongresspolitiker werden inhaftiert. Bis 1945 bleibt die Kongresspartei kopflos – während sich fortan viele Politiker in London der Muslimliga gegenüber moralisch in der Pflicht sehen.

Das Kammerspiel der Macht

Louis Francis Albert Victor Nicholas Mountbatten, Viscount of Burma, ist der perfekte englische Aristokrat: hochgewachsen, schlank, charmant, selbstbewusst. Urenkel von Königin Victoria, Vetter des amtierenden Monarchen Georg VI., verwandt mit dem Zarenhaus, den Hohenzollern, fast allen königlichen Familien Europas. Ein Marineoffizier, der am Ende des Zweiten Weltkrieges als Admiral das Alliierte Oberkommando in Südostasien führte. Und der am 1. Januar 1947, als er in die Downing Street 10 gerufen wird, gerade einmal 46 Jahre alt ist.

Premierminister Clement Attlee bietet ihm dort die nominell ranghöchste Position an, die das Empire zu vergeben hat: die des Vizekönigs von Indien.

Mountbatten hat als junger Mann Indien besucht – das Indien der untergehenden Kolonialzeit, der Maharadschas, Polospiele, Tigerjagden. Im Krieg jedoch hat er ein anderes Asien gesehen: Er kennt Freiheitskämpfer in Indonesien und Indochina. Er weiß, dass Europas Kolonialzeit abgelaufen ist, dass sich die Asiaten die Freiheit notfalls erkämpfen werden – und genau deshalb beruft ihn Attlee.

Der Premierminister aus der Labour Party will Indien aufgeben, so rasch wie möglich, ehe die Briten von dort gewaltsam vertrieben werden – und möglichst, ohne dass der religiöse Fanatismus explodiert. Im August 1946 schon hat ein muslimischer Mob, angestachelt von lokalen Anführern, Hindu-Nachbarn niedergemetzelt. Hindus rächten sich. Und am Ende eines langen Sommertages lagen etwa 6000 Leichen in den Straßen Kalkuttas. Später wurden Massaker aus Bombay gemeldet, aus Bihar, aus Dörfern des Gangesdeltas.

Attlee verschwendet keinen Gedanken mehr daran, Indien zu halten – er will nur noch mit heiler Haut herauskommen. Doch wie löst man ein Riesenreich auf? Daran ist der bisherige Vizekönig gescheitert: London will Indien geeint in die Freiheit entlassen, in geordneten Bahnen und so friedlich, dass der neue Staat wenigstens als Mitglied des Commonwealth und durch den gemeinsamen Monarchen an Großbritannien gebunden bleibt.

Die Verhandlungen mit Indiens Politikern aber haben bislang zu nichts geführt: Die Mitglieder der Kongresspartei bestehen auf einem geeinten Staat. Für sie kommt auch eine Föderation von Hindu- und Muslimländern nicht infrage, wie es ein erster Vorschlag der Muslimliga vorsieht. Denn die will unter allen Umständen einen eigenen Staat – ein Pakistan zudem, das nun neben den Nordwestprovinzen auch die 1500 Kilometer entfernte Ostprovinz Bengalen umfassen soll, in der ebenfalls viele Muslime leben.

„Ein absolut hoffnungsloser Fall", äußert sich Mountbatten gegenüber Attlee – und nimmt doch an. Denn er kann zwei Bedingungen aushandeln: Man müsse Indien ein festes Datum nennen können – anderthalb Jahre noch. Der 30. Juni 1948 soll der Tag der Unabhängigkeit werden. Und: Mountbatten will freie Hand bei den Verhandlungen haben. Auf die britische Regierung muss er keine Rücksicht nehmen.

Am 24. März 1947 wird er mit Pomp als Vizekönig in Neu-Delhi inthronisiert. Keine 20 Jahre zuvor ist das große, imposante Regierungsviertel im Süden Delhis fertiggestellt worden, von dem aus die Briten ihre Herrschaft über den Subkontinent festigen wollten. Denn Delhi gilt als eine der ältesten Hauptstädte in der Geschichte indischer Reiche. Und mancher Beamte mag aufgeatmet haben, dass er nicht mehr im unheimlichen Kalkutta arbeiten muss, der alten Kapitale Britisch-Indiens, sondern abgeschirmt vom Alltag in modernen Bürogebäuden, die auch in London hätten stehen können. Doch hinter den Fassaden Neu-Delhis stapeln sich Akten, die das Bröckeln der britischen Herrschaft festhalten.

DIE GEWALT NIMMT TÄGLICH ZU

Etwa ein Bericht aus dem Punjab, den der neue Vizekönig vorfindet: Der entlaufene Wasserbüffel eines muslimischen Bauern trottete auf das Grundstück eines Sikhs, was einen lokalen Krawall auslöste: 100 Tote. Kurz darauf ein Bericht aus Kalkutta: 99 Tote. Zwei Tage später: 41 Tote in Bombay.

Mountbatten zitiert den Chef der Polizei zu sich und fragt ihn, ob seine Beamten Ruhe und Ordnung aufrechterhalten können. „Nein, Eure Exzellenz", lautet die Antwort, „dazu sind wir nicht in der Lage."

Der Vizekönig ist noch keine zwei Wochen in Indien, als er das Gefühl hat, das Land explodiere unter seinen Füßen. „Die Szene hier", gesteht er in seinem ersten Bericht an Premier Attlee, „bietet ein Bild trostloser Düsternis."

Anderthalb Jahre, wie vereinbart, wird er nicht Zeit haben. Es geht um Tage, nicht Monate.

Mountbatten fasst einen Entschluss, wie ihn wohl nur das ererbte Selbstvertrauen eines Abkömmlings aus königlichem Hause eingeben kann: Er will die Probleme der 400 Millionen Inder allein regeln. Sofort.

Konferenzen wie bisher, so glaubt der Vizekönig, führen zu nichts. Stattdessen wird er die wichtigen indischen Politiker zu Vier-Augen-Gesprächen empfangen. Dabei wird er dann schon jeden Mann mit seinem Charme und der Logik der besseren Argumente von Londons Position überzeugen.

Ein kolossaler Irrtum – auch wenn es zunächst nicht danach aussieht.

Sein erster Besucher ist der wohl mächtigste politische Führer Indiens und ein Mann, mit dem der Vizekönig vertrauensvoll, nach einiger Zeit sogar freundschaftlich verkehrt: Jawaharlal Nehru, der Chef der Kongresspartei.

Nehru ist 57 Jahre alt, hager, leidenschaftlich, elegant trotz der schlichten baumwollenen Kleidung der Kongresspartei – und ebenso britisch-geschliffen wie Mountbatten und ebenso altem Adel entstammend. Denn er gehört einer Brahmanenfamilie in Kaschmir an. Als 16-Jähriger ist er nach England gegangen und wurde unter anderem in Cambridge zum Juristen ausgebildet.

Mit dem 77-jährigen Gandhi, seinem Förderer in der Kongresspartei, verbindet ihn eine Sohn-Vater-Beziehung, geprägt von Liebe, aber auch vom Bedürfnis, sich abzugrenzen.

Denn Nehru ist auf eine ganz andere Art Idealist als der Mahatma. Er träumt von einem modernen Indien, einem Staat, wie es ihn noch nie gegeben hat: demokratisch wie Großbritannien, doch in Wirtschaft und Gesellschaft organisiert nach den Prinzipien des Sozialismus. Indien als eine Art Sowjetunion mit englischer Freiheit.

Die Religiosität seiner Landsleute hingegen erfüllt den Brahmanensprössling mit Abscheu. Er, der Agnostiker, entscheidet kühl, pragmatisch, seine Reden und Aufsätze sind Modelle eleganter englischer Prosa.

Im Arbeitszimmer des Vizekönigs einigen sich Nehru und Mountbatten rasch auf eine Position: Unabhängigkeit so schnell wie möglich. Und: Indien bleibt geeint.

Dann kreist das Gespräch um andere Themen. „Gandhi", sagt Nehru, „geht mit einem Salbentopf umher und versucht, am wunden Leib Indiens eine Stelle nach der anderen zu heilen, statt die Ursache zu diagnostizieren, warum die Wunden aufbrechen, und bei der Heilung des gesamten Körpers mitzuwirken."

Ein Satz, den Mountbatten sich merken wird. Zeigt das nicht einen Riss zwischen Nehru und Gandhi? Der Mahatma ist in den Augen vieler Briten unberechenbar. Längst haben sie es aufgegeben, zu erraten, wie er in Verhandlungen taktieren wird. Sollte der Vizekönig bei seiner kommenden Unterredung mit Großbritanniens ärgstem und seltsamstem Widersacher stecken bleiben, dann könnte es sich anbieten, einen Keil zwischen Nehru und Gandhi zu treiben, um mit Ersterem zu kooperieren und Letzteren zu isolieren.

Tatsächlich aber wird Mountbatten von Gandhi zunächst ausmanövriert. Über mehrere Stunden zieht sich ihr Gespräch, und ein Betrachter könnte denken, dass hier nicht Politiker verhandeln, sondern zwei Zeitreisende, die sich zufällig zwischen den Epochen getroffen haben: hier der Gentleman, der seinen Tee aus einem kostbaren Porzellanservice schlürft – dort der halbnackte Asket, der aus einem zerbeulten Blechteller (der Trophäe eines seiner Gefängnisaufenthalte) mit einem geflickten Löffel Ziegendickmilch löffelt.

„Versuchen Sie doch", sagt Gandhi lächelnd und unnachgiebig, bis der Vizekönig einen Löffel hinunterzwingt.

Trotzdem ist Mountbatten von Gandhis Charisma berührt, fühlt sich hingezogen zum Apostel der Gewaltlosigkeit.

„Zerreißen Sie unser Land nicht", fordert Gandhi, „auch wenn das heißt, Ströme von Blut zu vergießen."

Der Vizekönig wehrt betroffen ab: Das sei nicht sein Plan. Aber wie sehe Gandhis Lösung für Indien aus?

Der Vizekönig solle ein geeintes Indien der Herrschaft der Muslimliga übergeben, antwortet daraufhin der Mahatma.

Mountbatten, fassungslos: „Und Sie meinen, dass Ihre eigene Kongresspartei das akzeptieren wird?"

„Der Kongress", erwidert Gandhi, „will vor allem die Teilung vermeiden. Er wird alles tun, um sie zu verhüten."

„Wenn Sie mir die feierliche Zusage bringen können, dass der Kongress Ihren Plan akzeptieren wird, dann bin ich bereit, diesem Vorschlag näherzutreten", verspricht der Vizekönig. Er hält den Plan zwar für utopisch. Aber hat Gandhi nicht schon ganz andere Vorhaben in die Tat umgesetzt?

„Ich werde kreuz und quer durch Indien ziehen", verspricht der, „um die Menschen dazu zu bringen, Ja zu sagen."

Das Wort „Ja" aber kommt Mountbattens nächstem Gesprächspartner so gut wie nie über die Lippen. Am 5. April empfängt der Brite erstmals den Führer der Muslimliga: Mohammed Ali Jinnah.

Auch diesen Gegner haben die Briten selbst herangebildet und ihm die geistigen Waffen gegeben, mit denen er sie nun bekämpft. Jinnah ist fast so alt wie Gandhi, wurde wie der (und Nehru) in Großbritannien zum Juristen ausgebildet, stammt aus der gleichen Region im Westen Indiens wie der Mahatma und würde sogar einer ähnlichen Kaste angehören, wenn sein Großvater nicht zum Islam übergetreten wäre.

Doch Jinnah ging einen ganz anderen Weg.

Mountbatten steht einem ausgemergelten Mann mit strengem Gesicht und dunklen Augen gegenüber; einem Kettenraucher in tadellosem britischen Anzug; einem einsamen Witwer fast ohne persönliche Freunde; einem Muslim, der die Sprache der gebildeten Muslime nicht einmal beherrscht: Jinnah spricht und denkt englisch, vom Urdu versteht er nur ein paar Worte. Jinnah ist ein elitärer Bildungsbürger, der früher Mitglied der Kongresspartei war, sich nun aber verächtlich von den „Unwissenden und Analphabeten" abgrenzt, die mit Gandhi den zivilen Ungehorsam wagen.

Und ein Mann, dem die Zeit zerrinnt: Ein Arzt hat auf Röntgenbildern von Jinnahs Lunge Flecken einer Tuberkulose entdeckt. Der Politiker hält das geheim – doch er weiß, dass ihm höchstens noch ein, zwei Jahre bleiben.

Mountbatten ist schockiert von dem Politiker, der ihm „mit äußerster Kälte und dünkelhaftem Hochmut" entgegentritt, wie er später sagt.

Fast zehn Stunden sprechen die beiden miteinander, verteilt auf mehrere Tage. Auch Jinnah kann die Unabhängigkeit nicht schnell genug gehen – doch den Plan eines geeinten Indien schlägt er aus.

Der in England ausgebildete Jurist und Muslimführer beharrt auf Pakistan, dem islamischen Staat – weil er die Muslime von Indiens Hindu-Mehrheit bedroht und gedemütigt sieht

MOHAMMED ALI JINNAH

Verzweifelte drängen nach der Teilung Britisch-Indiens in Neu-Delhi und anderen Städten auf die Züge. Doch oft werden die Waggons später zu Todesfallen – wenn fanatische, gut organisierte Banden auf freier Strecke die Bahnen stoppen, um alle Reisenden niederzumachen. Im weiten Land sind viel zu wenige Soldaten stationiert, um das zu verhindern

Er fordert eine „chirurgische Operation": die Teilung Indiens. Die Muslime seien eine Nation „mit eigener Kultur und Zivilisation, Sprache und Literatur, Kunst und Architektur, mit eigenen Gesetzen und moralischen Vorschriften, mit eigenem Kalender und eigener Geschichte. Indien war nie wirklich eine Nation. Das sieht nur auf der Landkarte so aus. Jedes Mal, wenn mir ein Hindu die Hand schüttelt, muss er sie sich anschließend waschen."

Jinnah besteht auf der Gründung von Pakistan – einschließlich der Provinzen Punjab und Bengalen, obwohl dort nur rund die Hälfte der Einwohner Muslime sind.

Stundenlange Diskussionen. Mountbatten glaubt, im Kreis zu reden. Einen „bösen Geist" wird er den Führer der Muslimliga später nennen, „einen psychopathischen Fall, versessen auf sein Pakistan, koste es, was es wolle".

Schließlich gibt der Vizekönig auf: Er werde nach Jinnahs Logik der Bevölkerungsmehrheiten nicht nur den Subkontinent teilen, sondern auch die umstrittenen Provinzen Punjab und Bengalen.

Jinnah protestiert: Dann bekomme er ein „mottenzerfressenes Pakistan".

Hier bleibt Mountbatten hart – aber nur hier. Am Ende resigniert der Brite. Die Einheit ist gescheitert.

(Zumal ein paar Tage später auch Gandhis Utopie platzt: Alle Führer des Kongresses verweigern ihm die Gefolgschaft. Der Mann, der zu Indiens Dörfern wandern wollte, um die Zustimmung für den verwegenen Plan einzuholen, kann nicht einmal seine engsten Gefolgsleute überzeugen: Die Kongresspartei wird sich niemals der Muslimliga unterwerfen. Stattdessen will Nehru die Teilung Indiens hinnehmen – sofern auch der Punjab und Bengalen zerschnitten werden.)

Die Zeit sei gekommen, einen Plan für die Teilung Indiens zu entwerfen, befiehlt Mountbatten seinem Stabschef.

Es ist der 11. April 1947, der Vizekönig ist noch keine drei Wochen inthronisiert und hat bereits sein wichtigstes politisches Ziel verloren gegeben: die Einheit Indiens.

Die Teilung

Den Gouverneuren der elf Provinzen Britisch-Indiens verkündet Mountbatten den, wie er es nennt, „Balkan-Plan": die Zerschneidung des Landes in zwei verfeindete Staaten.

Zweieinhalb Wochen später fliegt er nach London und schreibt in einer Denkschrift für Attlee, die Teilung sei „reiner Wahnsinn. Niemand könnte mich jemals dazu bringen, ihr zuzustimmen, wäre nicht dieser unglaubliche Hass zwischen den Religionsgruppen, der alle ergriffen hat und keinen anderen Weg offenlässt. Die Verantwortung für diese verrückte Entscheidung muss für die Augen der Welt eindeutig den Indern angelastet werden".

Auch Gandhi resigniert: Die Teilung, so verkündet er, sei Schuld der Inder; in ihren eigenen Herzen müssten sie nach einer Erklärung für das suchen, was geschehen sei.

3. Juni: Mountbatten, zurück auf dem Subkontinent, überreicht den indischen Führern eine von seinen Beamten ausgearbeitete, 34-seitige Denkschrift. Titel: „Die administrativen Konsequenzen der Teilung".

Kaum glaublich, aber wahr: Erst in diesem Moment geht Nehru, Jinnah und deren Mitstreitern, geht den Freiheitskämpfern und geschulten Juristen auf, was es heißt, einen Subkontinent zu zerschneiden. Denn penibel listen Mountbattens Männer das Inventar auf, das in der größten Scheidung der Weltgeschichte geteilt werden soll: fünf Milliarden Dollar Staatsschulden, Millionenvermögen in Rupienscheinen und Briefmarken, Witwenrenten, Bücher in Bibliotheken, die Schulen, Universitäten und Forschungsinstitutionen, Gefängnisse (und Häftlinge), Nervenheilanstalten (und deren Insassen), Tintenfässer und Besen in Ministerien und Amtsstuben, Bulldozer für den Straßenbau, das drittgrößte Eisenbahnnetz der Erde, Hunderttausende Soldaten, Panzer, Kanonen und andere Waffen …

Was davon geht nach Indien, was nach Pakistan?

4. Juni: Pressekonferenz im Council House, dem späteren Sitz des indischen Parlaments. 300 Journalisten aus aller Welt sind angereist. Mountbatten verkündet den Teilungsplan. Ein indischer Reporter meldet sich zu Wort: „Sir, wenn sich alle einig sind, dass die Zeit für die Machtübergabe drängt, dann haben Sie doch sicher an einen Termin gedacht?"

„Allerdings", erwidert Mountbatten.

Eine charmante Lüge. Denn so unglaublich es klingt: Auch darüber haben der Vizekönig und die indischen Führer nicht geredet. Mountbatten sieht in die Gesichter der Journalisten. Tiefes Schweigen im Raum, gemildert nur vom Sirren der Deckenventilatoren. Was soll er jetzt sagen? Fieberhaft kalkuliert er die Zeit, die die Inder wohl benötigen werden. Dann fällt ihm plötzlich der 15. August 1945 ein – der Tag, an dem der japanische Kaiser die Kapitulation verkündete. Eröffnete nicht dies erst den Weg Asiens zu neuer Freiheit?

„Die endgültige Übertragung der Macht in indische Hände wird am 15. August 1947 stattfinden", verkündet er.

Ein Entschluss, so selbstherrlich, wie ihn kaum je ein absolutistischer König verkündet hätte. Niemand in London weiß davon. Auch Nehru und Jinnah erfahren davon erst in diesem Augenblick, und man kann sich vorstellen, wie fassungslos sie sind. Nur noch 72 Tage.

72 Tage, um ein riesiges Staatsvermögen aufzuteilen. 72 Tage, um die entscheidende Frage zu klären: Wo sollen die Grenzen verlaufen?

Denn formal sind die Briten nur Herren über zwei Drittel des Subkontinents: Ein Drittel der Landfläche untersteht 565 Maharadschas, Nawabs und anderen Fürsten aus oft uralten Dynastien. Mehr als 400 von ihnen sind unbedeutende Potentaten, die über Regionen herrschen, die manchmal kaum größer als eine Kuhweide sind. Ein paar wenige jedoch gebieten über Staaten, die es von der Größe her mit europäischen Nationen aufnehmen könnten; sie kommandieren eigene Armeen und besitzen märchenhafte Vermögen.

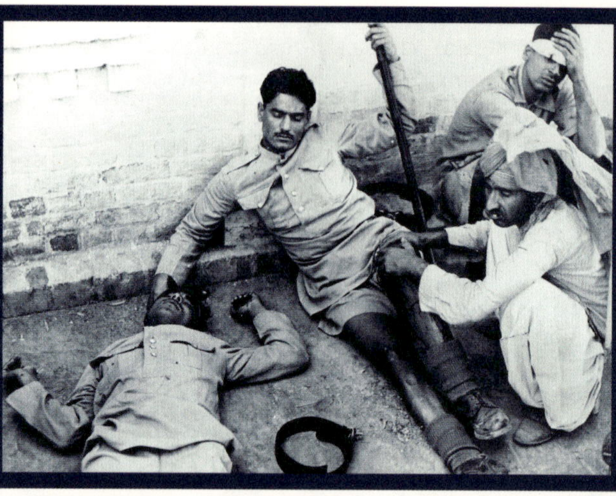

In Lahore, wo die Volksgruppen bis 1947 etwa gleich stark sind, werden bei Unruhen verwundete Polizisten versorgt. Dort kollabiert die öffentliche Ordnung

Die wuchernden Metropolen sind noch schwerer zu kontrollieren als das flache Land. Nach Massakern, etwa 1946 in Kalkutta, bleiben die Täter meist straffrei

Da sie, juristisch gesehen, Lehnsmänner des britischen Monarchen sind, werden sie nach dem Rückzug Seiner Majestät wieder souverän.

Doch Nehru hat schnell klargemacht, dass er eine Zersplitterung Indiens in Hunderte alter Fürstentümer ebenso verhindern will wie die Errichtung neuer separater Staaten etwa der Tamilen oder der Sikhs. Und so überzeugt Mountbatten die meisten Maharadschas, sich einer der beiden neuen Nationen anzuschließen.

Nach ein paar Wochen Verhandlungen geben fast alle Fürsten auf: Sechs Reiche wollen in Pakistan aufgehen, 557 in Indien. Nur zwei Fürstentümer beharren auf ihrer Unabhängigkeit: Hyderabad (das bald darauf von Indien okkupiert wird) und Kaschmir (was dramatische Folgen haben wird).

Noch dramatischer aber sind die Probleme in Bengalen und im Punjab: in jenen Provinzen, die geteilt werden sollen.

Bengalen erstreckt sich im Nordosten des Subkontinents von den Dschungeln am Fuße des Himalaya bis zum Riesendelta, wo sich Ganges und Brahmaputra ins Meer ergießen. Ein armes Land, geplagt von langen Dürren, Taifunen, kurzen Sintfluten. 35 Millionen Muslime leben vor allem im Osten der Provinz, 30 Millionen Hindus im Westen.

Wichtigster Rohstoff Bengalens ist Jute, die fast ausschließlich im Osten angebaut wird. Doch alle Straßen und Eisenbahnlinien führen nach Westen, nach Kalkutta, der zweitgrößten Stadt des British Empire, dem größten Hafen Asiens. Nur hier stehen die Fabriken, in denen Jute verarbeitet wird. Teilt man diese Provinz, sind die 35 Millionen Muslime im Osten von allen Fabriken, allen Märkten und fast allen Lebensmitteln abgeschnitten.

Der britische Gouverneur der Provinz sagt, die Teilung werde Ostbengalen zum „größten ländlichen Elendsgebiet auf der Erde" machen.

Noch düsterer sind die Aussichten für den Punjab – obwohl die nordwestliche Provinz wohlhabend ist, bewässert von Kanälen, die Briten anlegten. Auf den Feldern wächst gerade eine Rekordernte von Weizen, Mais und Zuckerrohr heran.

16 Millionen Muslime leben hier, 15 Millionen Hindus – und fünf der sechs Millionen Sikhs Indiens (siehe Kasten Seite 141). Amritsar, ihre heilige Stadt, erhebt sich über den Ebenen des Punjab. Die Sikhs, deren Männer ihre niemals geschnittenen Haare unter Turbanen verbergen, stellen 13 Prozent der Bevölkerung, kontrollieren aber 40 Prozent des Bodens und rund 60 Prozent der Ernten. Harte, stolze Männer, Krieger seit Jahrhunderten – auch ein Drittel aller Soldaten der indischen Armee sind Sikhs.

Und: In ihnen lebt die Erinnerung an die blutige Unterdrückung ihrer Religion während der islamischen Herrschaft.

Will man den Punjab zwischen Indien und Pakistan aufteilen, müsste die Grenze ungefähr von Nord nach Süd gezogen werden. Alle Kanäle, Straßen und Eisenbahnen laufen jedoch von West nach Ost. Schlimmer noch: In fast allen 17932 Städten und Dörfern der Provinz leben die drei Glaubensgemeinschaften zusammen. In Lahore beispielsweise sind es 600000 Muslime, 500000 Hindus und 100000 Sikhs.

Will man den Punjab teilen, wird jede Stadt, jedes Dorf, jeder Weiler zerrissen.

IM PUNJAB IST FRIEDEN UNMÖGLICH

Ein Beamtenheer arbeitet derweil die Denkschrift des Vizekönigs ab – unter dem Druck eines Abreißkalenders, den Mountbatten in jede Amtsstube hat hängen lassen: Der zeigt an, wie viele Tage noch bis zur Unabhängigkeit bleiben.

Und so einigen sich die Experten auf das Große und das Kleine, das Wichtige und das Absurde: Staatsschulden und Barvermögen etwa gehen zu 82,5 Prozent an Indien, zu 17,5 Prozent an Pakistan. Die Armee wird im Verhältnis zwei zu eins geteilt.

Bei Schreibmaschinen, Lampen und anderem Inventar ist das Verhältnis 80 zu 20. Die Encyclopaedia Britannica in jeder Bibliothek wird geteilt, eine Hälfte der Bände verbleibt in Indien, die andere geht nach Pakistan. Bei Wörterbüchern erhält Indien den Teil A–K, Pakistan bekommt L–Z.

Bei den Prachtkutschen des Vizekönigs entscheidet das Los: Die sechs goldbeschlagenen Karossen bleiben in Neu-Delhi, die silbernen gehen nach Karatschi.

Da nur eine Druckerei in ganz Indien Banknoten und Briefmarken herstellen kann, bedrucken fleißige Helfer per Gummistempel wochenlang Rupienscheine und Postwertzeichen mit dem Wort „Pakistan".

Und die umstrittenen Grenzen?

Im Juni holt Mountbatten den Oxford-Juristen Sir Cyril Radcliffe nach Neu-Delhi – einen Mann, den Jinnah wie auch Nehru nur aus einem Grund als Experten für die Grenzziehung akzeptieren: Radcliffe war noch nie zuvor in Indien, er ist praktisch ahnungslos. Deshalb gilt er als unparteiisch.

Der Jurist erreicht Neu-Delhi in gleißender Hitze. Ihm wird ein Bungalow zugewiesen – und er erfährt nun erst, dass er die Grenzen binnen weniger Wochen festlegen muss; nicht einmal in den Punjab und nach Bengalen kann er reisen.

Radcliffe ist entsetzt, aber zu pflichtbewusst, um abzureisen. Also beugt er sich mit einem Bleistift über britische Generalstabskarten, lässt sich von Beamten Informationen über die Bevölkerung liefern – und legt los.

In Bengalen zieht er Linien ungefähr anhand der Bevölkerungsverteilung. Aber im Punjab? Radcliffe entscheidet sich schließlich für „natürliche" Grenzen in einer Provinz, die das eigentlich nicht kennt: möglichst den Flüssen Ravi und Sutlej folgend, von Nord nach Süd, 300 Kilometer lang.

Am Ende liegt Lahore in Pakistan, Amritsar in Indien. Die Linie von Sir Cyril teilt manche Bewässerungssysteme so, dass die Staubecken in Indien, die Kanäle jedoch in Pakistan liegen; teilt Dörfer mitten entzwei. Und: Das Siedlungsgebiet der Sikhs wird zerschnitten. Etwa fünf Millionen Sikhs und Hindus werden Pakistan zugeschlagen, etwa genauso viele Muslime landen in der indischen Hälfte des Punjab.

Radcliffe selbst weiß, dass die von ihm gezogenen Grenzen Millionen zu unerwünschten Minderheiten machen und wohl einen Bürgerkrieg provozieren werden. Als er fertig ist, nur wenige Stunden vor Ablauf der 72 Tage, reist er erschöpft ab – und verzichtet verächtlich auf das Honorar von 2000 Pfund, das ihm der Vizekönig für den Auftrag versprochen hat.

Mountbatten lässt Radcliffes Plan in seinem Büro einschließen. Sollen Nehru und Jinnah doch ihre Staatsgründungen feiern. Erst am Tag nach der Unabhängigkeit wird er enthüllen, wo genau die Grenzen verlaufen.

Blutige Gründung

Donnerstag, 14. August 1947, 9.00 Uhr. In einem schlichten Versammlungssaal in Karatschi soll an diesem Morgen die Gründung Pakistans verkündet werden. Auf den Rängen Punjabis mit Pelzmützen, turbangeschmückte Würdenträger, düster blickende Stammeskrieger – und dunkelhäutige Bengalen aus jenem Ostpakistan, das Jinnah noch nie in seinem Leben besucht, das er aber in seinen Staat gezogen hat.

An der Rednertribüne: Mountbatten in weißer Admiralsuniform, die Brust schwer von Orden. Und Jinnah, im schlichten Anzug, das Gesicht regungslos.

„Die Geschichte scheint sich zuweilen mit der äußersten Langsamkeit eines Gletschers voranzubewegen, dann wieder wie ein Sturzbach dahinzuschießen", spricht der scheidende Vizekönig, um dann doppelsinnig fortzufahren: „In dieser Stunde, in diesem Teil der Welt haben unsere vereinten Bemühungen das Eis zum Schmelzen gebracht und einige Hindernisse aus dem Flussbett geräumt, und wir werden von der vollen Strömung getragen."

Der skandalumwehte Maharadscha von Kaschmir will sein Reich am Fuße des Himalaya weder Indien noch Pakistan anschließen – und verliert es an beide Staaten, die jeweils Teile besetzen

Hari Singh

Pakistan, verspricht Jinnah anschließend, werde es „nicht fehlen lassen an einer Gesinnung der Freundschaft gegenüber unseren Nachbarn und allen Nationen der Welt". Dann ist die kurze Zeremonie vorüber – und Pakistan geboren.

Im offenen Rolls-Royce gleiten Jinnah und Mountbatten anschließend an jubelnden Menschen vorbei durch die Straßen Karatschis. „Das Auto sieht aus wie ein Leichenwagen", denkt der Brite – er befürchtet, Fanatiker könnten ein Attentat auf ihn und Jinnah verüben.

An den Straßen, auf Balkonen und Dächern drängen Menschen. „Zindabad Pakistan!", rufen sie: „Es lebe Pakistan!"

Dann biegt der Rolls-Royce in die Elphinstone Road ein. Schweigen. Fünf Minuten kriecht der Wagen durch die gespenstisch stille Hauptgeschäftsstraße. Fast sämtliche Läden gehören Hindus. Stumm blicken sie auf die Wagenkolonne.

Nichts geschieht. Doch das feindselige Schweigen mag Mountbatten wie ein böses Omen erscheinen.

Gegen Sonnenuntergang fährt ein Auto mit ganz besonderen Fahrgästen durch die Straßen der etwa 1000 Kilometer nordöstlich von Karatschi gelegenen Hindu-Kapitale Neu-Delhi: Es sind zwei Brahmanen der höchsten Erhabenheitsstufe. Das verfilzte Haar windet sich auf ihren bloßen Schultern; sie haben Aschestreifen auf der Stirn.

Einer der beiden Hindu-Heiligen trägt auf einer Platte aus massivem Silber das *pitambaram*, ein weißes Seidentuch mit goldener Borte. Der andere führt ein anderthalb Meter langes Zepter mit sich, eine Flasche heiligen Wassers, einen Beutel heiliger Asche und eine Handvoll Reis, der am frühen Morgen dem Tanzenden Shiva in einem Tempel bei Madras dargebracht und dann nach Neu-Delhi geflogen worden ist.

Die Brahmanen steigen in der York Road 17 aus – wo Jawaharlal Nehru sie vor einem Bungalow erwartet. Geduldig lässt sich der Visionär eines neuen Sozialismus mit heiligem Wasser besprengen, lässt sich Asche auf die Stirn schmieren, das Zepter in die Arme legen, sich in das Tuch hüllen.

Die alten Symbole der Hindu-Herrscher sollen ihm Kraft geben für die Verantwortung, die er in wenigen Stunden übernehmen wird.

Als Nehru schließlich das Council House betritt (Mountbatten ist inzwischen zurück nach Neu-Delhi geflogen), hängen dort statt der Porträts der britischen Vizekönige grünweiß-orangefarbene Flaggen, die Farben des neuen Indien.

„Vor langen Jahren", ruft Nehru aus, „haben wir einen Pakt mit dem Schicksal geschlossen, und nun naht die Zeit, da wir unser Gelöbnis einlösen werden, wenn auch nicht in vollem Umfang. Beim Schlag der Mitternacht, während die Welt in Schlummer liegt, wird Indien zu Leben und Freiheit erwachen."

Stille, als der Minutenzeiger der Uhr im Saal auf die XII zukriecht. Dann hallen zwölf Glockenschläge über die Köpfe. Ein Mann oberhalb der Rednertribüne hebt eine spiralförmige Schnecke an die Lippen und bläst hinein. Der Ton der Flügelschnecke ist das uralte indische Zeichen für den Anbruch eines neuen Tages.

In dieser Nacht verkündet er auch ein neues Zeitalter.

Über den Tausenden, die sich vor dem Palast eingefunden haben, prasselt in diesen ersten Minuten des 15. August der

DIE SIKHS

Bereits um 1500 ist die Religionsgemeinschaft der Sikhs entstanden. Ihre Anhänger sind gebildet, ehrgeizig, militant. Doch mit der Teilung des Punjab verlieren sie die Hälfte ihres Landes

Die meisten der mehr als 20 Millionen Sikhs leben heute im Bundesstaat Punjab im Nordwesten Indiens. In dieser Region und in der angrenzenden Provinz des heutigen Pakistan ist die Religion vor rund 500 Jahren entstanden. „Sikh" bedeutet Schüler – und die Geschichte der Religion beginnt mit einem Lehrer: dem 1469 geborenen Guru Nanak. Er propagiert den Glauben an einen einzigen Gott, verwirft die Rituale der Hindus, lehnt das Kastensystem ab und fordert von seinen Anhängern *nam*, *dan* und *isnan*: Meditation, Almosengaben und reine Lebensweise.

Nanak kombiniert muslimische mit hinduistischen Lehren, um beide Religionen zu vereinigen und predigt ein neues Arbeitsethos: Anders als die meisten Hindus nehmen die Sikhs ihr Schicksal nicht als vorbestimmt hin, sondern fördern Wettbewerb und Leistung.

Um 1600 fasst ein Guru die Dogmen der Sikhs in einem heiligen Buch zusammen und legt den Grundstein für eine zentrale Pilgerstätte: den Goldenen Tempel in Amritsar. Die Gemeinschaft floriert nun so sehr, dass sie der muslimische Mogulkaiser Jahangir fürchtet: 1606 lässt er den Guru zu Tode foltern – der Beginn einer tiefen Feindschaft zwischen Muslimen und Sikhs.

Die friedfertige Religionsgemeinschaft verwandelt sich in einen Kriegerorden. Strenge Vorschriften verpflichten jeden Anhänger, seine Haare wachsen zu lassen, einen Turban zu tragen und stets ein Krummschwert mit sich zu führen. Männliche Sikhs tragen fortan das Wort „Singh" (Löwe) als Teil ihres Namens.

Am Ende des 18. Jahrhunderts gründen die Sikhs im Punjab ein eigenes Reich, das die Briten 1849 niederringen: Nach ihrem Sieg bevorzugen die Kolonialherren jedoch die Sikhs bei der Vergabe von Posten in der Armee, um deren besonderen Kampfgeist zu nutzen.

Als der Subkontinent 1947 die Unabhängigkeit erlangt, werden die fruchtbarsten Äcker des Punjab Pakistan zugeschlagen; Millionen Sikhs müssen aus dem muslimischen Pakistan fliehen. Im indischen Teil ihrer Heimat mehren sie ihren Wohlstand und machen den Punjab zur reichsten Region des Landes.

Heute sind knapp zwei Prozent der Inder Sikhs (in der Armee gehört jeder zehnte Soldat und jeder fünfte Offizier dieser Glaubensrichtung an). Zudem besetzen sie zahlreiche leitende Positionen in Ministerien und Behörden. Seit 2004 führt gar ein „Löwe" Indien: Premierminister Manmohan Singh. *Joachim Telgenbüscher*

Monsunregen nieder, Donner rollen über Neu-Delhi: Auch dieses mag ein Omen sein.

16. August: Mountbatten ist noch immer für Indien im Dienst. Nehru, der Regierungschef, hat ihm das Amt eines Generalgouverneurs des neuen Staates angetragen; er ist nun eine Art Präsident, aber ohne echte Befugnisse. Für einige Monate soll der Brite noch beim Übergang vom Kolonialsystem zur Selbstverwaltung helfen.

An diesem Tag übergibt er Nehru und dem nach Neu-Delhi gereisten pakistanischen Ministerpräsidenten Liaquat Ali Khan (Jinnah ist Staatsoberhaupt Pakistans und wird Indien nie wieder betreten) das letzte amtliche Schriftstück Großbritanniens: je einen Satz Landkarten sowie rund ein Dutzend maschinengeschriebene Blätter Papier – Radcliffes Plan der Grenzziehung. Die Zeitbombe.

Mountbatten empfiehlt beiden Staatsmännern, diese Dokumente in getrennten Zimmern zu studieren. In zwei Stunden mögen sie wieder bei ihm erscheinen. Als die Frist verstrichen ist, blickt er in zwei wutverzerrte Gesichter.

Die Grenzen sind tatsächlich unparteiisch gezogen worden – denn beide Politiker fühlen sich gleichermaßen betrogen. Jeder hatte gehofft, dass sein Staat mehr vom Punjab erhalten würde.

Beide aber sind sie nun machtlos: Als ein paar Stunden später der Grenzverlauf im Radio bekannt gegeben wird, gibt es nichts mehr, was ein Politiker im Punjab noch tun könnte – denn dort kollabiert jegliche Ordnung.

VIELLEICHT SYMBOLISIERT NICHTS so sehr das Drama des Punjab wie der Down Express No 10, der Schnellzug zwischen Lahore und Amritsar.

Am späten Nachmittag des 15. August, Indien und Pakistan sind erst seit wenigen Stunden unabhängig, faucht der Zug in die rote Backsteinhalle des Bahnhofs von Amritsar: eine Dampflok und acht staubbedeckte Waggons.

Tausende drängen sich auf den Bahnsteigen: Hindus und Sikhs, die bereits geflohen sind, die auf ihrem Weg Frauen, Kinder, andere Verwandte verloren haben und nun verzweifelt auf jeden einfahrenden Zug warten in der Hoffnung, die Vermissten doch noch zu entdecken.

Der Bahnhofsvorsteher zwängt sich durch die Menge bis zum Kopfende des Bahnsteigs, gibt dem Lokomotivführer das Haltesignal. Doch seltsam: Der Lokführer hat einen leeren Blick und wirkt geschockt – und alle Fenster des Zuges sind geöffnet. Aber niemand ist zu sehen, niemand winkt, niemand ruft, niemand öffnet eine Tür. Es wird still im Bahnhof.

Der Beamte reißt die Tür des ersten Wagens auf, stürzt hinein – und sieht nur Tote: mit eingeschlagenen Schädeln, herausgerissenen Eingeweiden, durchschnittenen Kehlen. Blut, abgehackte Arme und Beine. Irgendwo ein Stöhnen.

„Sie sind in Amritsar!", ruft der Vorsteher. „Wir sind Hindus und Sikhs hier. Die Polizei ist da. Haben Sie keine Angst!"

Da bewegen sich einige Gestalten: Eine Frau hebt den abgeschlagenen Kopf ihres Mannes und schreit. Weinende Kinder, die sich an die Körper toter Eltern klammern. Ein Mann, der sein verstümmeltes Kind aus einem Leichenberg zieht.

Der Bahnhofsvorsteher wankt von Waggon zu Waggon. Überall das gleiche Bild. Hunderte Tote. Er taumelt aus dem letzten Wagen, betäubt vom Gestank des Todes.

Da sieht er an der Wand des letzten Waggons eine Inschrift in weißer Farbe: „Dieser Zug ist unser Unabhängigkeitsgeschenk für Nehru."

Eine muslimische Mörderbande hat den Express irgendwo auf den 70 Kilometern zwischen Lahore und Amritsar gestoppt und die Flüchtlinge niedergemacht.

Im Punjab wiederholen sich nun diese Albtraumszenen: dutzendfach, hundertfach, tausendfach. Mit Keulen, Eisenkrallen, Ziegelsteinen und Hockeyschlägern fallen Nachbarn übereinander her, vier, fünf, sechs Wochen lang. Muslimische Männer werden von straff geführten Sikh- und Hindu-Banden erschlagen, die ihren Opfern auch noch das Geschlechtsteil abhacken. Muslime schneiden Hindu-Frauen die Brüste ab, Sikhs halten muslimische Babys am Spieß ins Feuer. Szenen wie aus den Höllenbildern eines Hieronymus Bosch.

Mountbatten und seine Gattin inspizieren Kahuta, ein Dorf im Punjab, wo kurz zuvor 22 Menschen ermordet und 1000 Häuser zerstört worden sind

Mit Tränengas vertreiben Polizisten Randalierer, die 1946 in Kalkutta einen Hindu-Tempel niederbrennen wollen. Muslime sind in der Stadt eine große Minderheit

In Lahore stellen in glosender Sommerhitze Angestellte des Wasserwerkes den Hindu- und Sikhvierteln das Wasser ab. Wagen sich die halb verdursteten Eingeschlossenen heraus, werden sie erschlagen. Die Viertel brennen. Am Ende sind mehr als eine halbe Million Menschen aus der Stadt verschwunden, die Hälfte der Bürger: tot oder geflohen.

In Amritsar lodern Flammen in den muslimischen Straßen. Nach wenigen Tagen gibt es in der Metropole so gut wie keine Koranglaubigen mehr.

Wer noch kann, der flieht. Schwer beladene Gestalten, traumatisiert, hungrig, belagern die wenigen Züge, die noch zwischen den brennenden Städten verkehren. Vertriebene marschieren entlang der Bahndämme, der Straßen, quer über die Felder. Es sind Sikhs, die ihre Ländereien verloren haben. Hindu-Händler, die Geschäfte zurücklassen. Muslimische Tuberkulosekranke, die von Hindu-Ärzten aus einem Krankenhaus gejagt wurden. Endlose Trecks, quälend langsam – immer wieder attackiert von Banden, die sich im hoch stehenden Korn verbergen und die Wehrlosen erschlagen.

55 000 britische Soldaten sind noch im Punjab stationiert: Das sind viel zu wenige, um die Menschen in der Provinz zu schützen. Zumal die meisten Post-, Telegraphen- und Telefonverbindungen unterbrochen sind und deshalb keine koordinierte Aktion mehr möglich ist.

Die Beamten der beiden neu gegründeten Staaten sind erst recht überfordert. In Pakistan existiert praktisch noch gar keine Verwaltung. Viele Soldaten und Polizisten, ausnahmslos Muslime, lassen die Mörder in ihrem Bereich zudem gewähren.

Die Provinzregierung des indischen Teils des Punjab operiert aus einem Haus mit einem einzigen Telefon und einem Funkgerät, das man im Toilettenraum aufgebaut hat. Sie hat keinerlei Kontrolle über das Land.

Jinnah und Nehru sind westlich gebildete, agnostische, städtische Männer. Anders als Gandhi, der seit Jahren von Dorf zu Dorf zieht, haben sie sich nie vorstellen können, dass ihre Landsleute in religiösen Leidenschaften derart entflammen, dass ein so archaischer Hass die Menschen erfasst.

Sie sind hilflos, geradezu gelähmt. Keiner der beiden ergreift irgendeine sinnvolle Initiative, um die Apokalypse zu beenden. Auch ein eilig berufener Notstandsausschuss mit Mountbatten an der Spitze vermag lediglich das Leid der Flüchtlinge etwas zu lindern, organisiert Medikamentenlieferungen und lässt Auffanglager errichten.

Erst nach sechs Wochen endet der Wahn – nicht, weil wieder Vernunft eingekehrt wäre oder gar die beiden Staaten irgendeine Ordnung geschaffen hätten, sondern mangels Opfer: Es gibt niemanden mehr, den man noch erschlagen oder vertreiben könnte. Aus dem pakistanischen Teil des Punjab sind fast alle Sikhs und Hindus verjagt worden, im indischen Teil leben nur noch wenige Muslime. Fünf Millionen Menschen fliehen in östliche Richtung nach Indien, ungefähr genauso viele in die Gegenrichtung nach Pakistan.

Die Toten jener Wochen hat keiner je gezählt – die niedrigsten Schätzungen liegen bei 200 000.

Wenn es einen Ort auf dem Subkontinent gibt, an dem die verfeindeten Religionen noch heftiger zusammenprallen könnten als im Punjab, dann ist es Kalkutta: drei Millionen Arme, darunter 400 000 Bettler, 40 000 Lepröse. Slums, so schmutzig und übervölkert wie kein anderer Ort auf diesem Planeten. Hunderttausende, die so arm sind, dass sie nichts mehr zu verlieren haben. Vor fast einem Jahr hat der Hass hier zu einem Massaker geführt.

Doch Kalkutta bleibt in jenen Wochen zumeist friedlich – und dies ist das Werk eines einzigen Mannes: Gandhi.

Schon im Juli hat Mountbatten ihn beschworen: „Gehen Sie nach Kalkutta als meine Ein-Mann-Grenztruppe."

Wie der greise Asket diese Aufgabe lösen soll, weiß auch Mountbatten nicht. Der Mahatma zögert: Er hat der Hindu-Minderheit im demnächst pakistanischen Teil Bengalens versprochen, zu ihrem Schutz nach Noakhali ins Gangesdelta zu kommen. Gandhi ändert seinen Plan erst, als ihn auch der Muslimführer Kalkuttas inständig bittet, in die Stadt zu kommen – jener Muslimführer, der im Jahr zuvor zu einem Massaker aufgerufen hat und der nun fürchtet, dass seine Glaubensbrüder, die in der Metropole in der Minderheit sind, erschlagen werden.

Gandhi stellt zwei Bedingungen: Wenn ein Muslim in Noakhali einen Hindu töte, werde er sich zu Tode fasten. Damit überträgt er den Muslimen die moralische Verantwortung für das Leben des hochverehrten Mahatma. Und der Muslimführer müsse an seiner Seite bleiben, im von Gandhi gewählten Quartier – in einem der Elendsviertel Kalkuttas.

Zwei Tage vor dem Unabhängigkeitstermin reist er in die Metropole des Ostens, wo er in einem verfallenen Haus in der

NUR GANDHI KANN DEN HASS STOPPEN

Beliaghata Road 151 absteigt – und ihn zornbrüllende Demonstranten erwarten: „Verräter an den Hindus!", schreien sie. Später werfen sie Steine auf das Haus, wo die letzten intakten Fensterscheiben zersplittern.

Doch als Gandhi am 14. August um 17 Uhr im Hof des Hauses erstmals öffentlich spricht, hören ihm 10 000 Menschen zu: „Wenn Kalkutta zu Vernunft und Brüderlichkeit zurückfindet, kann vielleicht ganz Indien gerettet werden."

Kurz darauf zieht er sich zurück – jene Mitternachtsstunde, in der Nehru Indiens Unabhängigkeit beschwört, verbringt er in tiefem Schlaf.

Am 15. August strömen von morgens an die Menschen zu seinem Haus: junge Mädchen, Politiker, Hindus, Muslime. Ein radikaler Stimmungswandel hat eingesetzt, den man rational wohl kaum erklären kann. Es ist, als habe Gandhis Charisma die Millionen von Kalkutta berührt. Als fühlte sich jeder Einzelne persönlich dafür verantwortlich, den Heiligen in ihrer Stadt nicht durch Gewalt zu gefährden.

In einem alten Chevrolet lässt sich der Mahatma zusammen mit dem Muslimführer durch die Straßen fahren. Die Menschen, die ihn gestern noch verflucht haben, jubeln nun: „Gandhi, du hast uns gerettet!"

Am Abend müssen Helfer eine hölzerne Plattform neben dem Haus errichten, denn 30 000 Menschen wollen den Mahatma hören. Am Tag darauf sind es fast 100 000, die bereits in der Morgendämmerung das Haus umlagern. Dann sind es eine halbe Million – Gandhi muss nun auf dem ehemaligen Polo- und Cricketplatz der Briten zu ihnen sprechen.

Schließlich sind es eine Million.

„Wir sind Spielzeug in Gottes Händen", schreibt Gandhi in seiner Zeitung. „Er lässt uns nach seiner Melodie tanzen."

Kalkutta bleibt friedlich – 16 Tage lang.

Dann aber erreichen Flüchtlinge aus dem Punjab die Stadt und erzählen vom Grauen dort. Wenige Stunden später beginnen Hindus, Jagd auf Muslime zu machen und ihre Opfer zusammenzuschlagen.

Am Tag darauf schleudert ein Attentäter Handgranaten in einen Lastwagen, auf dem verängstigte Muslime fliehen wollen – in der Beliaghata Road, nur wenige Hundert Meter neben Gandhis Quartier. Der Mahatma eilt zum Schauplatz des Attentats, sieht Blut und Fliegenschwärme, die über in Lumpen gehüllte Tote kriechen.

Er werde fasten bis zum Tode, verkündet er, wenn dieses Gemetzel nicht ende. 73 Stunden später hat er gewonnen: Die Schläger und Mörder der Hindu-Banden erscheinen demütig in seinem Haus, liefern ihre Waffen ab und versprechen Gewaltlosigkeit. Und tatsächlich: Kalkutta bleibt friedlich.

Es ist Gandhis letzter Triumph.

Das Attentat

Selbst nach der Apokalypse im Punjab und der gerade noch abgewendeten Katastrophe in den Gassen Kalkuttas kommt der Subkontinent nicht zur Ruhe.

„Ich möchte ohne jedes Zögern behaupten, dass das gegenwärtige indische Kabinett unerbittlich entschlossen ist, alles in seinen Kräften Stehende zu tun, um die Errichtung Pakistans zu hintertreiben", meldet ein hoher britischer Offizier nach London. Tatsächlich sollen beispielsweise 300 Sonderzüge den pakistanischen Anteil an Panzern, Kanonen und anderen Waffen von Indien über die Grenze bringen – doch nur drei Züge treffen dort ein. Ihr Inhalt: 5000 unbrauchbare alte Gewehre, 5000 Paar Schuhe, Kittel für Krankenpfleger, Kisten mit Ziegeln und Präservativen.

Nehrus Strategie ist leicht zu erkennen: Pakistans Gründung zu sabotieren, damit es unter den enormen Anfangsschwierigkeiten kollabiert – und anschließend von Indien geschluckt werden kann.

Jinnah wiederum handelt nicht weniger aggressiv, im Gegenteil: Er will Kaschmir, notfalls mit Gewalt.

Denn das sagenumwobene Land vor der Kulisse des Himalaya, durch dessen verzaubertes Tal die Wege vom Subkontinent nach China und Tibet führen, ist das Reich einer Maharadscha-Dynastie. Und der letzte Maharadscha von Kaschmir ist einer jener beiden Herrscher, die sich geweigert haben, in den neuen Staaten aufzugehen.

Hari Singh hat eine eigene Armee, sein Reich ist nur auf wenigen Passwegen zugänglich. Er glaubt, dass er es verteidigen kann. Doch Singh ist schwach und haltlos; ein verlebter Fürst, 52 Jahre alt, politisch dumm. Vor allem: Singh ist Abkömmling einer Hindu-Dynastie; fast 90 Prozent seiner Untertanen aber sind Muslime.

Jinnah will Kaschmir haben – das „k" im Namen Pakistans. Seine Armee glaubt er zu schwach für einen offenen Krieg, in den fast zwangsläufig Indien eingreifen würde, also stimmt er einer geheimen Invasion zu: Stammeskrieger aus dem Grenzland zu Afghanistan, seit Jahrhunderten aufsässig gegen alle anderen Herrscher, kriegerisch und beutegierig, werden durch Pakistan bis zur Grenze nach Kaschmir geschleust.

Am 22. Oktober schleichen Hunderte dieser Freischärler ins Land des Maharadschas. Jinnah hat ihnen freie Hand gegeben: Sie sollen plündernd und mordend bis zum Palast des Fürsten ziehen und ihn vertreiben. Ist Singh erst fort, dann wird Pakistan Kaschmir annektieren; die Stammeskrieger dürfen zurückkehren und zum Lohn ihre Beute behalten.

Tatsächlich ist der Maharadscha hilflos: Kaum ein Soldat seiner Armee will für den korrupten Herrscher sein Leben lassen, die meisten laufen davon, als sich die Angreifer nähern. Singh bleiben nur ein paar Tage Gnadenfrist, weil die Angreifer so erbarmungslos plündern, dass ihr Vormarsch stockt.

Diese kurze Spanne nutzt der alte Herrscher – und fleht Neu-Delhi um Hilfe an. Er wolle sich nun Indien anschließen, verkündet er Nehru.

„Wir haben Kaschmir", jubelt einer von dessen Beratern. „Der Mistkerl hat die Anschlussakte unterschrieben. Und jetzt, wo wir es haben, geben wir es nie wieder her."

100 000 Soldaten wirft Nehru an den Rand des Himalaya. Die Truppen treiben die Stammeskrieger zurück. Daraufhin schickt Jinnah, rasend vor Wut, pakistanische Einheiten über die Grenze. Die erste von bislang vier militärischen Auseinandersetzungen zwischen Indien und Pakistan.

Den Winter 1947/48 bekämpfen sich die neu gegründeten Staaten im Schnee der hohen Pässe, bis sie, erschöpft, einem Waffenstillstand zustimmen – und einer weiteren Teilung: Kaschmir wird unter Vermittlung der Vereinten Nationen entlang der Frontlinie von 1948 in einen nördlichen pakistanischen und einen südlichen indischen Bereich zerschnitten.

Brahmane und Mörder: Der 37-jährige militante Hindu erschießt Gandhi am 30. Januar 1948, weil der für Frieden mit den Muslimen wirbt. Godse und ein Mitverschwörer werden 1949 gehenkt

Nathuram Godse

Der Mann, der Indien über Jahrzehnte geprägt hat, scheint in jenem Winter 1947/48 aus der Zeit zu fallen: Gandhi hat kein Amt in dem Staat, den zu gründen er sein Leben geweiht hat. Plötzlich erscheint er wie das Relikt einer vergangenen Epoche, ebenso gestrig wie die britische Kolonialherrschaft.

Nehru und mit ihm die Mehrheit der Kongresspartei akzeptierten zunächst die Teilung des Subkontinents – anders als Gandhi. Doch Nehrus Weg, die Teilung zu untergraben, indem er Pakistan sabotiert oder direkt angreift, lehnt der Mahatma ebenfalls ab. Und in Nehrus Vision eines neuen, sozialistisch-demokratischen Staates haben Gandhis vorindustrielle Ideale vom Leben in autarken Dörfern keinen Platz.

Vor allem aber erkennt der Mahatma nicht, dass seine beiden schärfsten Waffen – die politische Kampagne und die moralische Erpressung – nun eine ganz andere Wirkung entfalten als in den Jahren zuvor. Bislang hat er mit den meisten seiner Aktionen wie dem Salzmarsch oder den Drohungen,

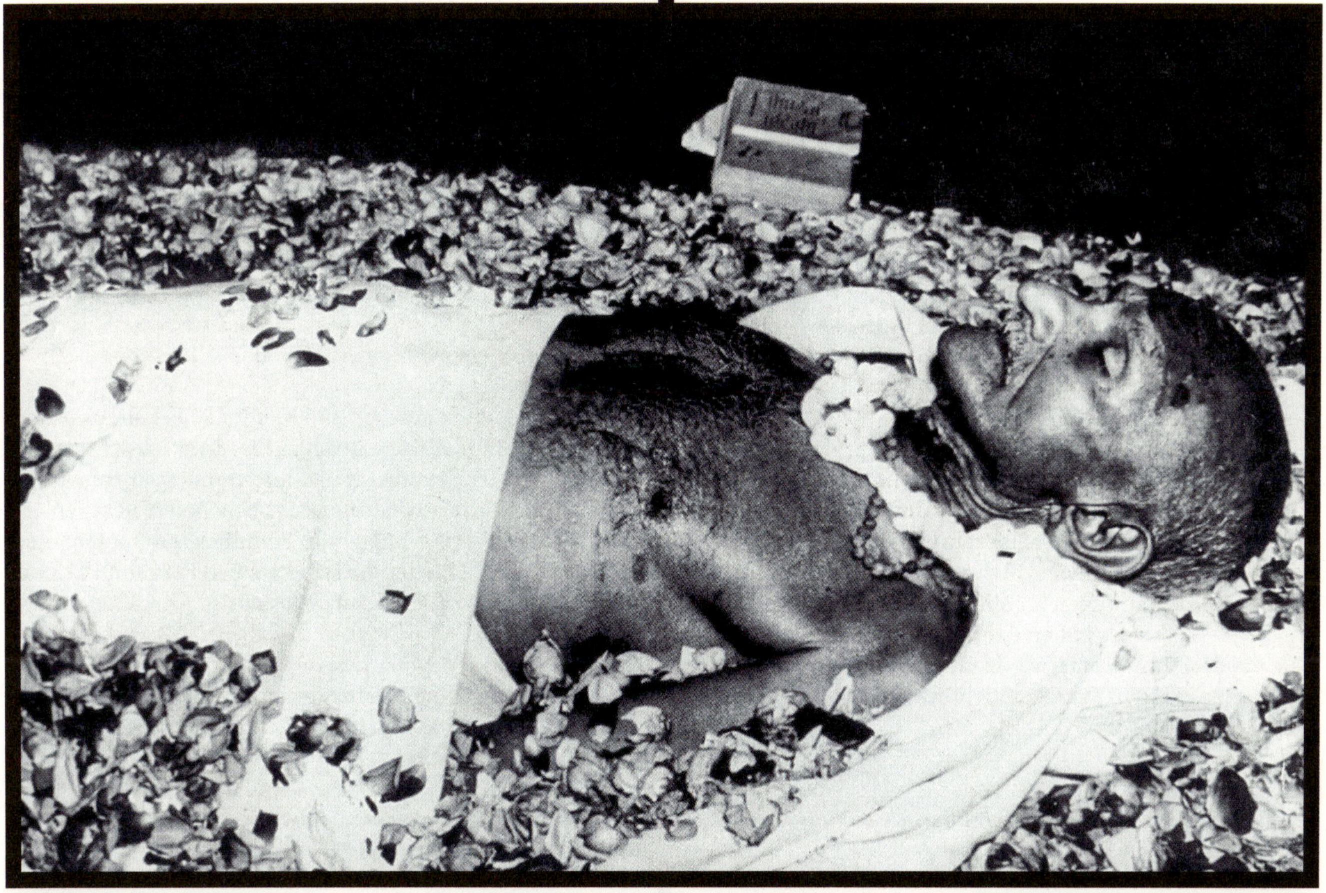

Mahatma Gandhi, aufgebahrt kurz vor seiner Einäscherung am 2. Februar 1948, war nicht nur der außergewöhnlichste spirituell-politische Führer seiner Epoche: Mit ihm stirbt auch der letzte bedeutende Mann, der die Einheit des Subkontinents erhalten wollte. Seither bestimmt der militante Gegensatz zum muslimischen Pakistan Indiens Politik

sich zu Tode zu fasten, die Inder gegen die Briten einigen können. Doch nun würden sich derartige Kampagnen gegen seine Landsleute richten.

Am 13. Januar 1948 beginnt Gandhi erneut einen Hungerstreik. Sein großes Ziel diesmal ist der Friede zwischen Indien und Pakistan, also eine Abkehr von der aggressiven Politik seines einstigen Zöglings Nehru.

Der Hauptanlass sind 550 Millionen Rupien aus dem Vermögen der ehemaligen Kolonie, die nach dem Teilungsplan Pakistan zustehen, die Neu-Delhi jedoch nie überwiesen hat.

Aber ist ein Hungerstreik die richtige politische Waffe im Kampf um die Überweisung einer zwischenstaatlichen Schuld? Zwar gleichen die Szenen in den Straßen von Neu-Delhi, wohin Gandhi inzwischen gezogen ist, jenen von so vielen Kampagnen zuvor: Hindus und Muslime, Alte und Junge, die an der Bleibe des fastenden, schwächer werdenden Mahatma vorbeidefilieren und ihn anflehen, wieder zu essen.

Zwar hat er auch diesmal Erfolg: Nehru, besorgt, er würde die moralische Schuld für Gandhis Tod tragen, lenkt nach wenigen Tagen ein und überweist die 550 Millionen Rupien nach Pakistan. Der Mahatma hat gewonnen.

Doch der Preis dafür ist hoch: In den Augen vieler Inder hat Gandhi seine Aura verloren. Er ist nicht länger Heiliger, sondern politische Partei.

Und vielen Hindus gilt er nun als Freund Pakistans, als Verräter.

Während seines Hungerstreiks sind nicht nur schweigende Anhänger an Gandhis Domizil vorbeigezogen – sondern auch randalierende Demonstranten. Sie skandierten: „Lasst Gandhi doch sterben!“

Zwei Wochen später geht ihr Wunsch in Erfüllung.

30. Januar 1948. Gandhi, zu dessen wenigen Besitztümern eine alte, billige Ingersoll-Uhr zählt, hasst Unpünktlichkeit. Doch an diesem Tag verhandelt er mit einem von Nehrus Ministern so lange, dass er die Zeit vergisst und nicht, wie sonst immer, um exakt 17 Uhr seine tägliche öffentliche Gebetsversammlung eröffnet.

Weil er sich um wenige Minuten verspätet hat, geht der Mahatma, gestützt auf die Schultern zweier junger Großnichten, nicht über einen Laubengang, sondern mitten durch die Menschenmenge zu seiner Gebetsplattform.

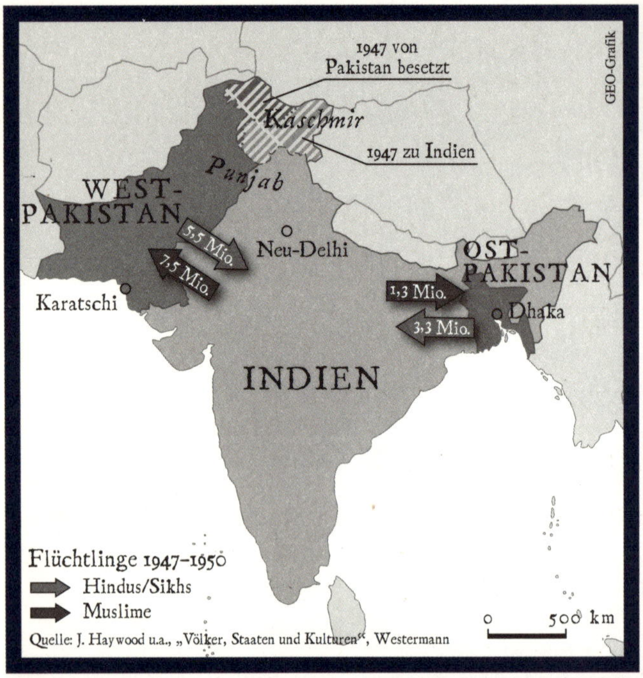

Mehr als 17 Millionen Menschen verlieren durch die Teilung ihre Heimat. Kaschmir wird von Indien wie Pakistan beansprucht, was zu mehreren Kriegen führt

Plötzlich tritt ihm ein junger Mann in Khakikleidung entgegen. Eine der Großnichten glaubt, dass er ihrem Mahatma die Füße küssen will.

„Bruder“, ermahnt sie ihn, „*bapu*, der Vater, kommt schon 20 Minuten zu spät.“

Da stößt der Mann sie mit der Linken zur Seite und reißt die Rechte hoch: In der Hand hält er eine Pistole. Drei Schüsse knallen. Gandhi, in der bloßen Brust getroffen, taumelt noch einen Schritt vorwärts.

„He Ram!“ keucht er. „Oh Gott!“

Dann bricht er zusammen, sein helles Baumwolltuch rot vor Blut. Augenblicke später ist er tot.

Der schweigende Attentäter wird sofort festgehalten: Nathuram Godse, 37 Jahre alt, ein ehemaliger Schneider, ein politischer Agitator und Journalist. Ein Hindu.

Godse, der für diesen Mord später gehenkt wird, hat nur wenige Mitverschwörer (hauptsächlich aus der religiösen Partei Hindu Mahasabha), doch viele Sympathisanten: radikale Hindus, die alle Muslime aus Indien vertreiben wollen.

Sein Attentat beendet endgültig eine Ära. Gandhis Märtyrertod erhebt den Mahatma zum verehrten Staatsheiligen und zum weltweiten Idol. Aber an jenem Wintertag in Neu-Delhi erlischt das Leben des vielleicht einzigen Menschen in der mehr als 4000-jährigen indischen Geschichte, der, auf seine Art, fast alle Menschen des Subkontinents geeint hat: Hindus, Muslime und Sikhs, Menschen von den Tälern des Himalaya bis zu den Dschungeln des Südens, Brahmanen wie Unberührbare, westlich gebildete Städter wie leseunkundige Bauern.

Wäre Indiens Geschichte anders verlaufen, hätte Gandhi noch einige Jahre gelebt?

Der Mahatma wollte 1948 zu Fuß von Neu-Delhi nach Karatschi pilgern, von Indien nach Pakistan, quer durch den verwüsteten Punjab.

Möglich, wahrscheinlich sogar, dass selbst diese Aktion den Hass der Religionsgruppen, die Bitternis der Vertriebenen nicht überwunden hätte. Andererseits hatte Gandhi ja schon früher das scheinbar Unmögliche erreicht, zuletzt als „Ein-Mann-Grenztruppe“ im brodelnden Kalkutta.

Wohl nur er hätte die Chance gehabt, Indien mit Pakistan, Hindus und Sikhs mit Muslimen auszusöhnen.

Ohne ihn kam es nie zu einer Aussöhnung: Die beiden Staatsgründer gaben den Hass an ihre Nachfolger weiter. Jinnah, der siebeneinhalb Monate nach Gandhi starb, konnte Pakistan nicht stabilisieren. Schon wenige Jahre nach seinem Tod putschte das Militär.

Seither ist das Land zerrissen zwischen den Interessen von Stammesführern und Großgrundbesitzern, Generälen und Geheimdienstlern, westlich orientierten Politikern und islamistischen Führern.

Nehru war bis zu seinem Tod 1964 Indiens Regierungschef. Sein sozialistisch-demokratischer Traum blieb eben das: ein Traum. Indien ist zwar die volkreichste Demokratie der Welt, doch immer wieder lodert tödlicher Hass zwischen Hindus und Muslimen auf, erschüttern Attentate und Korruption das System.

Noch zweimal gab es zwischen Indien und Pakistan bewaffnete Auseinandersetzungen um Kaschmir. Auch heute stehen dort Zehntausende Soldaten. Dabei wurde Jinnahs „mottenzerfressene“ Nation noch weiter verkleinert, als sich nach einem Konflikt 1971 Ostpakistan als Bangladesch abspaltete.

Heute richten Indien und Pakistan Atomwaffen aufeinander. Wohl keine Region weltweit birgt so viel Gefahr wie die Grenze zwischen diesen beiden Staaten.

Inzwischen lebt mehr als ein Fünftel der Weltbevölkerung auf dem Subkontinent: 1,2 Milliarden Menschen in Indien, 180 Millionen in Pakistan, 160 Millionen in Bangladesch. Wer könnte diese unfassbar große Menschenmasse so erreichen wie einst Gandhi?

Seine Vision eines geeinten, friedlichen Indien jedenfalls ist unrealistischer denn je. □

***Literaturtipp:** Larry Collins, Dominique Lapierre, „Gandhi. Um Mitternacht die Freiheit“, Goldmann: Das französisch-amerikanische Autorenduo schrieb vor mehr als 30 Jahren dieses epische Nationenporträt. Etwas zu sehr aus britischer Perspektive, doch noch immer von keinem vergleichbaren Werk übertroffen.*

Cay Rademacher, 44, ist der Geschäftsführende Redakteur von GEO*EPOCHE*. Nach der Recherche ist er um eine Illusion ärmer: Nicht Gandhis Gewaltfreiheit hat die Briten letztlich besiegt, sondern, im Gegenteil, die Gewalt – jener bald nicht mehr nur latente Hass nämlich zwischen Hindus und Muslimen, den niemand kontrollieren konnte. Und der Indien bis heute zusetzt.

Im KREISLAUF *der* WIEDERGEBURTEN

Der Hinduismus ist die komplexeste Hochreligion auf Erden, mit einer Vielzahl von Göttern, Kulten und Sekten. Eines aber eint die meisten seiner Anhänger: die Gewissheit, dass eine alles durchdringende Weltordnung ihnen einen bestimmten Platz im Leben zuweist

VON INSA BETHKE, MARION HOMBACH UND ANNE MOSSNER

Die älteste und mit fast einer Milliarde Anhängern drittgrößte der Weltreligionen kennt keinen Stifter, keinen einen Gott, keine Mission, keine Taufe, nicht die eine Heilige Schrift. Erst seit dem 19. Jahrhundert wird sie „Hinduismus" genannt – nicht von den Indern, sondern von deren britischen Kolonialherren (Perser hatten lange zuvor das Wort „Hindu" für „Inder" vom Sanskrit-Wort *sindhu* abgeleitet, das den Fluss Indus bezeichnet). Die Briten fassten damit all jene religiösen Gruppen Indiens zusammen, die sie nicht dem Islam oder dem Christentum zuordnen konnten.

Tatsächlich ist der Hinduismus keine Religion im herkömmlichen Sinn, sondern Sammelbecken etlicher Glaubensrichtungen, Traditionen, Kulte und philosophischer Systeme. Was viele seiner Anhänger miteinander verbindet, ist der Glauben an ein schier unüberschaubares Pantheon mit Abertausenden Göttern, die sich in verschiedenster Form offenbaren. Außerdem die Gewissheit, einem ewigen Zirkel von Wiedergeburten unterworfen zu sein, aus dem der Mensch unter bestimmten Voraussetzungen jedoch erlöst werden kann. Sowie das Festhalten an einer unumstößlichen Weltordnung, die jedem Menschen einen Platz in der Gesellschaft zuweist und bestimmte Lebensziele. Dieser Glauben lässt die Hindus eine äußerst starre soziale Ordnung akzeptieren – obwohl keine oberste Autorität, kein religiöser Führer sie dazu anhält.

Die Hindus sind Erben einer Tradition, die ihren Ursprung vor rund 4000 Jahren hatte; damals wanderten die Aryas, Reiternomaden aus Zentralasien, in Nordindien ein. Sie führten die indogermanische Sprache Sanskrit auf dem Subkontinent ein und brachten ihre Göttervorstellungen und Rituale mit, bei denen auch Tiere geopfert wurden. *Brahmanen*, priesterliche Hüter des Wissens, gaben die neuen Bräuche und Ideen mehr als ein Jahrtausend lang mündlich weiter. Vermutlich erst ab dem 5. Jahrhundert n. Chr. schrieben Kundige des Kultes dieses Geheimwissen nieder.

DAS SCHRIFTTUM

Das älteste Werk des Hinduismus ist der in Sanskrit überlieferte *veda* („das Wissen"): eine als heilig geltende Sammlung göttlicher Offenbarungen. Der Veda enthält mehr als 1000 Hymnen auf die Götter sowie Formeln, die etwa während des Feueropfers gemurmelt wurden, und 760 Zaubertexte, die die Gläubigen vor Bedrohungen aller Art schützen, Feinde schädigen und Dämonen beschwören sollen.

Daneben entstanden umfangreiche Prosatexte – die *brahmanas* – die die Rituale deuten, ihre Wirkung erläutern und den Priestern bei der Ausführung helfen.

Am Ende der „vedischen Zeit" um 500 v. Chr. verlor das brahmanische Opferritual an Bedeutung. Philosophen begannen, sich mit existenziellen Fragen zu beschäftigen: Sie sannen über das Schicksal des Menschen vor und nach dem Tod nach, über seine Stellung im Kosmos. Während dieser geistigen Erneuerungsphase entstanden die *upanishaden* – die Geheimlehren des alten Indien. Ihre Autoren entwarfen erstmals die Lehre von der Seelenwanderung, nach der jeder Mensch nach seinem Tod als eine neue Kreatur wiedergeboren wird. Zudem beschrieben sie asketische Techniken, mit deren Hilfe Erlösung aus dem Kreislauf der Wiedergeburten zu finden ist.

Während sich die vedische Religion allmählich auf dem Subkontinent ausbreitete, wandelte sie sich grundlegend – auch, weil in ihr regionale Kulte von Ureinwohnern aufgingen. So stiegen etwa ab dem 2. Jahrhundert v. Chr. neue Götter auf, entstanden neue Formen der

Der auf einer Gans reitende Brahma gilt als Schöpfergott – und führt mit Vishnu und Shiva das Pantheon der Hindus an

Religiosität und neue Abhandlungen über die göttliche Weltordnung, über Tanz und Musik, Astrologie, Philosophie, Medizin, aber auch Rechtstexte und Vorschriften zum Alltagsleben eines Gläubigen.

Kurz: Es entwickelte sich der klassische Hinduismus.

Nun wurden mythische Erzählungen von Götter- und Heldentaten in der Vorzeit wichtig, die Hindus Beispiele für ein vorbildliches Leben geben: Sie rühmen Tugenden wie Tapferkeit, Tatendrang, Hingabe und Selbstopferung. Die Epen „Mahabharata", das von einem großen Krieg handelt und rund 100 000 Doppelverse umfasst, sowie „Ramayana" sind bis heute populär.

Zu den bekanntesten Sanskrit-Schriften gehört das vermutlich im 4. Jahrhundert n. Chr. verfasste „Kamasutra": Es enthält Anleitungen, wie ein vornehmer Mann sich pflegen und kleiden soll, wie er die richtige Ehefrau und Kurtisanen – etwa durch Aphrodisiaka – für sich gewinnt. Ein Ratgeber, der sich an reiche Städter wendet, um ihnen zu helfen, das hinduistische Lebensziel der Sinnesfreude zu erlangen.

Die soziale Ordnung

Kaum eine Gesellschaft ist so hierarchisch aufgebaut wie die hinduistische, keine stärker segmentiert – und wohl keine macht es einem Menschen schwerer, seinen sozialen Status zu verändern: Jeder Hindu gehört qua Geburt der Kaste seiner Eltern an.

Die *varnas* (Sanskrit für „Farbe") bilden das theoretische Grundraster dieser sozialen Ordnung: vier Stände, die in vedischer Zeit von den Aryas ersonnen wurden, um sich von den Ureinwohnern abzugrenzen. Höchstes Ansehen genossen die *brahmanen* (Priester und Lehrer), die für andere Stammesangehörige religiöse Rituale ausführten, gefolgt von den *kshatriyas* (Adeligen und Kriegern) und *vaishyas* (Händlern und Bauern). Der unterste Stand der *shudras* war der dunkelhäutigeren einheimischen Bevölkerung vorbehalten – Handwerkern, Arbeitern und Dienern, die von den brahmanischen Zeremonien ausgeschlossen waren.

Weit wichtiger als die brahmanische Ideologie der Varnas sind in der Praxis allerdings die *jatis*. Eine Jati ist die regionale Kastengemeinschaft, in die ein Hindu hineingeboren wird. Ihre Mitglieder üben häufig den gleichen Beruf aus. Sie heiraten traditionell nur untereinander und vermeiden es, mit Menschen anderer – vor allem niederer – Kasten zu speisen.

Es gibt Tausende unterschiedlicher Jatis. Gewöhnlich werden sie bestimmten Ständen zugeordnet. Denn nach brahmanischer Interpretation entstand die Vielfalt der Kasten durch eine Aufspaltung und Vermischung der Varnas. Tatsächlich dürfte der Ursprung vieler Kasten jedoch auf die Aufnahme immer neuer Stämme, Einwanderer, Berufsgruppen und Religionsgemeinschaften in die hinduistische Gesellschaft zurückgehen.

Vishnu, der Weltenerhalter, offenbart sich in mehrfacher Gestalt: hier als königlicher Held Rama

Je nach Region können andere Kasten verbreitet sein, und auch die Hierarchie, in der sie zueinander stehen, ist unterschiedlich. Ganz unten stehen jedoch überall die „Unberührbaren": Menschen, die als unrein geltende Arbeiten ausführen. Sie säubern Toiletten und Gassen, beseitigen Tierkadaver, fegen Verbrennungsplätze von Toten oder führen ein Leben als arme Tagelöhner. Die Unberührbaren bilden keine klar umrissene Gemeinschaft, sondern zerfallen ihrerseits in zahlreiche Kasten mit eigener Hierarchie.

Obwohl die Verfassung des modernen Indien die Diskriminierung Unberührbarer als Straftat einstuft und einen Teil der Stellen im öffentlichen Dienst für benachteiligte Kasten reserviert, bestimmt die Jati nach wie vor über die menschlichen Beziehungen vieler Hindus.

In der Regel ist ein Inder bis zu seinem Tod an die Kaste seiner Geburt gebunden – und kann dem System auch nicht vollständig entfliehen, indem er zum Christentum oder zum Islam übertritt. Denn obwohl es in diesen Religionsgemeinschaften das Kastensystem offiziell nicht gibt, wirken die alten Gruppenzugehörigkeiten oft nach: Ein hochkastiger Christ etwa teilt die Kirchenbank nicht mit einem Glaubensbruder, der aus einer Unberührbarenkaste stammt.

Die Lebensphilosophie

Jede Kreatur, ob Mensch oder Tier, besitzt ein unsterbliches Selbst, das in einem ewigen Kreislauf von Geburt, Tod und Wiedergeburt, dem *samsara*, gefangen ist. Stirbt ein Mensch, so geht dieser Wesenskern, der *atman*, in eine neue Daseinsform über.

Welche das ist, hängt davon ab, ob und inwieweit der Gläubige im Einklang mit dem *dharma* gelebt hat: einer ewigen, allen Dingen innewohnenden Ordnung, die jedem Menschen einen Platz in der Gesellschaft zuweist und die Welt im Gleichgewicht hält, solange die Menschen nach ihr handeln.

Für jeden Hindu gelten deshalb bestimmte Verhaltensregeln und Pflichten, von denen etliche allgemeingültig sind, andere abhängig von Standeszugehörigkeit, Geschlecht oder Alter. So ist es in der Regel verpönt, anderen Menschen oder Tieren Gewalt anzutun, doch Krieger sind durch ihren Dharma zum Waffengebrauch angehalten.

Männer aus dem Brahmanenstand haben die Aufgabe, die Veden zu studieren und für andere Menschen religiöse Rituale auszuführen. Eine Frau erfüllt vor allem dadurch ihren Dharma, dass sie einen Ehemann findet, seinen Haushalt versorgt und ihm dient: Sie solle ihren Mann wie einen Gott behandeln, heißt es in einem alten Text, und geduldig ertragen, was auch immer er ihr antun mag.

Viele Gottheiten Indiens sind STERBLICH

Angehörige der oberen drei Varnas sollen sich einer brahmanischen Idealvorstellung gemäß zudem an den vier „Lebensstadien“ orientieren – einer festen Abfolge von Zielen. (Tatsächlich setzen die meisten allenfalls ein bis zwei in die Praxis um – und auch das oft nur symbolisch.)

Der männliche Hindu soll:

1. etwa zwölf Jahre lang die vedischen Schriften studieren und enthaltsam leben;

2. heiraten und als Hausvorsteher seinen Wohlstand, *artha*, vermehren, sich dem Sinnesgenuss, *kama*, widmen, seinem Dharma gemäß leben und Nachkommen zeugen;

3. wenn die Kinder erwachsen sind, als Einsiedler in der Einsamkeit des Waldes leben;

4. auf jeglichen Besitz verzichten, sich als Bettler auf Wanderschaft begeben und nach Erlösung aus dem Kreislauf der Wiedergeburten streben.

Weil sich jede Tat am Dharma bemisst, wirken sich alle Handlungen eines Menschen auf die Qualität seines künftigen Daseins aus: Das *karma*, eine Art Bilanz aller Verdienste und Verfehlungen, bestimmt darüber, in welche Existenzform der Gläubige nach dem Tod übergeht. Wer schwere Sünden begangen hat, läuft Gefahr, in einer niedrigeren Kaste, als Dämon oder als Tier wiedergeboren zu werden.

Doch zuvor tritt der Verstorbene nach mancher Vorstellung in eine Zwischenwelt ein, wo er Höllenstrafen oder himmlische Freuden erlebt: So büßen in der Hölle „glühendes Eisen“ all jene, die ihre Ehefrau verkauft haben, und in der Hölle „Wurm-Eiter“ solche, die ihre Süßspeisen nicht mit anderen teilen wollten.

Wer dagegen ein pflichtgemäßes Leben geführt und viel gutes Karma angehäuft hat, kann auf die Wiedergeburt in einer höheren Kaste oder sogar als Gott hoffen.

Das Pantheon

Unzählige Gottheiten lenken die Geschicke der Gläubigen. So räumt der elefantenköpfige Ganesha, ein Lieblingsgott vieler Inder, Hindernisse aus dem Weg. Die Göttin Sarasvati wird um Weisheit und Beredsamkeit angerufen. Und die blutige Göttin Kali nimmt und schenkt Leben.

Alle Götter sind – einer verbreiteten Ansicht nach – letztlich nur verschiedene Ausprägungen des *brahman*: eines alles durchdringenden, göttlichen Prinzips, das sich auch im Wesenskern eines jeden Menschen findet. Diese Weltseele ist im Schöpfergott Brahma personifiziert. Zusammen mit Vishnu und Shiva führt er das indische Pantheon an und sorgt für das ständige Entstehen und Vergehen des Kosmos: Der auf einem Adler reitende Welterhalter Vishnu bewahrt das Universum vor dem Chaos; Shiva, der auf einem Stier daherkommt und in einem Flammenkreis einen Zerstörungstanz aufführt, ermöglicht die Neuschöpfung der Welt.

Viele Götter werden in unterschiedlicher Gestalt verehrt. Oft gehen die zahlreichen Erscheinungsformen darauf zurück, dass im Laufe der Jahrhunderte lokale Götter in das Hindu-Pantheon aufgenommen und mit einer der Hauptgottheiten identifiziert wurden. Vishnu kommt als Eber, Fisch und Schildkröte auf die Erde, erscheint den Menschen aber auch als Gottkönig Rama oder als Flöte spielender Liebhaber Krishna. Shiva zeigt sich als Tänzer, als Asket, der aschebedeckt auf einem Tigerfell sitzt, oder als liebender Gatte der Göttin Parvati im Kreis seiner Familie.

Außer den Hauptgottheiten sind alle Götter dem zyklischen Kreislauf von Werden und Vergehen unterworfen – also wie die Menschen sterblich und keineswegs allmächtig.

Kühe werden von Hindus als heilig verehrt, weil sie mit der Mutter Erde identifiziert werden, die für Nahrung, Geborgenheit und, ganz grundsätzlich, die Erfüllung aller Wünsche sorgt. Manche Gläubige schmücken die Tiere zu bestimmten Festen, berühren sie als Glücksbringer und pflegen sie in speziellen Ställen, bis sie eines natürlichen Todes sterben.

Der religiöse Alltag

Zwar wenden sich viele Hindus, je nach Lebenssituation, an verschiedene Götter, doch die meisten stellen Vishnu, Shiva oder eine Form der großen Göttin Parvati ins Zen-

Die sanfte Göttin Parvati ist mit dem Weltenzerstörer Shiva vermählt und steht für das Idealbild einer Ehefrau

trum ihrer Verehrung. In fast jeder Wohnung steht ein Zimmeraltar, auf dem die Familie ihrem Hauptgott Speisen darbringt, ihn mit Räucherwerk und Blumen erfreut.

Um dem Höchsten näher zu kommen, unternehmen die Inder zudem Wallfahrten – bevorzugt an den Ganges, in dem die Flussgöttin Ganga leibhaftig ist. Ein Bad im Wasser des heiligen Stroms befreit einen Pilger und seine Vorfahren auf sieben Generationen von Sünden, so versprechen volkstümliche Texte. Wer einem verstorbenen Angehörigen einen besonderen Dienst erweisen will, verstreut dessen Asche im Ganges, auf dass der Fluss alle Verfehlungen tilge.

Rama und Sita auf einem Adler, ihrem Reittier. Von der Liebe des göttlichen Paares erzählt das Epos »Ramayana«

Wohlhabende Familien leisten sich häufig einen Hauspriester, der bei wichtigen Ereignissen rituelle Handlungen vollführt: Er rezitiert Hymnen, wenn ein Säugling erstmals mit Reispudding gefüttert wird, spricht Gebete bei Hochzeitsfeiern oder zelebriert Zeremonien für die Hausgottheit.

Andere Brahmanen kümmern sich um die Götterverehrung im Tempel: Mindestens einmal täglich begrüßen, bekleiden und bewirten sie die den Gott verkörpernde Statue. Gläubige dürfen das Allerheiligste nicht betreten, jedoch hineinschauen und vor einer Absperrung Geld und Blumen spenden und beten. Als Zeichen göttlicher Segnung tupfen ihnen Priester anschließend mit gelbem, weißem oder rotem Pulver ein Zeichen auf die Stirn. (Der farbige Punkt hingegen, den indische Frauen zwischen den Augenbrauen tragen, hat seine religiöse Bedeutung weitgehend verloren und ist heute ein Mode-Accessoire.)

Auch Astrologen helfen den Menschen, das Leben zu meistern: Sie ermitteln günstige Sternenkonstellationen für wichtige berufliche und private Termine, erstellen Horoskope für Neugeborene und prüfen anhand der Geburtstage, ob Heiratswillige Chancen auf eine glückliche Ehe haben.

Nur eine Minderheit von Hindus gibt irgendwann Beruf und Familie auf, um einem *guru* zu folgen. Diese religiösen Lehrer ziehen mit ihren Schülern über Land oder lassen sich in *ashrams* nieder, klosterähnlichen Meditationszentren, um Erkenntnis zu erlangen.

Wege zur Erlösung

Ein Hindu kann etwa durch göttliche Gnade oder durch Askese und geistige Versenkung das höchste aller Lebensziele erreichen: *moksha*, die Erlösung aus dem unfreiwilligen Kreislauf der Wiedergeburten.

Dieses endgültige Heil erreicht er, wenn er alle Begierden zum Schweigen gebracht, sein Unwissen überwunden hat und erkennt, dass die göttliche Weltseele Brahman und sein eigener Wesenskern, der Atman, eins sind: In diesem Moment löst sich der Atman vom Körper des Menschen und verschmilzt mit dem Brahman – das bis dahin unsterbliche Selbst wird niemals wiedergeboren.

Diesen Zustand kann ein Hindu bereits zu Lebzeiten erreichen. Moksha ist somit kein Ort, an den der Gläubige zu gelangen hofft, kein Himmel, sondern ein rein geistiger Zustand, in dem alles Glück entbehrlich ist.

So mannigfach die Götterwelt des Hinduismus ist, so vielfältig sind die Wege, auf denen seine Anhänger nach Erlösung streben.

Das „Yogasutra“ etwa, das vermutlich aus dem 2. Jahrhundert n. Chr. stammt, lehrt einen achtgliedrigen Weg, der den Gläubigen nach und nach in höhere Bewusstseinszustände versetzt und schließlich zur Erkenntnis führt.

Die ersten beiden Stufen des Yogapfades lehren den Yogi Selbstbeherrschung und eine disziplinierte Lebensweise. Als Nächstes trainiert er bestimmte Sitzhaltungen, übt den Atem und die Sinne zu kontrollieren, um seinen Körper in einen Zustand vollkommener Ruhe zu versetzen.

Wer diese Stufen gemeistert hat, kann über Konzentration und Meditation schließlich zur Versenkung gelangen, der höchsten Stufe des Yoga. Manche Yogis und andere Asketen streuen Asche auf ihr Haupt – als Zeichen, dass sie rituell aus dem Diesseits geschieden sind.

Im Tantrismus bringen Gurus ihre Übungen nur ausgewählten Schülern bei: Mit komplizierten Ritualen und der Rezitation heiliger Formeln versuchen sie, der Erlösung näher zu kommen. Die Anhänger der sogenannten „rechtshändigen“ Praxis halten sich dabei an die brahmanischen Reinheitsvorschriften und vollziehen vieles nur symbolisch, was die „linkshändigen“ Tantriker tatsächlich ausführen: Deren Lehrer wollen die Polarität in der gewöhnlichen Welt überwinden, indem sie zum Verstoß gegen religiöse Normen aufrufen. Eingebettet in spezielle Zeremonien, verzehren sie Alkohol und Fleisch und praktizieren rituellen Geschlechtsverkehr. Dabei spielen selbst Kastenschranken keine Rolle.

Daneben bietet der Hinduismus Raum für eine unübersehbare Zahl lokaler Kulte: um Waldgottheiten, Krankheitsgöttinnen, Schlangendämonen und heilige Steine, um Menschen, die in Trance fallen und als Medium göttlichen Rat spenden, um verstorbene Helden und entrückte Asketen, um Witwen, die sich mit ihren Ehemännern haben verbrennen lassen, auf dass sie ihnen Qualen im Jenseits ersparen.

Hindus stellen heute mehr als 80 Prozent der Bevölkerung Indiens. Kein Gläubiger aber erhebt auf seine Form der Frömmigkeit einen Absolutheitsanspruch.

Deshalb existieren Tausende Sekten und Strömungen zumeist friedlich nebeneinander. □

Marion Hombach, 34, ist Publizistin in Berlin. **Anne Moßner**, 30, studierte Indologie und ist die wissenschaftliche Beraterin dieser Ausgabe, die **Insa Bethke**, 33, als Textredakteurin konzipiert hat.

Der umkämpfte SUBKONTINENT

VON ALICE GAYLER UND FRANK OTTO; KARTEN: THOMAS WACHTER

Frühzeit und Mittelalter: 2600 v. Chr. bis 1500 n. Chr.

Die erste Hochkultur (um 2600 – um 1800 v. Chr.)

In der Region des Flusses Indus im Nordwesten des Subkontinents entsteht um 2600 v. Chr. eine der ältesten Hochkulturen der Menschheit: die Indus-Kultur, die Archäologen ab 1921 in der Ruinenstadt von Harappa im heutigen Pakistan erforschten. Kurz darauf bringen weitere Ausgrabungen rund 600 Kilometer südwestlich am Indus eine zweite Stadt zum Vorschein: Mohenjo Daro, die Harappa in ihrer Größe sogar noch übertrifft.

Auf einer Fläche von 1,3 Millionen Quadratkilometern, die vom Fuß des Himalaya bis zur Küste des Arabischen Meeres reicht, entstehen mehr als 1000 Orte, darunter einheitlich angelegte Metropolen mit geradlinigen Straßennetzen, regelmäßigen Wohnblocks, großen, vermutlich öffentlichen Gebäuden, einem hoch entwickelten Abwassersystem und ummauerten Zitadellen.

Die Bewohner stellen feine Keramik her, besitzen ein System von Längenmaßen und Gewichten und eine bislang nicht entzifferte Schrift, die sich auf Tausenden Siegeln finden lässt. Zudem exportieren sie Rohstoffe wie Kupfer, Gold und Baumwolle unter anderem nach Mesopotamien – neben Nordchina und Ägypten eine weitere Hochkultur der Zeit. Handwerker, Techniker und Künstler im Industal sind ihren Kollegen in diesen Regionen in mancher Hinsicht sogar überlegen – in der Stadtplanung etwa oder in der Fertigung edlen Schmucks.

Nach 1800 v. Chr. verfällt die Kultur der Indusstädte in relativ kurzer Zeit: Vermutlich zwingt Nahrungsmangel aufgrund eines trockener werdenden Klimas oder überweideter Böden die Menschen dazu, viele Städte und Siedlungen aufzugeben.

Das vedische Zeitalter (um 1500 – um 500 v. Chr.)

Reiternomaden, die sich Aryas (aus der Sanskrit-Sprache = „die Edlen“) nennen, wandern ab etwa 2000 v. Chr. in mehreren Wellen über den Hindukusch in den Nordwesten Indiens ein und leben dort als Nomaden. Den Indus, der in dem Gebiet fließt, taufen sie Sindhu. Und bald gibt der Fluss auch der Region ihren Namen (persische Kaufleute werden das Wort *hindush* aussprechen; griechische Reisende nennen das Land später *indike*, *india* die Römer und *al-hind* arabische Eroberer).

Seit etwa 1500 v. Chr. ersinnen Priester der Aryas eine umfangreiche Sammlung heiliger Texte, den „Veda“ (Sanskrit: *veda* = Wissen). Diese älteste Überlieferung Indiens enthält etwa Beschreibungen von Opferriten und Hymnen für zahlreiche Gottheiten.

Nach Jahrhunderten des Wanderns lassen sich die in wohl mehr als 30 Stämme zersplitterten Aryas nach und nach in Nordindien, vor allem im Indusgebiet nieder, unterwerfen mit ihren schnellen zweirädrigen Streitwagen nach und nach die einheimische Bevölkerung (die weder Wagen noch Pferde kennt).

In ihren Gebieten etablieren die Aryas eine neue soziale Ordnung aus vier Ständen, den *varnas* – vor allem, um sich von der unterworfenen Bevölkerung abzugrenzen: Die drei obersten Stände – Priester, Adel und Krieger sowie Kaufleute und Bauern – sind den Eroberern vorbehalten; die unterworfene einheimische Bevölkerung bildet den untersten Stand, der nicht an vedischen Opferhandlungen teilnehmen darf.

Ein Teil der Einheimischen, die Namenlosen, bleiben als „Unberührbare“ aus dem Ständesystem ausgeschlossen. Die Varnas verbinden sich später mit dem indischen Kastensystem, einer nach Berufen gegliederten Ordnung.

Wahrscheinlich als Folge von Dürren in der Indusregion ziehen ab etwa dem 9. Jahrhundert v. Chr. viele Arya-Clans weiter nach Süden und in den Osten, in das Gangestal.

In den dortigen Siedlungen verarbeiten Handwerker wohl als Erste auf dem Subkontinent Eisen. Und vermutlich machen Bauern das Gangestal mit Äxten und Pflügen aus dem neu entdeckten Metall urbar. In dieser Region bauen die Menschen erstmals seit dem Untergang der Industal-Metropolen wieder große Städte mit Befestigungsanlagen, auf deren Märkten jetzt Waren gegen Münzen gehandelt werden – und nicht durch Naturaltausch.

Hier bilden sich im 6. Jahrhundert v. Chr. aus Stammesfürstentümern die ersten territorialen Staaten. Etwa gleichzeitig entsteht das „Mahabharata“, das – immer weiter ausgeschmückt – später zum indischen Nationalepos wird. Es erzählt den Kampf zweier Adeliger um die Vorherrschaft in der Region der späteren Stadt Delhi.

Die Anfänge von Buddhismus und Hinduismus (um 530 – um 250 v. Chr.)

Prinz Siddharta Gautama, den seine Anhänger später als „Buddha“ (der Erleuchtete) verehren, kommt wahrscheinlich um 560 v. Chr. im äußersten Süden des heutigen Nepal zur Welt. Mit 29 Jahren verlässt er einer Legende zufolge das Anwesen seines Vaters, eines reichen Fürsten, um als Asket zu leben.

In den folgenden Jahren beschäftigt er sich verstärkt mit Meditation und erreicht schließlich einen Zustand der Vollkommenheit

Um 2600 – um 500 v. Chr. Am **Indus** entsteht Indiens erste Hochkultur. Während diese zerfällt, wandern die **Aryas** in den Norden ein und begründen im 6. Jahrhundert erste Königreiche

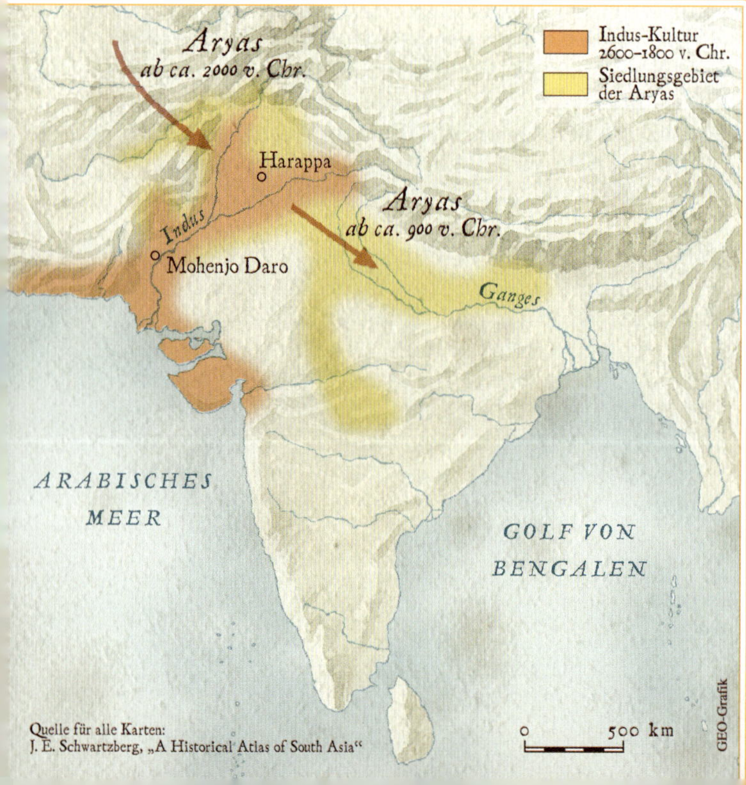

Quelle für alle Karten:
J. E. Schwartzberg, „A Historical Atlas of South Asia“

von Geist, Weisheit und Mitgefühl – die Erleuchtung.

Auf seinen Wanderungen durch das Gebiet des heutigen Bihar und des östlichen Uttar Pradesh im Norden Indiens verkündet Buddha – oft begleitet von einer großen Schar von Mönchen – mehr als 45 Jahre lang seine Lehre, die vom Leiden und von dem Weg zu seiner Überwindung handelt. Er hält Reden, gibt Anweisungen, legt Regeln fest und schlichtet Streit. Rund zehn Klöster seines Mönchsordens werden noch zu seinen Lebzeiten gegründet.

Nach Buddhas Tod schreibt ein Konzil von 500 Mönchen erstmals den Wortlaut seiner Reden, die sie zuvor auswendig gelernt haben, für die wachsende Anhängerschar nieder. Ab dem 3. Jahrhundert v. Chr. breiten sich die Lehren Buddhas in fast ganz Indien aus, erreichen die Küsten Javas und Borneos, das heutige Myanmar, Laos und Kambodscha, China, Korea, Japan sowie das Hochland von Tibet. In Indien selbst jedoch werden muslimische Eroberer ab dem späten 12. Jahrhundert n. Chr. den Buddhismus immer mehr verdrängen.

Bereits ab dem 2. Jahrhundert v. Chr. entsteht auf dem Subkontinent allmählich eine weitere Religion: der Hinduismus. Gläubige verehren nun etwa Vishnu und Shiva, von denen schon der Veda berichtet, als Hauptgottheiten und weihen ihnen die ersten Tempel Indiens. Die Hindu-Religion, die auch Glaubenselemente der vorarischen Urbevölkerung Indiens aufnimmt, wird später zur größten Glaubensgemeinschaft des Subkontinents – obwohl sie weder ein einheitliches Glaubensbekenntnis noch einen geschlossenen Schriftenkanon kennt.

Die Großreiche des Altertums (326 v. Chr. – um 500 n. Chr.)

Im Februar 326 v. Chr. überquert der hellenistisch-makedonische König Alexander der Große nach seiner Eroberung Persiens den Indus. Doch als der Monarch weiter nach Nordosten in den Punjab vordringt, zwingen ihn die eigenen Soldaten nach strapaziösen Märschen über Tausende Kilometer zum Rückzug.

Nach dem frühen Tod Alexanders im Jahr 323 v. Chr. zerfällt das hellenistische Reich und wird unter seinen Gefolgsleuten aufgeteilt. Das Gebiet von Seleukos I., einem dieser Gefolgsleute, grenzt etwa am Ostrand des heutigen Pakistan an das Imperium der indischen Maurya-Dynastie.

König Ashoka (Regierungszeit um 269–233 v. Chr.) führt das nordindische Maurya-Reich auf den Höhepunkt seiner Macht (siehe Karte Seite 154). Er befehligt mehrere Eroberungsfeldzüge; nur der äußerste Süden des Subkontinents und einige Enklaven bleiben unabhängig. Mehr als 30 Jahre lang regiert Ashoka den zentral organisierten Staat; zahlreiche Beamte und Aufseher treiben Steuern ein und kontrollieren Handel und Landwirtschaft.

Um 260 v. Chr. lässt sich Ashoka von buddhistischen Mönchen unterweisen und anschließend 28 Edikte in Felsen und monumentale Säulen meißeln, die Regeln für ein friedfertiges Leben verkünden: Respekt gegenüber den Eltern, Freundlichkeit, Wahrhaftigkeit, Großzügigkeit und Mitgefühl für alle Kreaturen. Ashoka ordnet Reformen an und schickt Botschafter durch das Land und zu den hellenistischen Nachbarn.

Gut 50 Jahre nach Ashokas Tod zerbricht um 180 v. Chr. das Maurya-Imperium. In den nun folgenden rund 500 Jahren lösen sich in Nordindien mehrere Fremdherrschaften aus Zentralasien und anderen Regionen ab. So dringt auch das Heer des hellenistischen Herrschers von Baktrien vom Gebiet des heutigen Afghanistan nach Indien vor; seine Nachfolger herrschen für rund zwei Jahrhunderte im Nordwesten des Subkontinents.

Erst mit der von Chandragupta I. (320–um 335 n. Chr.) begründeten Gupta-Dynastie entsteht wieder ein Großreich in Indien. Die hinduistischen Gupta-Könige bauen durch geschickte Heiratspolitik und Eroberungszüge ihren Einfluss in Nordindien aus (siehe Karte Seite 155).

Chandragupta II. (375–ca. 415) führt das Reich zum Höhepunkt seiner Macht und Ausdehnung: Es reicht von der Gangesmündung im Osten bis ins heutige Pakistan westlich des Indus, die südliche Grenze ist der Narmada-Fluss. Das Herrschaftsgebiet ist in Provinzen und Distrikte unterteilt.

Mit Fürsten aus Kaschmir, Nepal, Assam und Ceylon unterhält Chandragupta II. diplomatische Beziehungen. Die Gupta-Ära ist eine Epoche des Friedens, des Wohlstands und dank königlicher Förderung eine kulturelle Blütezeit; die klassische Sanskritdichtung erlebt einen Aufschwung.

Hunnen und rivalisierende Hindu-Reiche (um 500 – um 1000 n. Chr.)

506 fallen Hephtaliten, aus Zentralasien kommende Hunnen, in Indien ein und besetzen mit ihren Reiterheeren weite Teile des Gupta-Imperiums. Nach gut 20 Jahren drängen indische Fürsten die Eroberer zum Teil wieder zurück. Mitte des 6. Jahrhunderts ziehen die Hunnen sich ganz vom Subkontinent zurück, doch zerstören sie vorher weite Teile der städtischen Kultur und wohl auch buddhistische Klöster.

Mit den Hunnen kommen vermutlich auch die kriegerischen Stämme der Rajputen (Sanskrit: „Königssöhne") nach Indien, die dann im Gebiet des heutigen Rajasthan im Nordwesten Indiens siedeln. 763 werden Rajputen-Fürsten die spätere indische Hauptstadt Delhi und ab dem 10. Jahrhundert mehrere bedeutende Königreiche gründen.

Mit ihrer kriegerischen Tradition und ihren schwer bewaffneten Bergfestungen bestimmen die Rajputen für zwei Jahrhunderte die Geschichte Nordindiens. Zugleich errichten sie zahlreiche hinduistische Tempelanlagen, darunter die weltberühmten, größtenteils aus Sandstein gebauten 80 Tempel von Khajuraho (die 23 noch erhaltenen gehören heute zum Weltkulturerbe).

In den folgenden Jahrhunderten entsteht im Norden des Subkontinents kein neues Großreich mehr. Stattdessen steigen viele rivalisierende Regionalmächte auf, darunter bald auch muslimische.

Die islamische Eroberung (711 – um 1500)

Ab 711 erobern arabische Truppen die nordwestindischen Regionen Sindh und Punjab. Die neuen muslimischen Herren tolerieren sowohl die Hindu-Religion als auch den Buddhismus.

Erst Mahmud von Ghasna, Sultan eines Reiches mit Zentrum im heutigen Afghanistan, zerstört zwischen 1000 und 1027 in insgesamt 17 Kriegszügen systematisch Skulpturen, schleift ganze Tempelanlagen, plündert und mordet „Ungläubige". Zeitweise umfasst sein Heer Zehntausende berittene Soldaten und 1300 gepanzerte Kriegselefanten. Doch gliedert Mahmud von Ghasna Nordindien nicht in sein Reich ein.

Rund 200 Jahre später gründet Qutb-ud-Din Aibak, der als General eines zentralasiatischen Fürsten weite Teile Nordindiens erobert hat, das Sultanat von Delhi (siehe Karte Seite 156).

Der neue Herrscher ist ein ehemaliger Sklave – denn im Vergleich zur festen Kastenhierarchie der Hindu-Bevölkerung ist die Gesellschaft der neuen Machthaber für Aufsteiger durchlässiger. Skrupellosigkeit und Durchsetzungsvermögen ermöglichen eine Karriere bis an die Spitze der Macht.

Die islamischen Usurpatoren erlangen bald die Vormachtstellung in Nord- und Zentralindien; und sie prägen die Kultur des Landes nachhaltig. Bauwerke in Delhi wie der 72 Meter hohe Sandsteinturm Qutb Minar oder die Quwwat-ul-Islam-Moschee sind Beispiele früher indo-muslimischer Architektur. Delhi entwickelt sich so zur prächtigen Kapitale.

Sultan Ala-ud-Din (1297–1316) erobert unter anderem Gujarat und die Rajputenfestungen Ranthambor und Chittor. Kurz darauf weitet er seine Herrschaft auch auf große Gebiete Südindiens aus und macht dortige Könige zu Vasallen.

Der Sultan ordnet für sein Reich eine einheitliche Steuer an, lässt den Getreidehandel und das Transportwesen staatlich kontrollieren, Oberaufseher und Spione überwachen die Einhaltung der Preise.

Doch 1398 wird Delhi von dem mongolischen Feldherrn Timur von Samarkand erobert. Der Muslim lässt fast die gesamte Hindu-Bevölkerung töten.

Nach dem Abzug Timurs liegt die Stadt in Trümmerm, das Sultanat ist zerschlagen. Erst die Lodi-Dynastie (1451–1526) etabliert von Delhi aus wieder eine Herrschaft über Nordindien.

Bald kopieren Hindu-Herrscher das Sultanatsmodell von Delhi: Sie teilen etwa ihre Reiche in Regionen auf, die sie von Kavalleriekommandanten regieren lassen; und bald überziehen kleine Verwaltungs- und Garnisonsstädte den Subkontinent.

Der Aufstieg des Südens
(um 1000–1565)
Im Süden des Subkontinents steigt im späten 10. Jahrhundert das Imperium der Chola-Dynastie zur ersten (und einzigen) indischen Seemacht auf. Die Chola-Könige unterwerfen den Norden Ceylons sowie unter anderem Sumatra und die malaiische Halbinsel. Sie erobern weite Teile Zentralindiens und erreichen 1022 in Bengalen den Ganges. Doch im 13. Jahrhundert zerfällt ihr Herrschaftsgebiet in mehrere kleinere Nachfolgestaaten.

Um die Stadt Vijayanagara als Zentrum regieren hinduistische Dynastien seit etwa 1340 ein Reich, das auf dem Höhepunkt seiner Macht Anfang des 16. Jahrhunderts ganz Südindien beherrscht. Bedeutendster König ist Krishnadeva Raya (1509–1529), der Dichter und Gelehrte fördert und auch als Bauherr Südindien prägt: Zahlreiche Tempelanlagen erhalten während seiner Herrschaft umfangreiche Anbauten, so der Tempel von Chidambaram.

Nach Krishnadeva Rayas Tod schwächen Palastintrigen und Thronkämpfe den Staat. 1565 erobern zentralindische Sultanate Vijayanagara und besiegeln das Ende des letzten hinduistischen Großreichs im Süden.

Die Ankunft der Europäer
(1498)
Der portugiesische Kapitän Vasco da Gama entdeckt 1498 den Seeweg nach Indien um das Kap der Guten Hoffnung und landet an der südlichen Westküste in Calicut – gut 200 Jahre, nachdem der Venezianer Marco Polo Südindien erkundet hat. 1510 erobern die Portugiesen die Hafenstadt Goa und errichten bald zahlreiche Stützpunkte und Festungen an den Küsten Indiens. Für die Herrscher im Inneren des Subkontinents sind die Portugiesen zunächst keine ernste Bedrohung. Vielmehr sind sie als Händler willkommen, auch weil sie Silber nach Indien bringen. Die Europäer kaufen vor allem große Mengen Pfeffer.

NEUZEIT: INDIEN SEIT DEM BEGINN DER MOGULHERRSCHAFT 1526

1526
20. April. Der usbekische Fürst Babur (1526–1530), ein Nachfahre Timurs, besiegt bei Panipat in Nordindien ein Heer des Delhi-Sultans Ibrahim Lodi. Er erobert Delhi und Agra, die Residenzstädte der Lodis, und gründet ein muslimisch-indisches Großreich. Nach dem arabischen Wort für Mongolen werden die neuen Herrscher „Moguln" genannt.

1556
14. Februar. Baburs Enkel Akbar (1556–1605) besteigt als dritter Mogulkaiser den Thron, unterwirft in den folgenden Jahrzehnten in mehreren Feldzügen Gujarat und Bengalen (sowie Chittor südwestlich von Delhi, die Festung des mächtigsten Rajputenkönigs) und regiert schließlich über ein Gebiet, das sich vom Arabischen Meer bis zum Golf von Bengalen erstreckt (siehe Karte Seite 156).

Akbar führt eine zentrale Verwaltung ein und reformiert das Steuerwesen. Zudem betreibt er eine tolerante Religionspolitik: Er schafft die Kopfsteuer ab, die Nicht-Muslime im Mogulreich zahlen mussten, lädt Muslime, Brahmanen, Yogis und Christen zu regelmäßigen Gesprächen ein und gründet einen religiösen Orden, der unter seiner Führung die unterschiedlichen Konfessionen vereinen soll.

In dem Jahrhundert nach Amtsantritt Akbars profitiert ganz Indien von einem wachsenden Wohlstand. Kunst, Dichtung und Musik blühen auf. Indische und islamische Elemente verschmelzen zu einer indopersischen Kultur, sichtbar unter anderem in der Kleidung und Architektur. Am Kaiserhof verfassen auch gebildete Hindus literarische Werke auf Persisch, der Sprache der Moguln. Zur Verkehrssprache entwickelt sich Urdu, das arabischen und persischen Wortschatz mit Hindustani-Grammatik kombiniert.

1580
König Philipp II. von Spanien übernimmt die Herrschaft über Portugal. Als die Armada des Monarchen 1588 bei einem Angriff auf England weitgehend zerstört wird, verlieren auch die portugiesischen Handelsrouten nach Indien ihren Schutz.

1600
31. Dezember. Als Reaktion auf den zunehmenden Asienhandel der Niederländer vergibt die englische Königin Elisabeth I. an eine Gruppe Londoner Kaufleute ein zunächst auf 15 Jahre befristetes Monopol für den Handel mit Indien, Ost- und Südostasien sowie das Recht, eine Gesellschaft zu gründen: die East India Company. Die erste Handelsexpedition verlässt London mit vier Schiffen im Februar 1601 und landet rund anderthalb Jahre später in Bantam auf Java.

1602
Niederländische Kaufleute gründen eine Ostindiengesellschaft („Vereenigde Oost-Indische Compagnie"), die von ihrer Regierung das Monopol für den Asienhandel erhält. Die VOC importiert zunächst Gewürze, handelt aber bald vor allem mit Textilien und

UM 320–180 V. CHR. Unter König **ASHOKA** (um 269–233 v. Chr.) beherrscht das um 320 entstandene **MAURYA-REICH** den größten Teil Indiens. Doch 180 v. Chr. zerfällt das erste indische Großreich

etabliert in den folgenden Jahrzehnten zahlreiche Faktoreien an der indischen Ostküste. So wird sie zum größten und wohl profitabelsten internationalen Handelsunternehmen der Welt. Erst Mitte des 18. Jahrhunderts wird die britische East India Company sie übertreffen.

1612
Die East India Company gründet an der Küste von Gujarat in Surat ihre erste bedeutende Handelsniederlassung. In den folgenden 80 Jahren errichtet sie drei zentrale Standorte in Madras, Bombay und Kalkutta, die jeweils unter dem Kommando eines Gouverneurs stehen. Der Handel mit indischen Baumwolltextilien ist bald ihr wichtigstes Geschäft. Zur Bewachung ihrer Stützpunkte heuern die Engländer indische Söldner an und schaffen so in ihren Festungen eine Firmenarmee. Die Mogulherrscher lassen die Europäer weiterhin gewähren.

1643
In Agra wird das Taj Mahal weitgehend fertiggestellt, errichtet auf Befehl des Großmoguls Shah Jahan (1627–1658) als Grabmal für seine 1631 verstorbene Frau Mumtaz Mahal. Auf einem fast 10 000 Quadratmeter großen und mit weißem Marmor verkleideten Sockel ist am Ufer des Yamuna-Flusses im Laufe der rund zehnjährigen Bauzeit das Tausende Tonnen schwere Gebäude entstanden. Die frei tragende Kuppel ist 44 Meter hoch, in die mit Reliefs und Koransuren verzierten Wände sind Edelsteine eingearbeitet.

1648 zieht der Herrscher von Agra in die neue Hauptstadt Shahjahanabad im Stadtgebiet des heutigen Delhi, wo in seinem Auftrag eine gewaltige Festungsanlage aus rotem Sandstein (das Rote Fort) errichtet worden ist.

Shah Jahan ist auch erfolgreicher Feldherr: Während seiner Regierungszeit erobert er das zentralindische Sultanat Ahmadnagar und verpflichtet die Sultane von Bijapur und Golkonda zu Tributzahlungen. Unter Shah Jahan ist das Mogulreich so groß wie nie zuvor.

1658
Aurangzeb (1658–1707), ein Sohn Shah Jahans, lässt seinen Vater gefangen nehmen und ergreift die Macht im Mogulreich. Er befehligt Feldzüge unter anderem nach Zentralindien und dehnt so sein Herrschaftsgebiet immer weiter aus.

Doch die eroberten Territorien sind meist weniger fruchtbar als das Kerngebiet und erbringen geringere Grundsteuererträge. Und so kann Aurangzeb sein Reich angesichts leerer Staatskassen (wegen der Kriege) und geringer Steuereinnahmen kaum noch unter Kontrolle halten.

Rebellionen und die Abspaltung einzelner Territorien sind die Folge. Zudem provoziert seine gegen die Hindus gerichtete Politik – etwa die wieder eingeführte Kopfsteuer für Nicht-Muslime – immer wieder Proteste.

1661
Englands König Karl II. bestätigt die Privilegien der East India Company – etwa das Recht, dort eigenmächtig Krieg zu führen.

Portugal schenkt dem englischen Monarchen die Stadt Bombay: als Mitgift seiner künftigen Ehefrau, der portugiesischen Prinzessin Katharina. Lissabon will die Briten damit als Verbündete im Kampf gegen die Niederländer und indische Herrscher gewinnen. Doch deren Unterstützung ist nur schwach: Während die East India Company (seit 1668 Pächter der Hafenstadt) ihren Besitz Zug um Zug ausweitet, verliert Portugal fast all seine Niederlassungen.

1664
Der französische König Ludwig XIV. unterstützt die Gründung der „Compagnie des Indes Orientales“. Den Franzosen gelingt es jedoch erst rund 50 Jahre später, an die Handelserfolge Englands und der Niederlande anzuschließen.

1707
Nach dem Tod des Großmoguls Aurangzeb erobern die Marathen, Clans aus dem nordwestlichen Dekkan-Hochland, weite Teile Indiens; ihre Konföderation ist die letzte indische Großmacht vor der Kolonisierung durch die Briten. Die Macht des Mogulreichs hingegen zerfällt unter den Nachfolgern Aurangzebs.

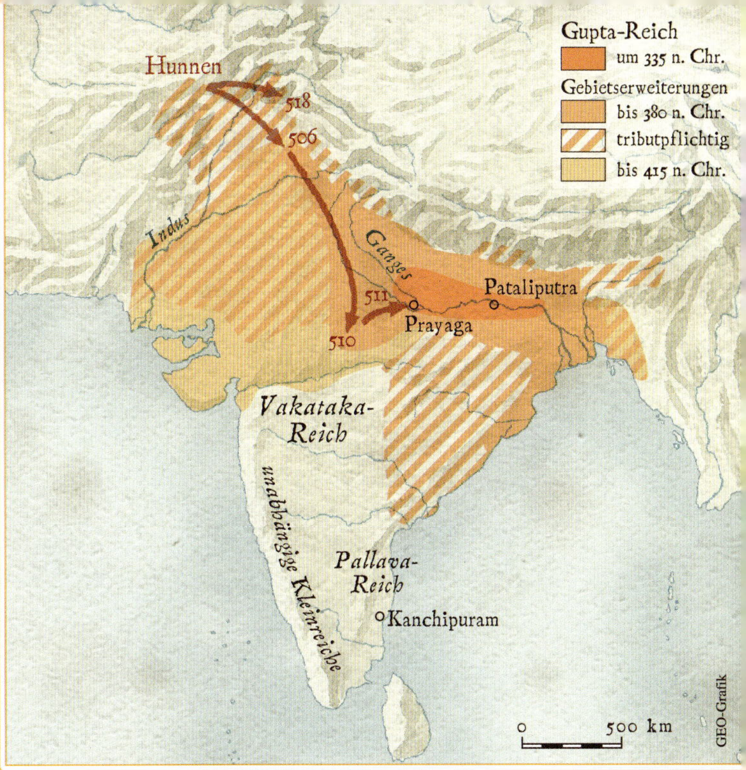

UM 330–528 N. CHR. Die von Nordwesten einfallenden **HUNNEN** zerstören 506 das **GUPTA-GROSSREICH**. Doch die Reiterkrieger ziehen sich schon 528 nach Kaschmir zurück

1739
Nadir Shah, Herrscher von Persien, besiegt das Heer der Moguln, nimmt den Kaiser Mohammed Shah (1719–1748) zeitweise gefangen und plündert Delhi. Das Mogulreich fällt auseinander; immer mehr Provinzfürsten erkennen den Großmogul nur noch formal an oder rufen sich sogar selbst zu Königen aus.

1746
Truppen der französischen Ostindienkompanie erobern im ersten Krieg europäischer Handelsmächte auf dem Subkontinent Madras, den bedeutendsten Stützpunkt der East India Company in Südindien. Zwar geben die Franzosen die Stadt gegen Zahlung einer gewaltigen Summe an die Briten zurück, doch schon 1751 flammen die Kämpfe erneut auf.

1756
In Europa bricht nach dem Überfall Preußens auf Sachsen der Siebenjährige Krieg aus. Großbritannien, das auf der Seite Preußens steht, sowie das mit Österreich verbündete Frankreich werden in den Konflikt verwickelt, der auch in Südindien ausgetragen wird, wo sich die Truppen der rivalisierenden Handelskompanien erneut bekämpfen.

1757
23. Juni. Eine Armee der East India Company besiegt unter dem Oberkommando des Oberstleutnants Robert Clive in der Schlacht von Plassey den Herrscher von Bengalen, der das britische Fort in Kalkutta erobert hatte. Der Großmogul in Delhi, der nur noch über ein Rumpfgebiet des einstigen Mogulreichs regiert, sucht daraufhin das Bündnis mit den Briten und bietet ihnen die Steuerhoheit über Bengalen an.

1760
22. Januar. Nach mehreren bewaffneten Auseinandersetzungen erringen britische Truppen in Wandiwash bei Madras den entscheidenden Sieg über die Franzosen. Mit dem Friedensvertrag von Paris 1763, der den Siebenjährigen Krieg beendet, verliert Frankreich fast alle Besitzungen in Indien an Großbritannien; die werden von der East India Company verwaltet.

1761
14. Januar. Beim nordindischen Panipat treffen die zwei

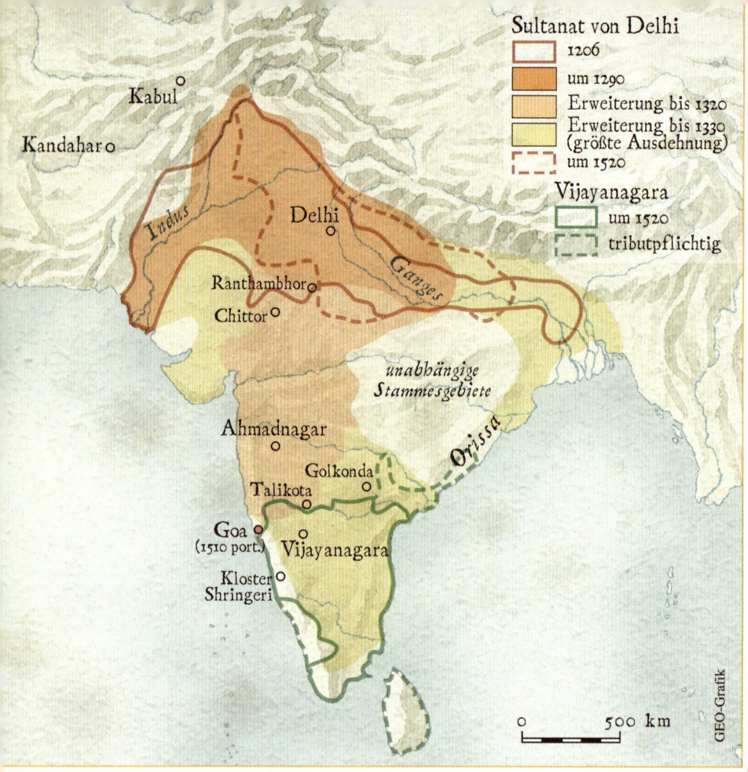

1206–1526
Das **SULTANAT** von **DELHI** ist Indiens erster dauerhafter muslimischer Staat. Im Süden regieren Hindu-Dynastien seit etwa 1340 das Reich von **VIJAYANAGARA**

größten Konkurrenten der Engländer im Kampf um die zukünftige Vormacht auf dem Subkontinent aufeinander: Der afghanische Herrscher Ahmed Shah Durrani schlägt die Heere der vereinigten Marathenfürsten; damit ist die seit rund 50 Jahren andauernde territoriale Expansion der Marathen beendet. Im selben Jahr erheben sich im Punjab die Sikhs, Angehörige einer um 1500 gestifteten Religionsgemeinschaft, zu neuen Machthabern.

1765
Mit der Übertragung der Verwaltungsrechte an die East India Company beginnt die direkte Herrschaft der Briten in Indien – allerdings hält sich die Krone aus der Verwaltung heraus; sie kassiert nur Abgaben von der East India Company (siehe Karte Seite 158).

1770
Missernten, die von den Beamten der East India Company ignoriert werden, sowie die hohen Abgaben, welche die Einheimischen den Briten zu leisten haben, lösen in Bengalen eine Hungersnot aus, bei der ein Drittel der Bevölkerung stirbt.

1773
Als Reaktion auf das Missmanagement und Korruption bei der East India Company verabschiedet das englische Parlament den „Regulating Act": ein Gesetz, mit dem sich die britische Regierung erstmals in die Verwaltung der Territorien der Handelsgesellschaft einschaltet; so setzt sie einen Generalgouverneur in Kalkutta ein, der alle Faktoreien des Unternehmens in Indien kontrolliert. 1784 folgt die Schaffung einer Aufsichtsbehörde („Board of Control") in London.

1774
Warren Hastings (1774–1785), Gouverneur der East India Company in Bengalen, wird erster Generalgouverneur für die Besitzungen der Gesellschaft in Indien. Hastings gelingt es, im Norden das Gebiet um Benares für die Briten zu gewinnen. In mehreren Schlachten besiegt er die Marathen, die mächtigsten Hindu-Herrscher, und 1782 gelingt es ihm durch einen Friedensvertrag mit ihnen, die britischen Besitzungen abzusichern.

1799
4. Mai. Der Generalgouverneur der East India Company, Lord Richard Wellesley (1797–1805), erobert Seringapatam, die Hauptstadt des südindischen Fürstenstaates Mysore, und nimmt dieses Land für die Gesellschaft in Besitz.

1801
Der Sikh Ranjit Singh, der 1799 die Stadt Lahore erobert hat, proklamiert sich selbst zum Maharadscha des Punjab. Unter ihm entsteht im Nordwesten Indiens ein starkes Sikh-Reich.

1813
Das Parlament in London nutzt die notwendige Verlängerung des Freibriefs der East India Company, um ihr das Handelsmonopol für Indien zu entziehen; das haben andere britische Kaufleute seit Langem gefordert.

1828
Der Hindu-Reformer Rammohan Roy begründet eine Bewegung, die das Kastensystem und den hinduistischen Brauch der Witwenverbrennung kritisiert, bei dem die Ehefrau ihrem verstorbenen Ehemann in den Tod zu folgen hat. 1829 verbieten die Briten diese rituelle Verbrennung.

1833
Das Londoner Parlament untersagt der East India Company alle Handelsgeschäfte. Fortan beschränkt sich die Aufgabe der Gesellschaft auf die Verwaltung der indischen Territorien.

1835
Der Generalgouverneur der East India Company, William Bentinck (1833–1835), führt Englisch als Verwaltungssprache ein; es löst das Persische ab, das seit dem Beginn der Mogulzeit die offizielle Sprache der Regierung gewesen ist.

1857
9. Mai. In der nordindischen Garnison Meerut verurteilt ein Militärgericht indische Söldner (*sepoys*) zu langjährigen Freiheitsstrafen. Die Männer hatten den Gebrauch neuer Patronen verweigert, deren Schutzhüllen Gerüchten zufolge mit Schweine- oder Rinderfett – also für Hindus wie Musli-

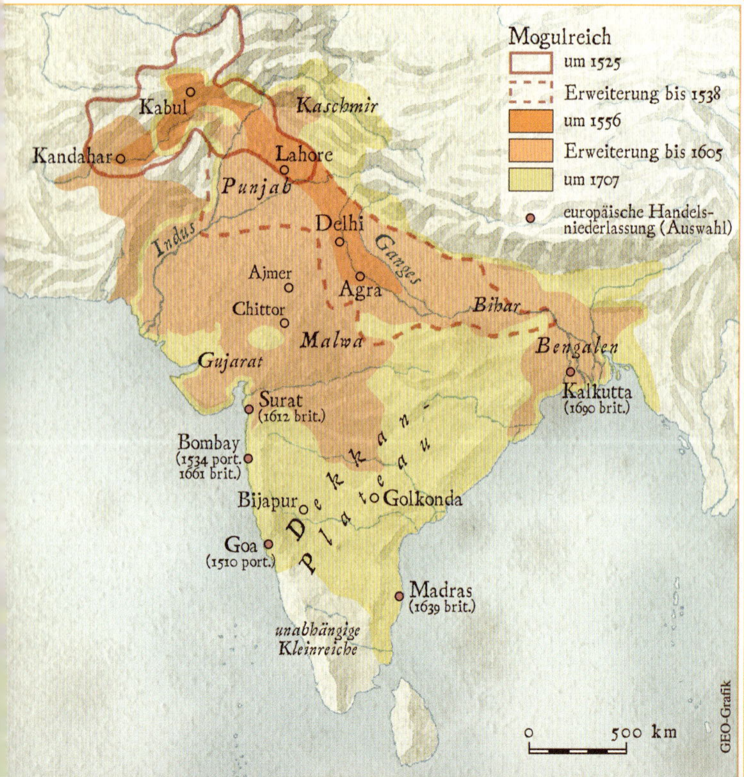

1526–1707
Der muslimische Fürst Babur, Nachkomme eines Mongolenherrschers, unterwirft 1526 das Sultanat von Delhi. Seine Nachfolger, die **GROSSMOGULN**, erobern fast ganz Indien

me gleichermaßen unreinen Substanzen – eingeschmiert waren.

Am folgenden Tag revoltieren ihre Kameraden, befreien die Gefangenen, erschießen britische Offiziere sowie mehrere europäische Zivilisten und marschieren nach Delhi, wo sie den etwa 80-jährigen Großmogul Bahadur Shah Zafar II. zum Anführer ihres Aufstandes erklären.

Die Erhebung (Sepoy-Aufstand) weitet sich wegen Unzufriedenheit mit der Fremdherrschaft rasch aus: Bauern, die unter der Steuerlast leiden, sowie Grundherren und Würdenträger, die ihre Privilegien verloren haben, schließen sich den meuternden Soldaten an.

Mehr als ein Jahr lang kommt es in weiten Teilen des Landes zu erbitterten Kämpfen zwischen indischen Söldnern und britischen Soldaten.

1858
8. Juli. Die Briten erklären den Sepoy-Aufstand offiziell für beendet. Doch es vergeht noch fast ein weiteres Jahr, bis überall auf dem Subkontinent wieder Ruhe eingekehrt ist. Den letzten Großmogul, Bahadur Shah Zafar, setzen die Europäer ab, verweisen ihn des Landes und lösen so auch formal das Mogulreich auf, das de facto schon seit Langem ohne Bedeutung ist.

2. August. Das Londoner Parlament verabschiedet als Reaktion auf den Aufstand den „Government of India Act". Mit diesem Gesetz übernimmt die britische Krone alle Machtbefugnisse von der East India Company: Indien wird zum Teil des britischen Empires, regiert im Auftrag der Krone von einem Generalgouverneur und Vizekönig, der in Kalkutta residiert.

Großbritannien herrscht nun über rund drei Fünftel des Subkontinents (einschließlich des heutigen Bangladesch sowie Teilen von Pakistan und Birma); der Rest steht unter der formal souveränen Befehlsgewalt von etwa 600 einheimischen Fürsten, die allerdings in Wirklichkeit von den Kolonialherren abhängig sind (siehe Karte Seite 158).

1869
17. November. Der Suezkanal, der das Mittelmeer mit dem Roten Meer verbindet, wird eingeweiht und verkürzt den Seeweg zwischen Bombay und London um gut 8500 Kilometer gegenüber der früheren Route rund um Afrika.

1876
1. Mai. Die britische Königin lässt sich zur „Kaiserin von Indien" proklamieren. Sie knüpft damit an die Tradition der kaiserlichen Großmogule Indiens an.

1885
28. Dezember. Der „Indian National Congress", eine nationale politische Organisation von Bildungsbürgern, kommt in Bombay zu seiner ersten Sitzung zusammen. Der Nationalkongress fordert mehr Mitbestimmung für die indische Bevölkerung, wendet sich anfangs aber nicht gegen die britische Herrschaft auf dem Subkontinent.

1905
Vizekönig Lord George Curzon (1898–1905) teilt die große und dicht besiedelte Region Bengalen in zwei Provinzen. Die Schaffung einer muslimischen Provinz im Osten (die etwa dem heutigen Bangladesch entspricht) löst bei nationalistischen Hindus heftigen Widerstand aus.

1906
30. Dezember.
Indische Muslime gründen im bengalischen Dhakha die Muslimliga („All-India Muslim League") – als Gegenbewegung zum Nationalkongress, von dem sie sich nicht hinreichend vertreten fühlen.

1907
26. Dezember. Der Nationalkongress spaltet sich in eine gemäßigte Richtung, die durch Verhandlungen mit den Briten mehr Mitbestimmung der indischen Bevölkerung erreichen will, und die Nationalrevolutionäre, die eine sofortige Unabhängigkeit fordern und dafür bereit sind, auch Gewalt einzusetzen.

1908
30. April. Bei einem Bombenanschlag auf einen britischen Richter in Bengalen sterben mehrere Unbeteiligte. Bal Gangadhar Tilak, der Führer der Militanten im Nationalkongress, rechtfertigt in einer Zeitung das Attentat und fordert die Unabhängigkeit Indiens. Daraufhin wird er wegen Volksverhetzung zu sechs Jahren Gefängnis verurteilt.

1909
15. November. Der „Indian Councils Act" des britischen Parlaments erweitert die Mitbestimmungsrechte der indischen Bevölkerung: Erstmals können Angehörige der wohlhabenden Schichten indische Vertreter in den Imperial Legislative Council, das indische Zentralparlament, wählen. Doch die Mehrheit der Mitglieder dieses Gremiums wird noch immer von den Kolonialherren bestimmt.

Um eine Benachteiligung der muslimischen Minderheit zu vermeiden, darf die eigene Vertreter ins Parlament entsenden. Das widerspricht den Forderungen der indischen Nationalisten, und so verschärft die Reform die Teilung Indiens in Hindus und Muslime.

1911
12. Dezember.
König Georg V. kündigt die Verlegung der indischen Hauptstadt an: vom unruhigen bengalischen Kalkutta nach Delhi. Denn in der bisherigen Kapitale häufen sich Terroranschläge. Anschließend beginnt der Ausbau von Neu-Delhi im Süden der alten Metropole: einer neuen Stadt, die – 1931 eingeweiht – 1947 die Kapitale des unabhängigen Indien wird.

1913
21. April. Der Regisseur, Produzent und

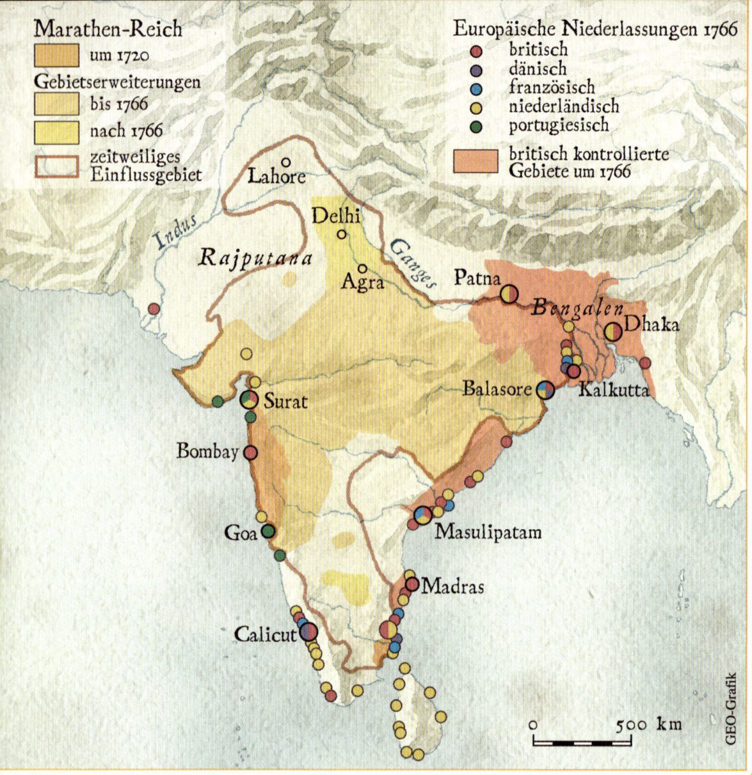

Um 1500–1766 Portugiesen gründen die ersten europäischen Niederlassungen in Indien. Ihnen folgen Niederländer, Franzosen und Engländer – deren **EAST INDIA COMPANY** zur Territorialmacht auf dem Subkontinent wird

Drehbuchautor Dadasaheb Phalke zeigt im „Olympia"-Theater in Bombay den ersten indischen Spielfilm: „Raja Harishchandra". Der knapp einstündige Stummfilm hat großen Erfolg. In den nächsten 30 Jahren dreht Phalke mehr als 100 Spiel- und 30 Kurzfilme. Zahlreiche Nachahmer drehen nun Filme, gründen Studios, eröffnen Kinos. So wächst jene Branche heran, die sich zur größten Filmindustrie der Welt entwickeln wird.

1914
Im Ersten Weltkrieg steht Indien loyal an der Seite seiner britischen Kolonialherren. Eine Million Soldaten vom Subkontinent kämpfen an den Fronten im Vorderen Orient und in Europa; etwa 100 000 indische Kämpfer fallen. Fürsten und Grundherren unterstützen den Krieg mit Geldspenden.

1915
Januar. Der 45-jährige Rechtsanwalt und Politiker Mohandas Karamchad Gandhi (später werden ihm seine Anhänger den Ehrennamen „Mahatma", „große Seele", verleihen) kehrt nach langjährigem Kampf gegen die Diskriminierung der indischen Minderheit in Südafrika in seine Heimat Indien zurück, wo er sich der Unabhängigkeitsbewegung anschließt. Bereits in Afrika hat Gandhi eine Strategie des politischen Kampfes entwickelt, die er jetzt auch in Indien anwendet: den gewaltlosen Widerstand durch zivilen Ungehorsam sowie Aktionen der „Nicht-Zusammenarbeit" wie Steuerstreiks oder Boykotte.

1916
29.–31. Dezember. Der 40-jährige Rechtsanwalt und Politiker Mohammed Ali Jinnah handelt einen Pakt zwischen Muslimliga und Indischem Nationalkongress aus. Darin wird eine engere parlamentarische Zusammenarbeit vereinbart, um von den Briten mehr Autonomie zu erzwingen.

1917
August. Angesichts der indischen Hilfe im Ersten Weltkrieg verspricht der Indienminister des britischen Kabinetts, Edwin Montagu, den Indern eine Beteiligung an der Regierung ihres Landes.

1919
13. April. Britische Soldaten eröffnen im nordindischen Amritsar das Feuer auf eine unbewaffnete Menschenmenge, die friedlich für die indische Unabhängigkeit demonstriert. Nach offiziellen Angaben sterben 379 Menschen, darunter ein Säugling; tatsächlich aber gibt es wohl bis zu dreimal so viele Opfer. Der verantwortliche Offizier, Brigadegeneral Reginald Dyer, wird nicht belangt.

1922
10. März. Gandhi, der in den vergangenen Jahren wiederholt Protest-Kampagnen gegen die britische Fremdherrschaft organisiert hat, wird verhaftet und später zu sechs Jahren Gefängnis verurteilt (von denen er jedoch nur zwei Jahre verbüßen muss). Der Politiker habe zu Hass und Illoyalität gegenüber den Briten aufgerufen, so die Richter.

1929
31. Dezember. Großbritannien lässt ein Ultimatum der Kongresspartei verstreichen, wonach Indien den Status eines „Dominion" – eines sich selbst regierenden Staates innerhalb des britischen Empires – bekommen soll. Daraufhin strebt die Partei die völlige Loslösung von London an. Gandhi, der spirituelle Führer der Nationalisten, beginnt, den Kampf gegen das Empire zu planen.

1930
26. Januar. Gandhi ruft den „Tag der Unabhängigkeit" aus – und leitet damit den ersten Schritt zur Souveränität Indiens ein. Sodann räumt er den Briten eine weitere Chance ein, eine Kampagne des bürgerlichen Ungehorsams abzuwenden: Die Regierung müsse unter anderem alle politischen Gefangenen freilassen, Schutzzoll gegen die in Großbritannien industriell gefertigten Textilien erheben und die sehr hohe Salzsteuer abschaffen. Da die Briten nicht nachgeben, organisiert der Freiheitskämpfer einen Verstoß gegen das von der Kolonialmacht streng gehütete Salzmonopol – auch weil dieses Monopol besonders leicht verletzt werden kann.

5. April. Mahatma Gandhi erreicht mit

1904 **BRITISCH-INDIEN,** das von der Kolonialmacht direkt beherrschte Gebiet, umfasst mehr als die Hälfte des Subkontinents. Der Rest sind abhängige einheimische Fürstentümer

einer Schar von ausgewählten Gefolgsleuten nach einem 385 Kilometer langen Marsch die Küste, wo er am folgenden Tag demonstrativ Salzkörner aufsammelt und so gegen das Salzmonopol verstößt. Tausende folgen seinem Beispiel. Im Anschluss an den „Salzmarsch" entbrennen überall auf dem Subkontinent Proteste.

29. Dezember. Auf einer Sitzung der Muslimliga formuliert der Dichter und Philosoph Mohammed Iqbal erstmals die Forderung nach einem unabhängigen muslimischen Staat im Nordwesten Indiens, bestehend aus dem Punjab, der afghanischen „North-West Frontier Province", Sindh und Baluchistan.

1935

August. Mit der Unterschrift König Georgs V. tritt der neue „Government of India Act" in Kraft. Durch dieses Gesetz wird unter anderem die Zahl der Wähler für das gesamtindische Parlament von rund sieben auf 35 Millionen erhöht. Doch die Macht im Land bleibt weiterhin bei den Kolonialherren: Über die Finanz- und Außenpolitik sowie die Landesverteidigung entscheidet der Vizekönig, der zudem ein Vetorecht gegen Entscheidungen der indischen Untertanen hat.

Die Provinzen des Subkontinents erhalten nun gewählte Regierungen, die von den regionalen Gouverneuren allerdings entlassen werden können, wenn sie etwa den Interessen der Kolonialherren schaden.

Bei den folgenden Wahlen zu den Provinzparlamenten 1937 gewinnt der Nationalkongress in sieben von elf Regionen die Mehrheit; die Muslimliga ist nirgendwo an der Regierung beteiligt.

1939

3. September. Ohne indische Politiker zu konsultieren, verkündet Vizekönig Lord Victor Linlithgow (1936–1943), dass sich Indien im Krieg mit Deutschland befindet. Während die Muslimliga ihre Unterstützung der britischen Kriegsanstrengungen erklärt, treten alle Minister des Nationalkongresses in den Provinzregierungen aus Protest zurück. Dennoch werden im Zweiten Weltkrieg rund zwei Millionen indische Soldaten an verschiedenen Fronten für Großbritannien kämpfen.

1940

23. März. Die Muslimliga verkündet in der „Lahore Resolution" ihre Forderung nach einem unabhängigen muslimischen Staat namens „Pakistan" (ein Kunstwort, gebildet aus den Anfangsbuchstaben der Gebiete **P**unjab, Grenzgebiet zu **A**fghanistan, **K**aschmir und **S**indh sowie der letzten Silbe von Baluchistan).

1942

8. August. Der Nationalkongress verabschiedet nach einem Entwurf von Gandhi die „Quit India Resolution", in der die Engländer aufgefordert werden, Indien zu verlassen. Gandhi ruft zur sofortigen Unabhängigkeit Indiens auf. Vizekönig Linlithgow lässt daraufhin die gesamte Kongressführung verhaften. In weiten Teilen des Landes stürmen in der Folge wütende Nationalisten Polizeistationen, sprengen Eisenbahngleise in die Luft, durchtrennen Telegraphenleitungen und hissen Kongressfahnen auf Regierungsgebäuden. Nach einem Monat können die Briten den Aufstand niederschlagen.

1944

4. April. Japanische Truppen greifen von Birma aus, das bereits seit zwei Jahren unter japanischer Herrschaft steht, die indische Grenzstadt Kohima an. Doch die britisch-indischen Verteidiger können die Attacke zurückschlagen.

1946

16. Mai. Eine Abordnung der neuen britischen Labour-Regierung unter Premierminister Clement Attlee, deren erklärtes Ziel es ist, Indien in die Unabhängigkeit zu entlassen, stellt einen Plan zur zukünftigen Regierung des Subkontinents vor: Danach soll Indien zu einer autonomen Föderation von Staaten mit entweder muslimischer oder hinduistischer Bevölkerungsmehrheit werden, deren Zentralregierung nur über Außen- und Verteidigungspolitik zu entscheiden hat. Während der Nationalkongress den Plan ablehnt, begrüßt die Muslimliga die Initiative.

Doch weil ohne die Unterstützung der Kongresspartei Attlees Vorstellungen nicht verwirklicht werden können, fordert die Liga bald einen unabhängigen Muslimstaat Pakistan im Nordwesten des Subkontinents.

16. August. „Tag der direkten Aktion" der Muslimliga, die damit gegen den Plan protestiert, den Muslimen in der Regierung eines unabhängigen Indien nur eine Minderheitsbeteiligung zuzugestehen. In Kalkutta kommt es zu schweren Ausschreitungen, denen etwa 6000 Angehörige beider Religionen zum Opfer fallen.

1947

4. Juni. Der neue Vizekönig Lord Louis Mountbatten stellt einen Teilungsplan für Indien vor. Dieser sieht die Schaffung zweier unabhängiger Staaten vor: Indien für die überwiegend hinduistischen, Pakistan für die mehrheitlich muslimischen Territorien.

Die gemischtreligiösen Provinzen Punjab und Bengalen sollen geteilt werden, eine Kommission unter dem britischen Juristen Cyril Radcliffe wird die Grenzen festlegen. Die fast 600 souveränen indischen Fürsten haben für ihre Länder zu entscheiden, welchem der beiden Staaten sie sich anschließen.

Die Übergabe der Macht legt der Vizekönig eigenmächtig auf den 15. August fest.

14. August. Mountbatten verkündet in der neuen Hauptstadt Karatschi die Gründung Pakistans. Dessen Staatsgebiet besteht aus zwei weit auseinanderliegenden, nicht miteinander verbundenen Landesteilen im Nordwesten und Nordosten des Subkontinents. (Der Ostteil sagt sich 1971 mit militärischer Unterstützung Indiens als Volksrepublik Bangladesch vom dominierenden Westpakistan los). Pakistans erster Regierungschef Jinnah nennt dieses Gebiet „mottenzerfressen“.

Sofort nach der Teilung Indiens brechen im Punjab, wo Teile des Siedlungsgebiets der Sikhs an Pakistan fallen, bürgerkriegsähnliche Unruhen aus; mindestens 200 000, möglicherweise sogar mehr als eine Million Menschen sterben. Eine Massenflucht von Hindus und Sikhs nach Indien sowie von Muslimen nach Pakistan beginnt; auf dem Subkontinent verlassen in den folgenden Monaten mehr als 17 Millionen Menschen ihre Heimat.

15. August. In Neu-Delhi erklärt Jawaharlal Nehru um kurz vor 0.00 Uhr die Unabhängigkeit Indiens. Damit endet die fast 200 Jahre dauernde Herrschaft der Briten auf dem Subkontinent.

Der in England ausgebildete Jurist Nehru, einst Vorsitzender des Nationalkongresses, wird Premierminister der mit rund 350 Millionen Einwohnern größten Demokratie der Welt. Nahezu alle Fürstentümer schließen sich Indien an. Zwei Enklaven auf indischem Gebiet, das nach Unabhängigkeit strebende Hyderabad sowie Junagadh, dessen muslimischer Herrscher Pakistan beitreten will, werden bald von Indien annektiert.

22. Oktober. Pakistanische Freischärler überfallen Kaschmir – wo ein Hindu-Herrscher über eine fast ausschließlich muslimische Bevölkerung regiert –, um so den noch unabhängigen Staat zum Anschluss an Pakistan zu zwingen. Der Fürst bittet daraufhin Indien um Hilfe. Ohne dass es jemals zu einer Kriegserklärung kommt, kämpfen bald indische und pakistanische Truppen gegeneinander. Erst 1949 kann die UN einen Waffenstillstand vermitteln; seither ist die Region de facto zwischen beiden Kontrahenten geteilt.

1947–1950 Die Briten entlassen Indien als geteiltes Land in die **UNABHÄNGIGKEIT**: Aus den vorwiegend muslimischen Gebieten wird Pakistan, die Territorien der Hindus werden zur Indischen Union zusammengefasst. Um die Provinz **KASCHMIR** bricht bereits 1947 ein Krieg zwischen den beiden Nationen aus

1948

30. Januar. Nathuram Godse, ein Brahmane, erschießt den 78-jährigen Mahatma Gandhi. Dessen Einsatz für eine friedliche Einigung mit Pakistan über die finanziellen Folgen der Teilung sehen fanatische Hindus als Schwächung Indiens und Verrat an.

28. Februar. Die letzten britischen Truppen verlassen Indien.

1950

26. Januar. An diesem Tag, den Gandhi 1930 zum „Tag der Unabhängigkeit“ erklärt hatte (und der heute Nationalfeiertag ist), tritt die erste indische Verfassung in Kraft: Großbritanniens König ist nicht mehr Staatsoberhaupt, Indien wird Republik (die 1961 das bis dahin portugiesische Goa annektiert). □

Alice Gayler, 33, unterstützt das Verifikationsteam von GEO*EPOCHE*, **Dr. Frank Otto**, 42, ist Textredakteur. **Thomas Wachter**, 51, ist einer der Kartographen der GEO-Gruppe.

AUTORENPORTRÄT

Archimedischer PUNKT

Jörg-Uwe Albig und die Suche nach dem Wechsel der Perspektive

JÖRG-UWE ALBIG

Der 1960 in Bremen geborene Schriftsteller, Essayist und Reporter schreibt seit 1989 für Magazine der GEO-Gruppe: Damals porträtierte er im GEO-Special „Budapest“ die künstlerische Subkultur der ungarischen Hauptstadt. Sein Debut für GEO*EPOCHE* war ein Essay über die Kathedrale von Chartres im ersten Mittelalter-Heft (1999).

„Bei meinen GEO*EPOCHE*-Artikeln“, erklärt Albig, „versuche ich einen archimedischen Punkt zu finden, der etwas außerhalb des eigentlichen Themas liegt – eine biografische Nebensache, eine nicht unbedingt naheliegende Analogie, eine scheinbar zufällige Gleichzeitigkeit – von dem aus ich die Figur oder die jeweilige Zeitkonstellation betrachte.“ Mit etwas Glück, so Albig, ergebe sich dann eine neue Perspektive.

Um Perspektivwechsel geht es oft auch in seinen Romanen, die sich unter anderem immer wieder mit kollektiven Fantasien befassen. Neuestes Beispiel ist sein Buch „Berlin Palace“, das demnächst bei Tropen/Klett-Cotta erscheint: eine Liebesgeschichte, angesiedelt in einem China der nahen Zukunft, das von den exotischen Bräuchen aus den Vorstadt-Slums der deutschen Underdog-Gastarbeiter fasziniert ist.

Fotovermerk nach Seiten

Anordnung im Layout: l. = links, r. = rechts, o. = oben, m. = Mitte, u. = unten

Titel: A1PIX

Editorial: Katrin Trautner (2)

Inhalt: 4 o.: Ehrenfeld Collection; 4 m.: Bibliothèque Nationale, Paris/akg-images; 4 l. u.: Arnulf Hettrich/imago (von GEO*EPOCHE* digital bearbeitet); 4 r. u.: Bridgeman Art Library; 5 o.: India Office Library/British Library/Art Archive; 5 m. o.: Raja Deen Dayal; 5 m. u.: Jeremy Horner/Corbis; 5 u.: akg-images

Das Juwel der Krone: 6/7: Colin Murray/Getty Images; 8: Ehrenfeld Collection; 9 o.: Alkazi Collection; 9 m., 18/19: Federico Peliti; 9 u.: Scherl/SZ Photo; 10 o.: Dr. Siddharth Bhansali; 10 u., 12/13, 13 u.: India Office Library/British Library; 10/11: Granger Collection/ullstein bild; 13 o.: SZ Photo; 14/15, 15 l., 16/17, 17 o., 18, 20/21: Raja Deen Dayal; 15 r.: Kern Institute Collection; 17 o.: privat; 21 o.: Capt. W. W. Hooper; 21 u.: Archie Miles Collection/akg-images; 22: G.W. Lawrie ; 22/23: Samuel Bourne

Stadt des Sieges: 28–39: John Gollings

Kurs auf die Pfefferküste: 40/41, 44 o., 45 u.: Bibliothèque Nationale, Paris/akg-images; 41 u.: Granger Collection/ullstein bild; 42 u., 44 u.: Pierpont Morgan Library/akg-images; 43 l.: Bibliothèque Nationale, Paris/Interfoto; 43 r.: histopics/ullstein bild; 46 u.: akg-images; 46/47 o.: National Maritime Museum, Greenwich, London; 47 u.: Gianni Dagli Orti/ Science Academy Lisbon/Art Archive

Akbar: 48, 50, 52, 56, 54, 57, 58: Bridgeman Art Library; 49: Stapleton Collection/Corbis; 53: Lutz Braun/bpk;

Ein Haus für die Ewigkeit: 60 o.: La Collection/Jean-Louis Nou/Interfoto; 60 u.: Gunther Michel/Biosphoto; 61: A1PIX; 62, 68: Bridgeman Art Library; 63: Felice Beato/Library of Congress (von GEO*EPOCHE* digital bearbeitet); 64: G. E. Kidder Smith/Corbis (von GEO*EPOCHE* digital bearbeitet); 65: Mary Evans Picture Library/Interfoto; 66: Brooklyn Museum/Corbis; 67: Arnulf Hettrich/imago (von GEO*EPOCHE* digital bearbeitet); 69: privat

Das Imperium der Kaufleute: 70/71: India Office Library/British Library/Art Archive; 71 o., 75: Bridgeman Art Library; 72: National Maritime Museum, Greenwich, London; 73 o.: India Office Library/Eileen Tweedy/Art Archive; 73 u., 74 u.: culture-images; 74 o.: City of London/Heritage-Images/imagestate/dpa picture-alliance; 76: Navy Historical Service Vincennes, France/Dagli Orti/Art Archive; 77: AISA/ullstein bild; 78: Archiv Gerstenberg/ullstein bild

Sterben für die Tugend: 82: Bridgeman Art Library; 83: British Library/akg-images

Kampf um Indien: 84/85: Art Archive; 86 u.: British Library/akg-images; 87: World History Archive/Alamy; 88: culture-images; 89: Mary Evans Picture Library; 90 o.: Interfoto/Alamy; 90 u.: British Library/imagestate/ullstein bild

Ladies and Gentlemen: 92/93: Raja Deen Dayal; 95: Myers Brothers; 96, 103: Hulton Archive/Getty Images; 97: TopFoto/ullstein bild; 99: W. B. Lawrence; 100: ullstein bild; 101: British Library/akg-images; 104: Haeckel-Archiv/ullstein bild; 105: Federico Peliti

Götter auf der Leinwand: 106: privat; 107: Phalke Films/Kobal Collection

Gandhi: 108/109: PA Archive/PA Photos/dpa picture-alliance; 110: Archiv Peter Ruehe/akg-images; 111: Keystone-France/Keystone/Eyedea Presse/laif; 112: SZ Photo; 113 o.: Hulton Archive/Getty Images; 113 u., 116: Hulton-Deutsch Collection/Corbis; 114: Archiv Peter Rühe/ullstein bild; 115, 117 (2): Popperfoto/Getty Images; 118: Dinodia/The Image Works

Die Fürsten der Verschwendung: 120, 124, 128: India Office Library/British Library; 122 l.: Imagno/ullstein bild; 122 r.: Rue des Archives/Tal/SZ Photo; 123 The Stapleton Collection/Bridgeman Art Library; 125: Jeremy Horner/Corbis; 126 o.: privat; 126 m.: Sir Henry Royce Memorial Foundation; 126 u.: Amit Pasricha; 127: The British Library/Heritage-Images/imagestate/dpa picture-alliance; 129: age fotostock/Look-foto

Der Preis der Freiheit: 131: Margaret Bourke-White/Time & Life Pictures/Getty Images; 132, 138 r.: UPPA/Photoshot; 133: akg-images; 134 l., 137, 138 l.: ullstein bild; 134 r., 142 r.: AP Photo; 136: Roger-Viollet/ullstein bild; 140: Keystone-France/Keystone/Eyedea Presse/laif; 142 l.: Hulton-Deutsch Collection/Corbis; 144: Corbis; 145: SZ Photo

Im Kreislauf der Wiedergeburten: 148: maxppp/dpa picture-alliance; 149: UPPA/Photoshot; 150: Bridgeman Art Library; 151: Granger Collection/ullstein bild

Autorenporträt: 161: ullstein bild

Karten: 24, 146, 152–160: Thomas Wachter für GEO*EPOCHE*

GEO EPOCHE

Das Magazin für Geschichte

Gruner + Jahr AG & Co KG, Druck- und Verlagshaus,
Sitz von Verlag und Redaktion: Am Baumwall 11, 20459 Hamburg.
Postanschrift der Redaktion: Brieffach 24, 20444 Hamburg.
Telefon 040 / 37 03-0, Telefax 040 / 37 03 56 48,
Telex 21 95 20. E-Mail (Redaktion): briefe@geo.de;
Internet: www.geo-epoche.de

HERAUSGEBER
Peter-Matthias Gaede

CHEFREDAKTEUR
Michael Schaper

GESCHÄFTSFÜHRENDER REDAKTEUR
Cay Rademacher

HEFTKONZEPT
Insa Bethke

ART DIRECTION
Tatjana Lorenz

TEXTREDAKTION
Jens-Rainer Berg, Dr. Anja Herold, PD Dr. Frank Otto

BILDREDAKTION
Christian Gargerle, Roman Rahmacher
Freie Mitarbeit: Susanne Gargerle, Katrin Kaldenberg, Katrin Trautner

LAYOUT: Freie Mitarbeit: Christine Campe, Svenja Prigge

VERIFIKATION
Lenka Brandt, Olaf Mischer, Andreas Sedlmair
Freie Mitarbeit: Dr. Susmita Arp, Alice Gayler, Cornelia Haller, Sebastian Schulin, Stefan Sedlmair

KARTOGRAPHIE: Thomas Wachter

WISSENSCHAFTLICHE BERATUNG
Anne Moßner

SCHLUSSREDAKTION: Dirk Krömer; Brigitte Gajser, Ralf Schulte

CHEF VOM DIENST TECHNIK: Rainer Droste

MITARBEITER DIESER AUSGABE
Freie Mitarbeit: Jörg-Uwe Albig, Dr. Ralf Berhorst, Dr. Georg Berkemer, Heidrun Brockmann, Nicolas Büchse, Gesa Gottschalk, Patrick Hemminger, Marion Hombach, Harald Martenstein, Boryana Pouvkova, Walter Saller, Jonathan Stock, Johannes Strempel, Joachim Telgenbüscher, Bertram Weiß, Sebastian Witte

HONORARE: Petra Schmidt

REDAKTIONSASSISTENZ: Ursula Arens, Sabine Stünkel

Verantwortlich für den redaktionellen Inhalt: Michael Schaper

VERLAGSLEITUNG: Dr. Gerd Brüne, Thomas Lindner
GESAMTANZEIGENLEITUNG: Heiko Hager
VERTRIEBSLEITUNG: Ulrike Klemmer/DPV Deutscher Pressevertrieb
MARKETING: Antje Schlünder (Ltg.), Patricia Korrell
HERSTELLUNG: Oliver Fehling

ANZEIGENABTEILUNG Anzeigenverkauf
G+J Media Sales / Direct Sales: Sabine Plath,
Tel. 040 / 37 03 38 89, Fax: 040 / 37 03 53 02
Anzeigendisposition: Anja Mordhorst,
Tel. 040 / 37 03 23 38, Fax: 040 / 37 03 58 87

Es gilt die GEO-Sonderhefte-Anzeigenpreisliste Nr. 6/2010,
Heftpreis: 9,00 Euro
ISBN: 978-3-570-19906-0; 978-3-570-19912-1 (Heft mit DVD)
ISSN-Nr. 1861-6097

Bankverbindung: Deutsche Bank AG Hamburg,
Konto 0322800, BLZ 200 700 00
Druck: Mohn Media Mohndruck GmbH, Gütersloh
Printed in Germany

GEO-LESERSERVICE

FRAGEN AN DIE REDAKTION
Telefon: 040/37 03 20 98, Telefax: 040/37 03 56 48
E-Mail: briefe@geo.de

ABONNEMENT- UND EINZELHEFTBESTELLUNG

ABONNEMENT DEUTSCHLAND
Jahresabonnement: 48,00 €
Abo mit DVD: 85,50 €
Studentenabo: 42,00 €

BESTELLUNGEN:
DPV Deutscher Pressevertrieb
GEO-Kundenservice
20080 Hamburg
Telefon: 01805/861 80 00*
24-Std.-Online-Kundenservice:
www.MeinAbo.de/service

KUNDENSERVICE ALLGEMEIN:
(persönlich erreichbar)
Mo – Fr 7.30 bis 20.00 Uhr
Sa 9.00 bis 14.00 Uhr
Telefon: 01805/861 80 01*
Telefax: 01805/861 80 02*
E-Mail: geoepoche-service@guj.de

ABONNEMENT ÖSTERREICH
GEO-Abonnentenservice
Postfach 5, A-6960 Wolfurt
Telefon: 0820/00 10 85
Telefax: 0820/00 10 86
E-Mail: geo-epoche@leserservice.at

ABONNEMENT SCHWEIZ
GEO-Leserservice
Postfach, CH-6002 Luzern
Telefon: 041/329 22 20
Telefax: 041/329 22 04
E-Mail: geo-epoche@leserservice.ch

ABONNEMENT ÜBRIGES AUSLAND
GEO-Kundenservice, Postfach, CH-6002 Luzern;
Telefon: 041/329 22 80, Telefax: 041/329 22 04
E-Mail: geo-epoche@leserservice.ch

BESTELLADRESSE FÜR
GEO-BÜCHER, GEO-KALENDER, SCHUBER ETC.

DEUTSCHLAND
GEO-Versand-Service
Werner-Haas-Straße 5
74172 Neckarsulm
Telefon: 01805/06 20 00*
Telefax: 01805/08 20 00*
E-Mail: service@guj.com

SCHWEIZ
GEO-Versand-Service 50/001
Postfach 1002
CH-1240 Genf 42

ÖSTERREICH
GEO-Versand-Service 50/001
Postfach 5000
A-1150 Wien

BESTELLUNGEN PER TELEFON UND FAX FÜR ALLE LÄNDER
Telefon: 0049-1805/06 20 00, Telefax: 0049-1805/08 20 00
E-Mail: service@guj.com

*14 Cent/Min. aus dem deutschen Festnetz, Mobilfunkpreise können abweichen. Ab 1.3.2010 Mobilfunkpreis max. 0,42 €/Min.

Der SONNENKÖNIG

Macht und Prunk Ludwigs XIV. von Frankreich

Die nächste Ausgabe erscheint am 14. April 2010

Paris, Palais Royal, 6. Januar 1649, drei Uhr nachts. Der Hofmeister weckt den zehnjährigen Ludwig XIV., kleidet ihn hastig an und bringt den halbwüchsigen König über eine Geheimtreppe in den Garten; dort warten zwei Kutschen. Die fahren mit der königlichen Familie zu einem Schloss außerhalb der Stadt – auf der Flucht vor einem Pariser Volksaufstand.

Die Gerichtsherren der Kapitale haben die Erhebung angezettelt, als Protest gegen die Steuerpolitik. Der Aufstand, dem sich auch Adelige anschließen, eskaliert zum Bürgerkrieg, den die Krone erst nach fünf Jahren niederschlagen kann.

Ludwig XIV. wird diese Demütigung, vor den Parisern fliehen zu müssen, nie vergessen. Er wird daraus die Konsequenzen ziehen – und mehr Macht auf sich vereinen als je ein französischer König. Als 1661 sein Premierminister stirbt, ernennt Ludwig keinen Nachfolger: Er will jetzt allein regieren; seine Minister degradiert er zu Ratgebern und Befehlsempfängern. Auch die Macht der alten Eliten beschneidet der Monarch: So beruft er nicht mehr vor allem Mitglieder der königlichen Familie und des Hochadels in seinen obersten Rat, sondern Aufsteiger, die ihren Einfluss allein ihm verdanken.

Zudem verlagert Ludwig seine Residenz aus Paris, fort von dessen aufrührerischen Bewohnern. Auf dem Hügel von Versailles lässt der Monarch, der sich die Sonne als Symbol seiner Herrschaft auswählt, einen Palast errichten: das neue Zentrum Frankreichs.

Ein Schloss, prachtvoller als alle anderen in Europa. Und groß genug, um die Angehörigen des Hochadels anzusiedeln: Unter der Kontrolle des Königs sollen sie dort ihre Zeit mit Festen, Jagden und Theatervorstellungen verbringen – und keine Gelegenheit zur Rebellion gegen den Herrscher finden.

GEO*EPOCHE* erzählt von der Ära eines Regenten, den seine Untertanen den „Sonnenkönig" nannten und der unglaubliche 72 Jahre lang herrschte. Der Frankreich auf den Zenit seiner Macht führte. Und zugleich – durch den Aufwand für Bauten und pompösen Feste, vor allem aber wegen seiner zahlreichen, teuren Kriege – den Niedergang des Hauses Bourbon einleitete.

WEITERE THEMEN

ABSOLUTISMUS Wie Ludwig XIV. zum mächtigsten Monarchen seiner Zeit wird

MOLIÈRE Ein Genie als Hofnarr

GIFTMISCHER 1680 erschüttert ein Skandal Paris

HOF Prunk, Pomp und Intrigen in Versailles

HUGENOTTEN Die Vertreibung der französischen Protestanten

DAS GEHEIMNIS DER BASTILLE Wer ist der Mann mit der eisernen Maske?